中国矿业大学教材建设专项资金资助出版教材

大学体育进阶教程

主　编　许彩明
副主编　张清华　周　鹏
参　编　张大中　徐碧鸿　孙志鹏
戴　磊　王　涛　张建春
杨家坤　王晓贞　李晓新
黄美蓉　张晓侠

中国矿业大学出版社
·徐州·

内容提要

本书结合当前大多数高校实行运动项目俱乐部教学模式的需要，依次对高校体育教育中的球类运动、武道运动、美体运动与游泳运动等进行了阐述，内容几乎涵盖所有常设运动项目。为了满足“熟练掌握一项运动技能”的教学目标要求，本书结合运动项目俱乐部教学模式的特点，在介绍各项目技战术时进行了初级、中级和高级三级进阶的内容设计，学习内容逐级深化；同时，加入了大学生在体育学习中非常关注的健康饮食与运动损伤处理知识，大大提高了大学生体育学习和锻炼的科学性与安全性；最后，附加了《大学生体质健康测试标准》，以供体育教师对大学生进行体育学习评价，以及供学生深入了解体质健康测试相关内容和要求之用。

本书可作为大学体育教材，也可供各类体育运动爱好者阅读和学习。

图书在版编目(CIP)数据

大学体育进阶教程/许彩明主编. —徐州：中国矿业大学出版社，2018.8(2020.7 重印)

ISBN 978-7-5646-4082-8

Ⅰ. ①大…　Ⅱ. ①许…　Ⅲ. ①体育—高等学校—教材
Ⅳ. ①G807.4

中国版本图书馆 CIP 数据核字(2018)第 183518 号

书　　名　大学体育进阶教程
主　　编　许彩明
责任编辑　陈振斌　史凤萍
责任校对　张海平
出版发行　中国矿业大学出版社有限责任公司
　　　　　　(江苏省徐州市解放南路　邮编 221008)
营销热线　(0516)83884103　83885105
出版服务　(0516)83884895　83884920
网　　址　http://www.cumtp.com　**E-mail**:cumtpvip@cumtp.com
印　　刷　江苏苏中印刷有限公司
开　　本　787 mm×1092 mm　1/16　**印张** 15.5　**字数** 387 千字
版次印次　2018 年 8 月第 1 版　2020 年 7 月第 2 次印刷
定　　价　36.00 元
(图书出现印装质量问题，本社负责调换)

前　言

大学体育教育是高等教育的重要组成部分，它以体育教学、课外体育活动、课余体育训练和课余体育竞赛为载体，通过合理的体育教育和科学的体育锻炼过程，培养具有健康体魄、健康心理、健全人格和良好社会适应能力的全面人才，有着其他学科无法替代的积极作用。

当前，我国已经将“全民健身”上升为国家战略。但是，作为我国未来社会经济发展重要储备人才的大学生，其体质状况依然呈现出逐渐下降的趋势。为了科学指导大学生体育学习和自主锻炼，并让他们掌握相关的体育运动健康知识，我们编写了本书。

本书结构严谨，在内容体系上，结合当前大多数高校实行运动项目俱乐部教学模式的需要，依次对高校体育教育中的球类运动、武道运动、美体运动与游泳运动等进行了阐述，内容几乎涵盖所有常设运动项目，以科学性、教育性、知识性、健康性、兴趣性、发展性为主要导向，突出“以人为本”的理念，引导大学生增强体育与健康意识、提高体育运动能力。为了满足“熟练掌握一项运动技能”的教学目标要求，本书结合运动项目俱乐部教学模式的特点，在介绍各项目技战术时进行了初级、中级和高级三级进阶的内容设计，学习内容逐级深化。另外，本书还特意加入了当代大学生在体育学习中非常关注的健康饮食与运动损伤处理知识，大大提高了大学生体育学习和锻炼的科学性与安全性。最后，本书还附加了《大学生体质健康测试标准》，以供体育教师对大学生进行体育学习评价，以及供学生深入了解体质健康测试相关内容和要求之用。

此外，在足球、乒乓球、武术、健美操、瑜伽、体育舞蹈、游泳等项目章节后面还链接了网络视频课程二维码，便于学生随时扫码在线学习。

总的来说，本书是一本集体育运动项目进阶教学、体育运动健康教育为一体，既适合教师作为教学用书又适合学生作为自学用书，具有鲜明特色的大学体育教材。

本书在编写过程中参考和借鉴了许多学者的相关文献和资料，在此表示衷心的感谢！由于编者水平的限制和出版时间的仓促，书中难免出现一些纰漏，衷心希望广大师生和专家提出宝贵意见和建议。

编　者

2018年6月

目　录

球类运动篇

武道运动篇

美体运动篇

游泳运动篇

健康运动篇

球类运动篇

第一章 篮球运动进阶

第一节 篮球初级学练

一、认识篮球

篮球运动是用手把球投入对方防守球篮得分的对抗性、集体性、技能性较强的一项球类运动。类似篮球运动的活动最早出现于7世纪南美洲的尤卡坦半岛。当时这种活动在宗教节日里举行，“场地”用石墙及大树干围成，“比赛”时双方争着使球通过一个挖有洞口的石块。在16世纪的墨西哥及19世纪初的美国佛罗里达州，也有将球抛进篮里的运动。

现代篮球运动由美国人奈史密斯于1891年发明。奈史密斯是马萨诸塞州斯普林菲尔德市基督教青年会训练学校的体育教师。他从当地农民摘桃劳动中得到启发，并博采足球、曲棍球等其他球类项目的特点，创立了篮球这种游戏。这项运动逐渐发展完善成为世界上影响最广、深受人们喜爱的运动项目之一。由于主要设备是挂在墙上10英尺（约305厘米）高的篮子（basket）和投进篮子的球（ball），所以命名为“篮球”（basketball）。

篮球运动在我国有着广泛的群众基础。改革开放后，随着NBA、CBA、CUBA的深入影响，篮球运动吸引了更多人的参与。篮球运动是由跑、跳、投等动作所组成的一项快速、激烈、综合性的运动。经常参加篮球运动，能促进练习者的速度、灵敏性、爆发力、耐力、柔韧性等身体素质的发展，提高中枢神经系统的灵活性，增强心脏、血管、呼吸、消化系统的功能，促进肌肉骨骼的生长发育，使身体得到全面发展。（见图1-1）

图1-1 篮球运动

篮球运动是一项不受年龄、性别限制的集体运动，一方面能达到锻炼身体的目的，另一方面还可以丰富业余文化生活，促进身心健康，从而提高工作和学习的效率。

学习篮球首先应学好基本技术，篮球运动的基本技术由进攻技术和防守技术两大部分组成。

进攻技术包括传接球技术、投篮技术和运球技术等;防守技术包括抢球技术、打球技术和断球技术等。

篮球运动诞生一百多年来,已经形成了独特的篮球文化,是全球体育娱乐文化的重要组成部分,凡是到过 NBA 比赛现场的观众都能深切地感受到独特而浓厚的 NBA 文化的感染力。当今中国篮球运动在新时期的全面振兴,也取决于具有中国特色的篮球文化的建立与发展。没有文化的篮球是缺少底蕴、内涵和品位的篮球;没有文化的篮球是缺乏亲和力、感召力和影响力的篮球;没有文化的篮球也一定是缺乏动力、魅力和竞争力的篮球。篮球文化是篮球运动的"魂",培育和发展篮球文化将是实现中国篮球运动可持续发展的重要战略决策。

二、篮球准备姿势、移动技术

1. 准备姿势

运动员在场上需要有一个既稳定又机动的准备姿势,用来保持身体平衡和较大的应变性,利于迅速、协调地进行移动,去完成各种行动。准备姿势为两脚开立,约同肩宽,步法有平站和斜站,两膝微屈并稍内收,身体重心的投影点落在两脚之间,脚跟稍提起,上体稍前倾,两臂自然屈肘置于体侧,目视场上情况,此姿势又称基本站立姿势。

2. 移动技术

移动技术俗称脚步动作,各种脚步动作有其不同的动作方法,但就技术动作的运用从运动力学的角度来分析,都是通过脚掌的蹬地、碾地或脚跟先着地后抵地制动等动作使力作用于地面和地面的反作用力来实现的,都与脚的用力有关。正确地运用脚掌的蹬地是队员实现快速移动的重要环节。在大多数移动技术中,技术动作的要领都强调脚掌的蹬地用力。脚掌不同部位的用力,是保证技术动作完成的重要因素。如变向跑,变向时由脚掌用力蹬地,迅速地变为脚掌内侧蹬地,使身体重心获得向同一方向(蹬地方向)转移的基本动力,同时随着身体跑动方向的改变,支撑脚掌蹬地用力使身体获得新的加速,从而达到速度的变化,实现变向跑的技术目的。转身技术就是通过脚掌内侧的蹬地,支撑脚的碾地,配合身体的转动,实现转身动作的完成。脚的用力还表现在脚跟的抵地用力,以克服身体重心向前的位移速度,配合其他动作达到制动,实现急停或向上跳起的作用。因此,脚的正确用力是移动技术的动作基础。

移动技术动作的完成与脚的用力密切联系。而脚的用力,即脚给地面的作用力与来自腿部的伸展力是分不开的,即踝、膝、髋关节需预先弯曲到一定的角度,然后主动伸展,使力通过脚掌的动作施加于地面,与此同时腰、胯等身体部位协调用力,配合或加大对地面的作用力,并利用地面支撑反作用力来克服人体重力和惯性,以保持身体平衡,实现重心的控制和转移,从而使人体获得起动、跑动、跳起、旋转、制动等能力。移动技术动作的完成也离不开身体其他部位的协调配合,特别是腰、胯的用力配合,它对带动上体,调整或转移身体重心,起到很好的作用。同时,上肢的协同动作,能更好地保证各种脚步动作的协调性、快速性、实效性,有利于维持身体的平衡。

三、原地双手胸前传球技术

这是一种最基本、最常用的传球方法。这种传球方法便于控制球,适用于不同方向、不同距离的传球;也常与投篮、运球、突破等技术动作相结合运用。

动作方法:双手五指自然张开,拇指相对成“八”字形,用指根以上部位握住球的后侧部,掌心空出。两肘自然弯曲于体侧,将球置于身前。身体保持基本站立姿势,眼睛注视传球目标。传球时,在后脚蹬地、身体重心前移的同时,前臂迅速向传球方向伸直,手腕由下向上、由里向外同时翻转,拇指用力下压,食指、中指用力拨球,将球传出。出球后身体迅速调整成基本站立姿势。传球距离越近,前臂前伸的幅度越小;传球距离远,则需加大蹬地、伸臂和腰腹的全身协调用力;传球距离越远,蹬地、伸臂的动作幅度越大。(见图 1-2)

动作关键:正确的手型和正确地抖动手腕和手指。动作协调连贯,双手用力均匀。

图 1-2　原地双手胸前传球

四、原地运球、行进间直线运球技术

1. 原地运球

两脚前后自然开立,两膝微屈,上体稍前倾,头抬起,眼睛平视。非运球手臂屈肘平抬,用以保护球。运球时,五指张开,用手指和指根以上部位及手掌的外缘触球,掌心不触球。拍按球时,手应随球上下迎送,尽量延长控制球的时间,这样有利于保护球和根据场上情况改变动作。拍按球的部位是由运球的方向和速度来决定的。拍按球的部位不同,运球的入射角和球反弹起来的反射角也不同。原地运球时,拍按球的上方。

2. 行进间直线运球

向前运球时,拍按球的后上方。运球时应控制球的落点,使球完全保持在自己所能控制的范围内,以便随时利用自己的上体、臂、腿来保护球,而且也要便于技术运用。例如,运球向前推进无防守时,球的落点应控制在身体的侧前方,并根据推进速度保持适当距离。在对手紧逼防守时,应使球远离对手,采用侧对防守球员的运球方法,将球的落点控制在身体的侧后方,以便更好地保护球和及时抓住战机变换运球方法突破防守。

脚步动作和手部动作协调一致,关键在于拍按球的部位、落点的选择和力量大小的运用。脚步移动越快,拍按球的部位越靠后下方,落点越远,拍按球及反弹起来的力量越大。运球时,手按拍球和脚步动作要保持一定的比例关系和节奏。直线运球,一般拍一次球跑两步。

五、原地单手肩上投篮技术

以右手投篮为例,右手五指要自然张开,指根以上部位持球于肩上,手腕后屈,左手扶球左侧,右脚在前,左脚在后,脚尖对准投篮方向,右臂屈肘,肩关节放松,上臂与地面平行,前臂与地面垂直。投篮时,两脚要用力蹬地,身体向前上方伸展,同时,向前上方抬肘伸臂,

手腕要前屈，手指拨球，通过指端将球投出。球出手之后，手臂要跟随球自然伸直，脚跟要提起。（见图 1-3）

图 1-3　原地单手肩上投篮

六、起动、急停、滑步、侧身跑技术

1. 起动

起动是运动员在场上由静止状态变为运动状态的突变动作。进攻运动员快速起动，抢占了有利位置，便会给防守带来威胁；防守运动员起动及时，往往使进攻受阻，造成对手失误和夺取球权。运动员在场上的速度往往体现在起动速度上。

动作方法：准备姿势成基本站立姿势。起动时，上体迅速前倾或侧转，同时后脚或起动方向的异侧脚的前掌短促有力蹬地，手臂积极摆动，两脚交替蹬地，前两三步要短促而快，在最短的距离内充分发挥最快速度。（见图 1-4、图 1-5）

动作关键：重心转移快，快速蹬地和摆臂，碎步加速。

图 1-4　向前起动

图 1-5　向侧起动

2. 急停

急停是在跑动中突然制动的一种动作方法，是各种脚步动作衔接和变化的过渡动作。比赛中急停多与其他技术结合在一起运用。急停分跨步急停和跳步急停两种。

跨步急停：急停时先向前跨出一大步，用脚跟先着地过渡到全脚抵住地面，并迅速屈膝，上体稍向后仰，后移重心。然后，连贯跨出第二步，脚着地时，脚尖稍向内转，用前脚掌内侧蹬住地面，两膝弯曲，身体稍向侧转（右脚跨出第一步，身体稍向右转）并微向前倾。两臂屈肘自然张开，协助维持身体平衡，重心落在两脚之间。（见图 1-6）

图 1-6　跨步急停

跳步急停：跑动中用单脚或双脚起跳，离地不高，上体稍后仰，然后两脚同时落地，用脚全掌着地，并迅速用脚前掌内侧蹬住地面，两膝弯曲，两臂屈肘微张，保持身体平衡，重心落在两脚之间。（见图 1-7）

图 1-7　跳步急停

动作关键：跨步急停第一步时脚掌抵地屈膝，上体侧转移重心；第二步用力抵地身体内转，臀下坐降重心。跳步急停时，起跳稍离地，落地屈膝降重心。

3. 滑步

滑步是防守移动的一种主要方法，它易于保持身体平衡，可向任何方向移动。（见图 1-8）

图 1-8　滑步

滑步可分为侧滑步、前滑步、后滑步三种。

侧滑步：两脚左右开立，略宽于肩，保持屈膝降低重心的姿势，上体微向前倾，两臂张开，抬头注视对手。向左侧滑动时，左脚向左边迈出的同时，右脚蹬地滑动，跟随左脚移动，如此连续移动。向右侧滑步时，方法同上，但方向相反。滑动时注意重心平稳和控制防守面积，身体不要上下起伏，两脚保持宽步幅，不要并步和交叉。

前滑步：由两脚前后站立开始，向前滑步时，前脚向前迈出一步，着地的同时，后脚前掌内侧蹬地，紧随着向前滑动，保持前后开立姿势，注意屈膝降低重心。

后滑步：动作方法与前滑步相同，但方向相反。

动作关键：蹬跨要协调有力，滑动时身体要平稳，两臂要伸展。

4. 侧身跑

侧身跑是运动员向前跑动中为了观察场上情况，侧转头和上体进行跑动的一种方法。

动作方法：向前跑动的同时，头部和上体自然转向有球一侧，脚尖朝着跑动方向，既能保持跑速，又能及时观察场上情况。

动作关键：自然转体，脚尖朝前，看球跑动。

七、行进间单手低手上篮技术(三步上篮)

以右手投篮为例，跑动中右脚跨出一大步的同时接球，左脚接着跨出一小步并用力蹬地起跳，右腿提膝，双手向前上方举球。当身体腾空接近最高点时，采用单手低手出球手法将球投出，投篮时身体尽量向球篮方向伸展。(见图 1-9)

图 1-9 行进间单手低手投篮

八、原地双手或单手反弹传接球技术

接球时，要及时跨步迎球，上体前倾，眼睛注视来球方向，两臂迎球向前下方伸出，掌心斜对来球的反弹方向，五指放松，自然张开，手指触球后，两手握球顺势将球引至胸腹之间，保持身体平衡，成基本站立姿势。

动作要点：手腕、手指急促抖动用力，出球快，击地点合适。跨步迎球要及时，手臂下伸要快。

九、运球急停急起技术

运球急停急起是运球时利用速度的突然变化来摆脱防守的一种方法。这种方法多用在对手防守较紧的情况下，在快速运球中突然停止前进，迫使防守队员被动减速停住，趁其重心不稳时，再突然加速起动运球，摆脱防守。

动作方法：运球急停时，用手快速拍按球的前上方，同时，两脚做跨步急停，并转入低重心运球，用臂、上体和腿保护球。运球急起时，后脚用力蹬地，同时拍按球的后上方加速超越对手。(见图 1-10)

动作关键:拍按球部位正确,停得稳,起得快。

图 1-10　运球急停急起

十、原地单手肩上跳投技术

原地单手肩上跳投的方法,除了是在空中投篮出手外,其他与原地单手肩上投篮相同。动作要领:持球动作与原地单手投篮相同。投篮时,屈膝降低重心,两脚掌短促有力地蹬起向上起跳。同时,双手举球至右肩上,腰腹用力保持身体平衡。当身体接近最高点时,迅速向前方伸右臂,左手离球,右手手腕前屈,食指、中指拨球,将球投出。落地时用前脚掌先着地,屈膝缓冲,保持身体稳定。(见图 1-11)

图 1-11　原地单手投篮

十一、行进间高手投篮技术、掩护配合

1. 行进间高手投篮

以右手投篮为例,在快速运球或跑动中,右脚向前跨出一大步的同时,腾空拿球。左脚迅速跨出略小的第二步,踏地用力起跳,右腿屈膝上抬。双手迅速举球至右肩上方,右手腕后屈托球,左手扶球。当身体上升接近最高点时,右臂向上伸展,左手离球,右手腕前屈,食指、中指拨球,将球投出。落地时,屈膝缓冲,保持身体平衡。(见图 1-12)

图 1-12　行进间单手高手投篮

2. 掩护配合

进攻队员以合理的动作、有利的位置，用身体挡住同伴防守者的移动路线，使同伴摆脱防守，获得进攻机会。掩护队员应面向或侧向同伴防守者站立，两脚开立稍宽于肩，两膝微屈，上体稍前倾，尽量扩大掩护面积。掩护动作后，应立即切向篮下准备接球进攻或抢前场篮板球。切入的队员在形成掩护前要以假动作吸引防守者的注意力，一旦形成掩护，起动要突然，要紧贴掩护同伴切入，以免防守者挤过。

十二、原地持球突破技术、传切配合

1. 原地持球突破

同侧步(顺步)突破：以从防守队员左侧突破为例。突破时，用左脚掌内侧用力蹬地，右脚迅速向对手左侧跨出一步，同时上体稍右转，左肩下压，用右手将球放于右脚侧前方。左脚迅速跨步抢位，用右手拍球，加速超越对手。(见图 1-13)

图 1-13　原地持球同侧步突破

交叉步突破：以右脚做中枢脚从防守队员左侧突破为例。突破时，左脚要向左侧前方迈出一小步，将防守队员引向自己左侧，同时用左脚前掌内侧快速蹬地，向右侧前方跨出一大步，上体稍微右转，左肩向前下压，重心向右前方移动，把球推引至右侧，用右手推按球于左脚右侧前方。(见图 1-14)

图 1-14　原地持球交叉步突破

2. 传切配合

两三名队员利用传球和切入技术组成的简单配合。例如:甲传球给乙,立即摆脱对手,向篮下切入,接乙的回传球。传切配合时,传球队员要做到及时、准确、隐蔽、合理,切入队员要掌握时机,动作快速突然,切入时侧身要球。

第二节　篮球中级学练

一、运球突破技术

运球技术是保证队员在控球时能任意调整自己在球场上的位置的基本技术,是突破技术的基础,是实现全队多样战术配合的保证。突破技术是个人进攻的重要手段。

1. 体前变向换手运球突破

体前变向换手运球技术是最常用、最基本的运球方法。其特点是在遇到防守(距离2米左右)时,通过体前变向运球,绕过防守者,换手加速推进。技术动作分三步进行(以右手运球为例):

第一步,右脚向右前方上步,同时右手从右后方运球至右前方。

第二步,右脚制动回蹬,左脚向左横跨,同时右手向左后方变向运球,并交给左手。

第三步,右脚向左前方上步,带动上身侧右肩保护球,同时左手运球向前推进。此技术也可以把前两步合为一体,免去向右运球。

2. 体前变向不换手运球突破

体前变向不换手运球技术是在体前变向换手运球技术基础上进行的,也可以说是变向换手的假动作。技术动作也是分三步进行:

第一步,左脚向左前方上步,右手向左侧运球。

第二步,左脚制动回蹬,右脚向右横跨,同时右手向右变向运球。

第三步,左脚向右前方上步,右手运球于身体右侧。

此技术也可以把前两步合为一体,免去向左运球。

3. 后转身变向运球突破

当防守者靠近在一步之内时,用体前变向运球过人很容易被防守者抢断,此时应运用后转身变向运球。该技术的特点是通过后转身,始终用自己的身体把球与防守者分开,起到保护球的作用。以右手运球为例分析技术动作,左脚向右前方上步,同时右手运球于身体右侧。当防守者靠近并正面挡住去路时,重心放在左腿,并以左脚为轴向右后转身,右手控球随身体转动,并将球运在身体的左侧前方。

该技术的特点是:后转身时重心落在靠近防守者的腿上,通过转身、探肩、换手运球、推进加速,从防守者的右侧过人,整个动作要连贯。

4. 胯下变向运球突破

当防守者靠近,第二种变向运球方式是通过胯下运球。技术动作分三步进行(以右手运球为例):

第一步,左脚向右前方上步,形成欲从防守者的左侧过人之势。

第二步，当防守者向左侧移动重心时，右手运球从胯下反弹至左侧，右脚向左前方上步，上体顺势转体侧右肩。

第三步，左手接过胯下反弹球，向前推进，从防守者的右侧过人。

该技术的特点是：变向速度快，容易迷惑对方。

二、抢篮板球技术

抢篮板球是争抢投篮未中从篮板或篮圈反弹出的球。篮板球掌握得好坏，常常影响到比赛中的主动权以及比赛的胜负。抢篮板球技术由判断、抢占位置、起跳动作、空中抢球动作和得球后动作组成。

1. 判断

当投篮的球出手后，眼睛要根据球的路线，迅速判断可能反弹的方向和距离。一般规律是投出的球距离与球反弹距离成正比。投篮的位置、角度不同，球反弹方向也不同。

(1) 在球篮 45°地区投篮时，球反弹的方向多在另一侧 45°地区或反弹回来。

(2) 在中间地区投篮，球多弹向罚球线附近地区。

(3) 在端线一侧投篮时，球多弹向另一侧或反弹回来。

2. 抢占位置

无论进攻队员还是防守队员，抢占位置时，应先根据投出的球做出准确的判断，及时迅速地移动到位，抢占对手与球篮之间的有利位置，力争把对手挡在身后。

3. 起跳动作

抢占到有利位置时，身体应做好抢篮板球起跳动作的准备。两腿微屈、重心降低，上体稍前倾，两臂屈肘举于体侧，手心向前，并注意观察球的反弹方向，及时起跳。起跳时，两脚用力蹬地，两臂几乎同时用力上摆，腰腹协调用力，充分伸展身体，并控制身体平衡。起跳时的步法多采用双脚起跳，同时要结合撤步、上步、滑步等脚步动作。

4. 空中抢球动作

在空中抢球时，要合理利用身体的每一个部位，用肩部挡住对手。两手在头上自然伸展，以利于抢球。根据攻防队员所处的位置，球反弹的方向、高度，空中抢球动作大致可以分为单手抢篮板球、双手抢篮板球和点拨球三种。

(1) 单手抢篮板球的优点是触球点高、空间控制范围大；缺点是稳定性和准确性较差。单手抢篮板球跳起在空中时，身体和手臂尽量向球的方向伸展，当身体到达最高点手指触球后，用力屈腕握球，迅速屈臂拉球于胸前，另一手快速保护球。

(2) 双手抢篮板球的优点是抓球稳固，能快速和其他动作衔接。这种方法防守队员和处于内线的队员运用较多。其缺点是比单手抢防守篮板球的制空点低，控制范围小。双手抢篮板球跳起在空中时，要用腰腹力量控制身体平衡，两臂要伸向来球方向，身体充分伸展，有效占据空间面积，当手臂到达最高点时，双手要将球握住，迅速屈腕收臂，腰腹用力，拉球在体前。

(3) 点拨球的技术动作与单手抢篮板球的动作方法差不多。其特点为用手指直接把球点拨到方便同伴和自己能够接球的位置，通常在来球距离身体较远不便于直接抢球时采用。点拨球的优点是触球点高、传球时间短、距离近、突然性强，能直接发动快攻；其缺点是准确性较差，很难掌握。

5. 得球后动作

当进攻队员抢到篮板球后，要进行补篮或继续投篮，或组织二次进攻。防守队员抢到球后，最好能在空中将球传给同伴，或落地后迅速组织发动快攻。空中抢得的球落地后，要保护好球。

三、抢球、打球技术

1. 抢球

抢球是从对手手中夺得球的方法，包括拉抢和转抢。

拉抢：防守队员看准对手持球的空隙部位，迅速用双手抓住球向后猛拉，将球抢过来。

转抢：防守队员抓住球的同时，迅速利用手臂后拉和双手转动的力量，将球拉过来。

要求：接近对手，判断准确，快速、敏捷、有力。

2. 打球

打球是打掉进攻者的球。要把握好时机，根据对手持球部位的不同而从不同方向（如由上向下、由下向上、侧面）快速伸出前臂，用腕、指的力量拍球，将进攻者的球打掉。打球时，动作要突然、迅速、准确。

四、断球技术

断球是截获对方传接球的方法。常见的有横断球、纵断球。

1. 横断球

横断球是从接球队员的侧面跃出截获球的动作。断球时，身体重心下降，做好起动跃起的准备，当传球队员将球传出的一刹那，立即上步以单脚用力蹬地跃出，身体伸展双臂前伸，将球截获。

2. 纵断球

纵断球是从接球队员身后或侧后截获球的动作。如果从接球队员的右侧向前断球时，右脚先向右前方迈出一步，然后侧身跨左腿绕过对方，同时右脚用力蹬地跃出，身体伸展，两臂前伸获球。

五、全场二打一快攻

快攻中形成二打一的局面时，进攻队员要保持合理的进攻距离和联系，不时地观察防守队员，及时选择自己进攻或传球给同伴进攻得分。青少年队员在训练中要着重于二打一快攻的练习，以培养快速进攻和集体配合的意识和能力。

六、半场人盯人防守和进攻半场人盯人防守战术

1. 半场人盯人防守

所谓半场人盯人防守战术，就是要各自防住自己看守的对手。它是由攻转守时，全队有组织地迅速退到后场，在半场范围内，每名防守队员负责盯住一名进攻队员的整体防守战术。这种战术分工明确，责任到位，针对性强，便于掌握。它能有效控制对方进攻时的习惯打法，充分发挥队员个人防守能力，调动个人防守的积极性。根据防守策略和防守范围，半场人盯人防守战术，可分为半场缩小人盯人防守（距离球篮 6～7 米的范围）和半场扩大人盯人防守（距离球篮 8～10 米的范围）两种。

2. 进攻半场人盯人防守

进攻半场人盯人战术是篮球战术中进攻方法种类最多、变化最多的战术。但采用哪一种进攻战术,应根据本队的实际情况与特点,特别是要根据本队中锋的身体条件和技术水平而定。常采用的战术配合方法有通过中锋进攻法(单、双中锋)、无固定中锋打法、内外线“8”字掩护进攻法、综合进攻法和移动进攻法等。

下面以双中锋落位进攻法为例进行说明。

“1-2-2”落位队形的双中锋进攻法。中锋⑧接⑥的球后可以强攻,或传给内线横插的⑦投篮。同时⑥、⑦、⑧准备抢篮板球,④和⑤注意回防,保持场上的攻守平衡。(见图 1-15)

“1-2-2”转换“1-3-1”落位队形的双中锋进攻法。“1-2-2”落位后,⑧上提,接④的球,转变成“1-3-1”队形。⑧接球后转身面向篮,可以跳投也可以传给横插的⑦投篮。同时⑥、⑦、⑧准备抢篮板球,④与⑤准备回防。(见图 1-16)

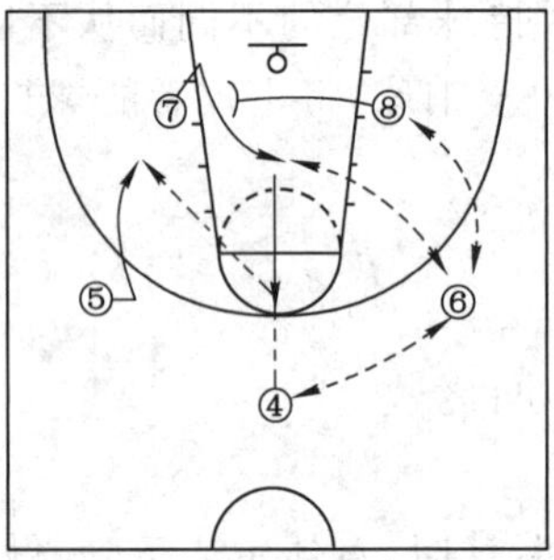

图 1-15 “1-2-2”落位队形的双中锋进攻法

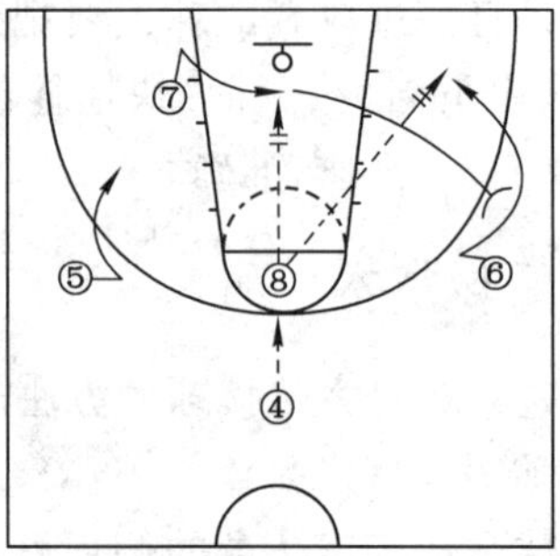

图 1-16 “1-2-2”转换“1-3-1”落位队形的双中锋进攻法

“1-4”落位双中锋机动进攻法。双中锋落位于罚球线两侧,进攻时中锋⑧给⑥掩护,⑥及时摆脱接④的球,⑥接球投篮,也可以及时传给中锋⑧,如图 1-17(a)所示。如果进攻受阻,另一侧的⑦可以自己切入或给⑤掩护,为⑤创造进攻的机会。此方法也可以从左侧开始,⑤摆脱后接球,同时⑦下移至 A 点,如果受阻,⑧横移接球跳投,如图 1-17(b)所示。

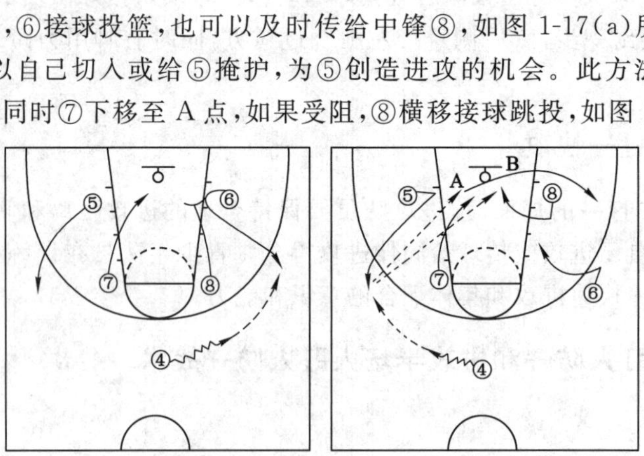

(a) (b)

图 1-17 “1-4”落位双中锋机动进攻法

七、全场三打二快攻

三打二时,要保持三角形。当两名防守队员以平行队形站立时,可从中路突破,吸引防守队员上防中路，如果左边防守队员上来堵截，则左边篮下空出，中路进攻队员将球传给左侧篮下投篮；右边防守队员上来堵截，则右边篮下空出，应将球传给右侧篮下进攻队员投篮。如果两名防守队员前后站立，则由左或右侧突破，吸引防守队员上来防两侧。进攻队员必须保持三角形队形，可使另一防守队员无法一防二。左侧或右侧进攻队员可将球传中或传另一侧篮下空出处投篮。

第三节　篮球高级学练

一、快攻与防守快攻

1. 快攻

快攻是由守转攻时，以最快的速度创造人数上的以多攻少或趁对方立足未稳，利用熟练的行进间传接球技术，快速结束战斗的战术。快攻的组织形式有长传快攻、短传快攻和结合运球突破快攻三种。

(1) 长传快攻是队员在后场获球后，立即把球传给迅速摆脱对手进行偷袭的同伴的一种配合。它是由一两个进攻队员自己的奔跑速度和同伴传球的速度超越防守来完成。

抢篮板球后长传快攻：⑤抢到篮板球后，迅速观察场上情况，寻找长传快攻机会。⑧和⑦判断⑤可能抢到篮板球时，立即快下，超越防守队员接⑤的长传球上篮。(见图 1-18)抢得篮板球后也可通过接应发动长传快攻。当⑤抢到篮板球后，⑦和⑧已经快下，但由于受到❺的严密防守，⑤不能及时长传，此时可立即将球传给⑥，⑥接应后再迅速长传给快下队员投篮。(见图 1-19)

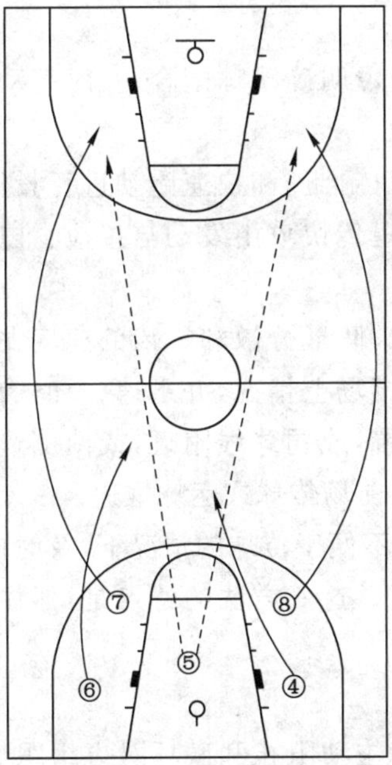

图 1-18　长传快攻

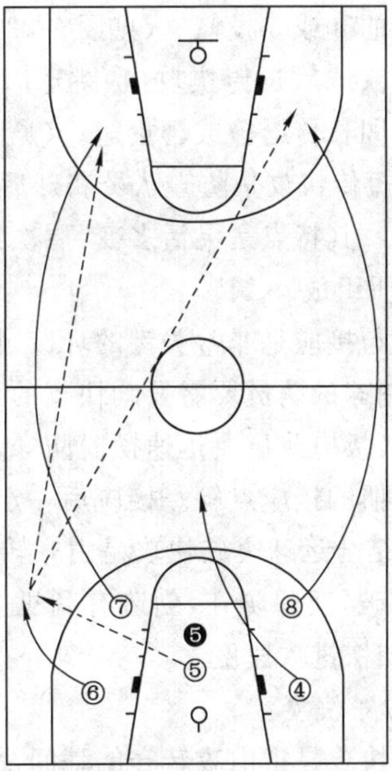

图 1-19　接应长传快攻

掷后场端线长传快攻：当对方投中篮后，离球近的⑥立即捡球跨出端线，迅速掷界外球，快速将球长传给快下的④或⑤投篮。（见图 1-20）

断球长传快攻：❼断获⑥的传球后立即将球传给快下的❻或❺投篮。（见图 1-21）

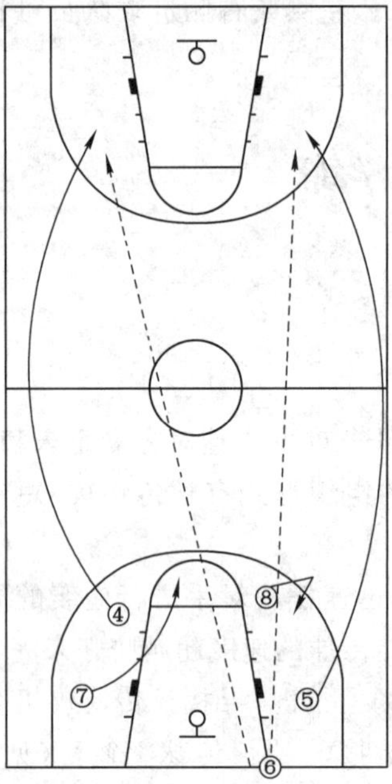

图 1-20　掷后场端线长传快攻

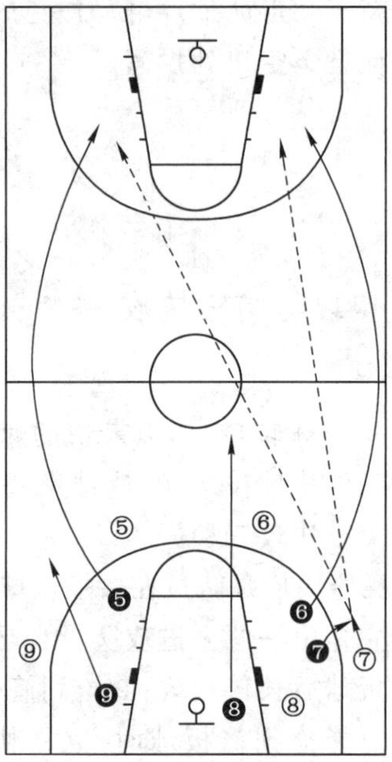

图 1-21　断球长传快攻

掷后场边线界外球长传快攻：当对方失误或违例时，⑥应立即捡球掷界外球，迅速把球传给快下的⑧或⑤投篮。（见图 1-22）

跳球获球后长传快攻：❺跳球时将球拨给❹，❽与❻明确跳球配合，及时起动快下，❹获球后立即长传给❽或❻投篮。（见图 1-23）

（2）短传快攻是防守队员获球后，立即以快速的短传推进和快速跑动进行投篮的相互配合方法。其特点是灵活多变、层次清楚、成功率高。短传快攻由发动与接应、推进和结束 3 个阶段所组成。

发动与接应是非常关键的环节，特别是由守转攻后，队形分散和一传的速度尤为重要。因此，控制球的队员要有发动快攻的意识，能够全面观察场上情况，并迅速、及时、准确地进行第一传，接应队员要迅速摆脱防守，及时选择有利位置，或罚球线附近，或两侧边线附近，或本队习惯的接应点等。接应后一定要快速、合理地向前场传球或运球推进。

（3）结合运球突破快攻是由守转攻时，持球队员在不便于传球的情况下，及时向前场快速运球突破，摆脱防守，创造有利机会的快攻战术形式。这一方法的特点是：抓住时机，减少环节，加快进攻速度。

2. 防守快攻

防守快攻是指由攻转守的瞬间及时组织防守阵型，主动阻止和破坏对方组织快攻的防守战术。防守快攻要从全力拼抢前场篮板球开始，在失去球权后，首先封堵第一传，堵截接应队员，边退边干扰，力求延缓对方的进攻速度，打乱进攻的节奏，推迟进攻的时间，借机及

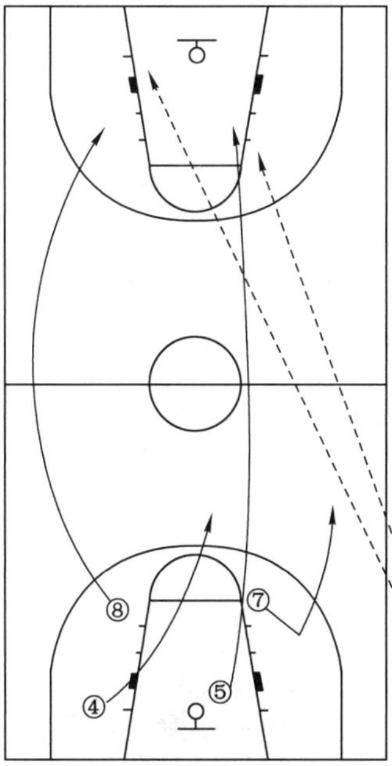

图 1-22　掷后场边线界外球长传快攻

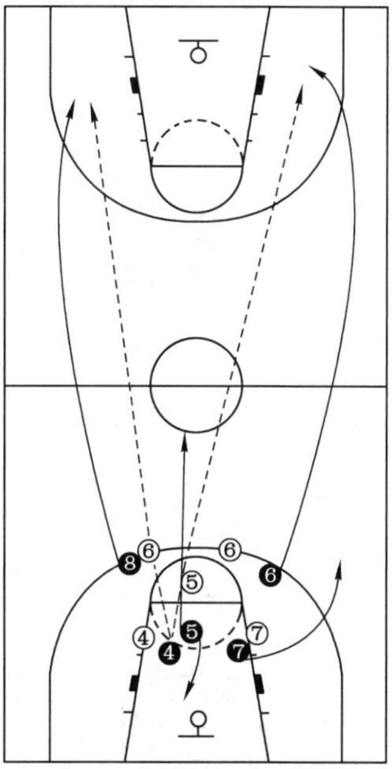

图 1-23　跳球获球后长传快攻

时组织全队防守。防守快攻的要领是堵中放边。

二、区域联防和进攻区域联防

1. 区域联防

区域联防是指由进攻转入防守时，全队队员迅速退回后场，按区域分工各自负责防守一定区域的进攻对手，形成一定的防守阵势，把各个防守区域有机联系起来，并随球进行协同移动防守的一种全队防守战术。

区域联防的常用形式有："2-1-2""2-3""3-2""1-3-1""1-2-2"等。

以"2-1-2"区域联防为例。五名队员分布比较均衡，以中间的一名高大队员为中心，把前排两名锋线队员和后排两名卫线队员有机地组成一个能够左右联系、前后呼应、便于相互协作防守的阵型。

以"2-1-2"联防为例。球在弧顶时的防守方法：❺上前防守持球队员④，❹、❼分别防守⑦和⑥，并随时准备与❺做"关门"配合抢断④的传球，❻防守⑤，❽错位防守⑧，严防其接球。（见图 1-24）

中锋策应时的防守方法：当中锋⑤接球时，❻上前防守，❺、❹回缩协防⑤，❼防堵⑥向篮下空切，❽防堵⑧横切和溜底线。（见图 1-25）

球在左侧时的防守方法：❹防守持球队员⑦，❽侧前防守⑧。❼回撤篮下防高吊球和堵截⑥的空切，❻防⑤接球和纵切，❺移至弧顶协防中锋⑤。（见图 1-26）

溜底线的防守方法：当④将球传给⑦，⑧溜底线时，❽应堵截⑧的移动路线，延误其配合时间，并跟随⑧，不让其接球，并告知❼撤回防⑦。❺站在⑤的侧后方，防其接球和向篮下空切。❻向下移动，防⑥背插。（见图 1-27）

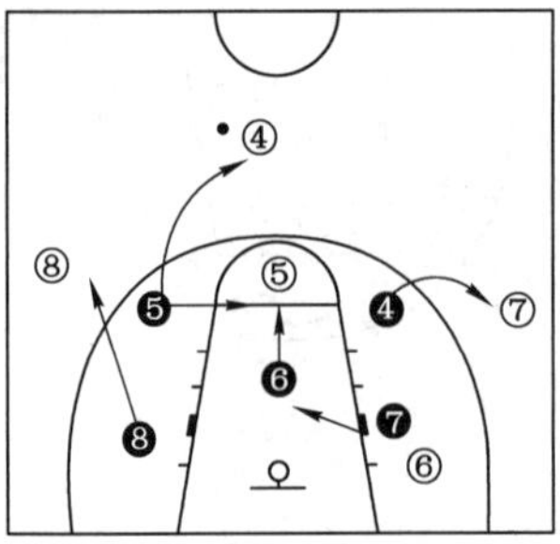

图 1-24　球在弧顶时的防守方法

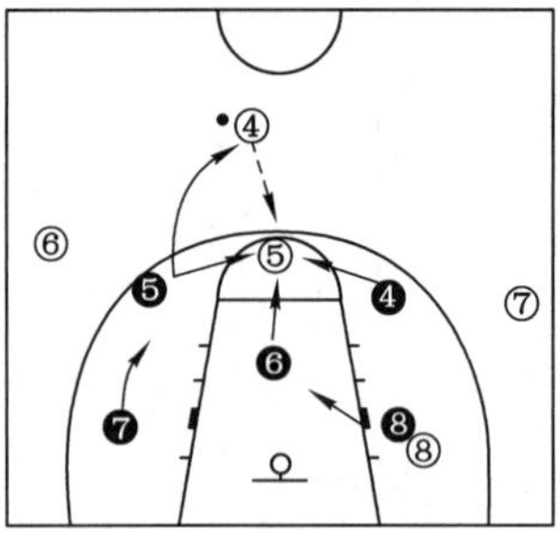

图 1-25　中锋策应时的防守方法

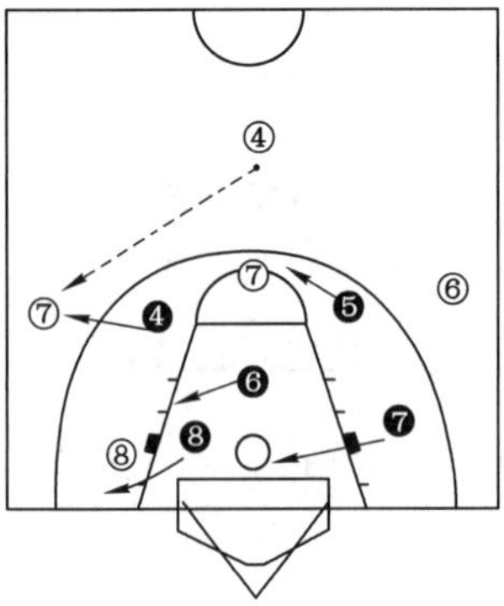

图 1-26　球在左侧时的防守方法

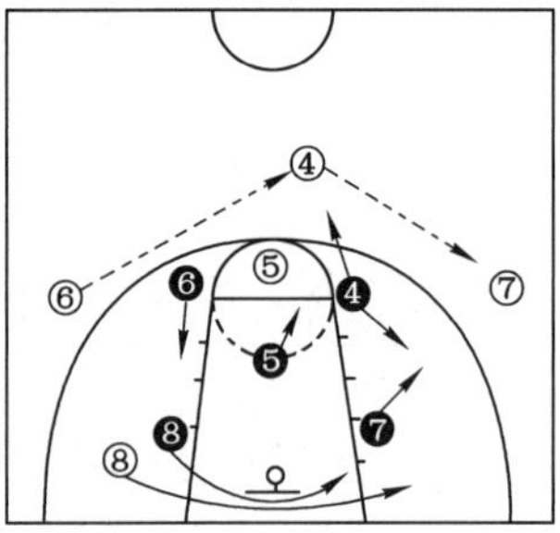

图 1-27　溜底线的防守方法

针对策应的防守方法：当⑤接球时，❺上去防守⑤的投篮、运球突破，干扰其传球。❹、❻协助❺防守⑤，❼防止⑧插入罚球区或溜底线，❽防止⑥向罚球区空切。（见图 1-28）

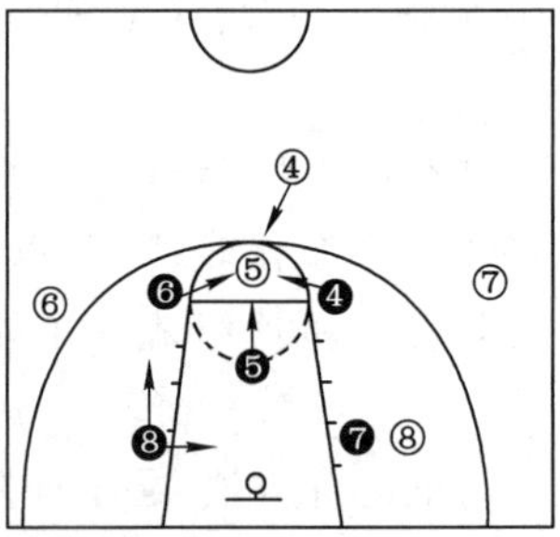

图 1-28　针对策应的防守方法

2. 进攻区域联防

进攻区域联防的关键是以快取胜，不论何时何地获得球权，都应抓住机会，发起快攻，目的是在对方未落位分区布阵前进行攻击。

进攻区域联防的阵势有“1-2-2”“1-3-1”“2-2-1”“2-1-2”。（见图 1-29 至图 1-32）

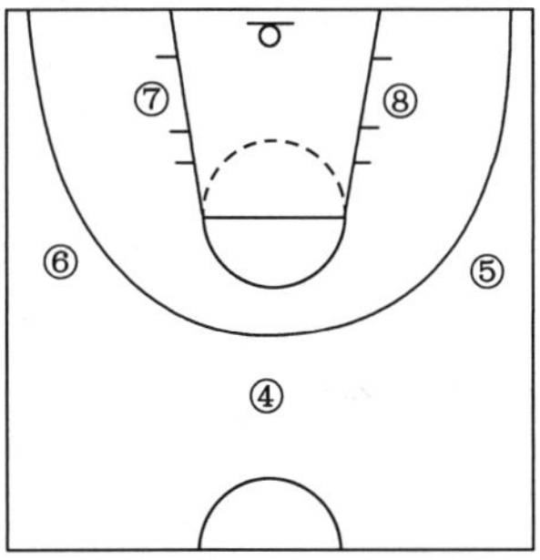

图 1-29 “1-2-2”进攻方法

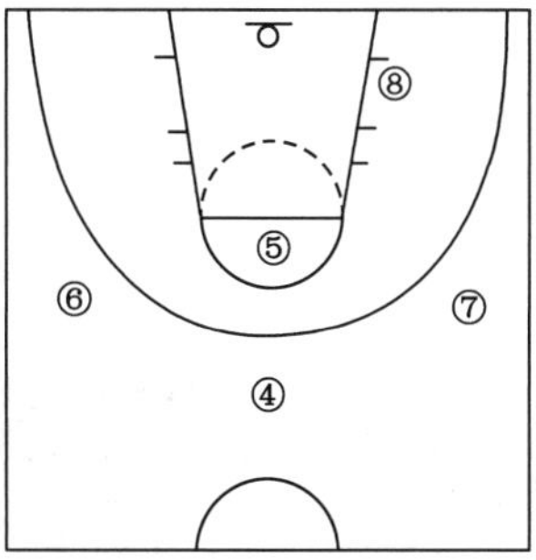

图 1-30 “1-3-1”进攻方法

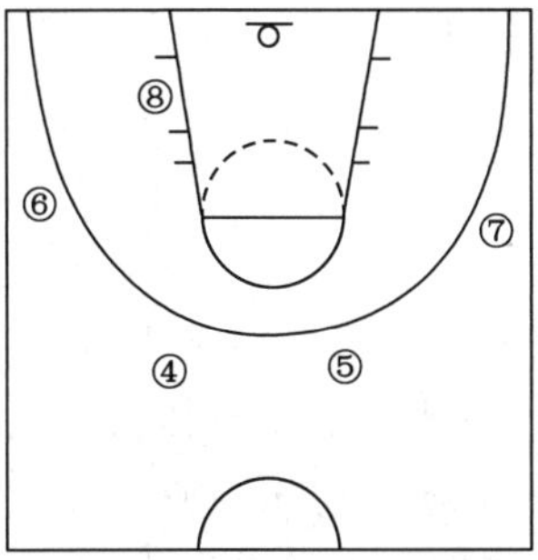

图 1-31 “2-2-1”进攻方法

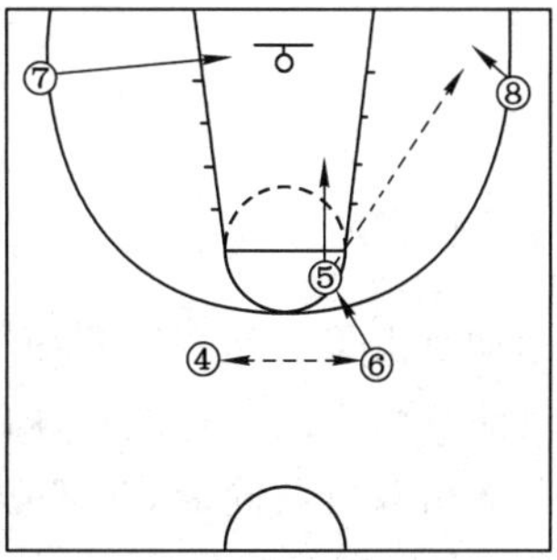

图 1-32 “2-1-2”进攻方法

第二章　排球运动进阶

第一节　排球初级学练

一、认识排球

排球运动是由美国麻省霍利约克城基督教青年会干事威廉·摩根于1895年发明的一项球类游戏演变而来的。首次排球比赛是1896年在美国斯普林费尔特体育专科学校举行的。出场人数由双方共同商定，不限多少，但必须相等。排球运动作为游戏项目，有消遣、娱乐的作用，作为竞赛项目有很强的对抗性、技巧性、集体性。经常参加排球运动，可以促进人体各器官系统的正常发育以及机能状况的改善，使人动作灵活、反应迅速、弹跳力增强，并能培养人的沉着、冷静、机智、果断的品质，因此，排球运动备受大学生和中学生的喜爱。（见图2-1）

图2-1　排球运动

二、准备姿势和移动

1. 准备姿势

在排球比赛中，由于来球的情况千变万化，随时都要准备做各种不同的动作，因此必须始终保持正确的准备姿势，以便接好来球。它是排球基本技术的基础。

准备姿势按重心的高低可分为稍蹲、半蹲和全蹲三种。其中，半蹲运用得较多。

2. 移动

移动是排球比赛中，队员为了能迅速地接近球，并与球保持合理的位置，以便完成各种击球动作而采用的各种脚步动作的统称。它也是排球基本技术的基础。常用的步法有：滑步、跨步、跨跳步、交叉步和跑步。

三、正面双手垫球技术

两脚开立稍比肩宽，身体重心在前脚掌，上体前倾，肩部放松，两臂自然弯曲置于腹前。掌根紧靠，两手拇指朝前，其余手指相叠，两臂自然伸直，小臂稍外展靠拢。两臂夹紧前伸，插到球下，用两手腕关节以上小臂内侧平面触球为宜。

1. 垫轻球

准备姿势：面对来球，成半蹲或稍蹲姿势站立。（见图 2-2）

图 2-2　垫轻球

垫球手型：两手掌根相靠，手指重叠，手掌互握，两拇指平行前伸，手腕下压。

垫球动作：来球力量小，速度慢，击球主要靠手臂上抬力量，以增加球的反弹力。当球飞到腹前约一臂距离时，两臂夹紧前伸，插入球下，向前上方蹬地抬臂，以全身协调动作来迎向来球，身体重心随击球动作稍向前移。

击球点：腹前高度。

击球部位：利用前臂手腕关节上 10 厘米左右的两前臂桡骨内侧所构成的平面击球的后下部。

击球后动作：在击球瞬间，两臂要保持稳定，身体重心继续向抬臂方向同伴送球，使整个动作协调自然，动作结束后，立即做好下一动作准备。

2. 垫中等力量球

准备姿势和手型与垫轻球相同。由于球有一定力量，两臂迎球动作的速度不宜太快，主要靠来球本身的反弹力将球垫起。同时应运用蹬地转腰、提肩压腕、向前抬臂的动作击球后下部。

3. 垫重球

采用半蹲或低蹲准备姿势，两臂放松置于腹前，由于来球力量大、速度快，触球后球体自身反弹力也大，因此击球时不能主动用力迎击来球，应用含胸收腹的动作，帮助手臂随球后撤，并适当放松肌肉，缓冲来球力量。以手臂和手腕动作来控制垫击球的方向和角度。当击球点较高并靠近身体时，一般仍可用前臂垫球；当来球低而远时，就要屈肘翘腕，用手的虎口处垫球。

四、正面双手传球技术

两脚左右开立比肩宽，一脚在前，两脚尖适当收敛，脚跟稍提起，膝关节稍弯曲，上体伸直，重心靠前，身体要稳定，抬头看球，双手自然抬起，放松，置于脸前。当球下降近额前时，蹬地伸膝，伸臂，两手向前上方迎击来球。击球点在额前上方约一个球的距离处，这样便于看清传球的目标，有利于对准球和控制传球方向。同时，手在触球时肘关节尚未伸直，也便于继续伸臂用力。当手触球时，两手自然张开成半球形，手指与球吻合，手腕稍后仰，以拇指、食指、中指托住球的后下部，手指、手腕保持适当的紧张，以承担球的压力。两拇指相对，接近一字形，两手间的距离，可因手的大小而定。用拇指的内侧，食指的全部，中指的二、三关节触球，无名指和小指在两侧辅助控制传球方向。两肘适当分开，两前臂之间要有一定距离。传球动作时全身协调用力。（见图 2-3）

图 2-3　正面双手传球

五、正、侧面下手发球技术

1. 正面下手发球

面对球网，两脚前后分开，左脚在前，右脚在后，两膝微屈，上体前倾，左手持球于腹前，右臂自然下垂，两眼注视球。左手将球在体前右侧抛起，离手 20～30 厘米，在抛球的同时右臂后摆。右脚蹬地，身体重心前移，右臂伸直，以肩为轴，向前摆到腹前，用虎口、掌根或手掌击球的后下部，随着击球动作身体重心前移，迅速入场。

2. 侧面下手发球

以右手为例，是指发球队员侧对网站立，以转体带动手臂，由体侧后下方向前挥动，在体前腹部高度击球过网的一种发球方法。

准备姿势：左肩对网，两脚左右开立，与肩同宽，两膝微屈，重心落在两脚之间，上体前倾，左手持球于腹前。

抛球：左手将球垂直上抛在身体正前方，离胸前约一臂距离，球离手高度约一个半球。在抛球的同时，右臂摆至右侧后下方。

摆臂击球：利用右脚蹬地向左转体的力量，带动右臂向前上方摆动，在体前腹部高度用全掌、虎口或掌根击球后下方。击球后，身体应转向球网，并顺势进场。（见图 2-4）

图 2-4　侧面下手发球

六、上手发球技术

1. 上手飘球

面对球网，两脚自然开立，左脚在前，左手托球于体前。左手用掌平稳而准确地将球抛在体前右肩前上方，高度 40～50 厘米，同时，右臂抬起，屈肘后引，肘略高于肩，上体稍后仰。五指并拢，指尖朝上，手腕稍后仰保持一定的紧张，眼睛注视球体。右脚蹬地，重心前移，以收腹、转体迅速带动手臂的挥动。挥臂呈直线，在右肩前上方，用手掌的坚硬部击中球的后中部。击球的力量要集中迅猛，击球的作用力通过球重心，使球旋转地向前飞行。击球瞬间，手指手腕紧张，手型固定，不加推压动作。击球结束，手臂最好有突停动作。击球后，即可迅速入场。(见图 2-5)

图 2-5　上手飘球

2. 上手大力发球

面对球网，两脚自然开立，左脚在前，身体自然右转，这样就便于向左转体挥臂击球。用抬臂和手掌的平托上送，将球平稳垂直抛于右肩的前上方，高度适中。抛球太前，会造成手臂推球，不易过网；抛球太后，不能充分运用转体、收腹力量；抛球太高，不易掌握击球时机；抛球过低，来不及挥臂充分用力。在左手抛球的同时，右臂抬起，屈肘后引，肘与肩平，上体稍向右侧转动，抬头，挺胸，展腹，身体重心移向左脚。击球时，利用蹬地，使上体向左转动，同时收腹，带动手臂挥动。挥臂的顺序是以腰带肩，肩带上臂，上臂带前臂，前臂带手腕，最后传递到手。在右肩上方伸直手臂，用全掌击球的中下部。击球时，手指自然张开与球吻合，手腕迅速主动做推压动作，使击出的球向前旋转飞行。击球后，随着身体重心前移，迅速进场。(见图 2-6)

七、扣球技术的助跑、起跳

1. 扣球助跑

助跑的方向、速度和步数根据二传来球的方向、速度和弧度决定。助跑步法力求灵活、

图 2-6　上手大力发球

适应性强，根据二传球情况和个人特点，确定采用一步、两步、三步或多步助跑。两步助跑时，先左脚放松而自然地向起跳方向迈出第一步，紧接着跨出右脚，支撑点落在身体重心之前，并以脚跟先着地，两臂由体前经体侧摆至体后下方，上体前倾，重心前移，着地的右脚迅速由脚跟过渡到脚掌，同时左脚随即在右脚的前方着地，身体重心下降，两膝弯曲，上体稍向右转，准备起跳。助跑总的要求是连贯、轻松、自然，由慢到快，由小到大，只要脚一动就要有相应的手臂协同动作。

2. 起跳

常用的起跳方法有两种：一是并步法，即一脚跨出后，另一脚迅速向前并步，落于该脚之前，随即蹬地起跳；二是跨跳法，即一脚跨出的同时，另一脚也跨跳出去，使两脚有一腾空阶段，两脚几乎同时着地和蹬地。前者便于稳定重心，适应性强；后者蹬踏力量大，可增加反作用力，有利于增加弹跳高度。不论哪种方法起跳，当踏跳脚着地的瞬间，手臂摆至身体侧后方并开始向前摆动，当两腿弯曲至最深时，手臂摆至体侧，而后随蹬直两腿向上画弧上摆，两脚迅速扒地，双膝猛伸，向上跳起。

八、扣球完整技术

起跳后，挺胸，展腹，上体稍向右转，右臂由后上方抬起，身体成反弓形。挥臂时，迅速转体，收腹发力，依次带动肩、肘、腕各关节向前上方成鞭甩动作挥动。击球时，五指微张，以掌心为主，全掌包满球，在手臂伸直的最高点的前上方击球的后中部，同时主动用力屈腕、屈指向前推压，使扣出的球呈上旋。

1. 近网扣球

起跳后，抬头挺胸，但上体不宜后仰过大，手臂后拉幅度应稍大，主要利用猛烈的含胸动作发力，以肩为轴，向前挥动手臂，以上臂带动前臂，加强屈肘和甩腕动作，以全掌击球的后中上部。为了防止触网，手击球后，整个手臂要顺势收回。

2. 远网扣球

起跳后，抬头挺胸，上体后仰，身体成反弓形，击球点保持在右肩的上方最高点，用全掌击球的后中部，击球瞬间，手腕要有明显的推压动作，使球急速上旋飞入对方场区。

3. 调整扣球

由于后场区调整传球的方向、弧度与落点不同，要求队员灵活地运用各种助跑起跳方法调整好人与球的距离，采用不同的击球手法控制扣球的力量、路线和落点。在助跑时应侧身看球，若球与网的夹角小，应后撤斜线助跑；若球与网夹角大，应外绕助跑。

4. 扣快球

扣快球主要是配合时机，当二传队员传球即将出手时，扣球队员已经跳起在空中稍有等球之感。当球上升出网时，立即将球扣出网。击球时，主要靠快速挥动前臂和甩动手腕，以全掌击球的后上部。落地时要防止冲过中线和触网。扣快球速度快、突然性大、前置性强、实效好，有利于争取时间和空间。

关于扣快球技术，本章第二节将做具体介绍。

九、“一三二”站位

“一三二”站位是初学者进行比赛的最基本站位（W式）。该站位的优点是参加接发球的五名队员站位均衡，每名队员接发球范围相对较小，前排三名队员接前场区球，后排两名队员接后场区球，职责分明。缺点是由于接发球人数多，队员之间的交界点增多，容易出现相互干扰和“让球”“抢球”现象。另外，后场两角的空隙面积较大，后排两名接发球队员负担过重。（见图 2-7）

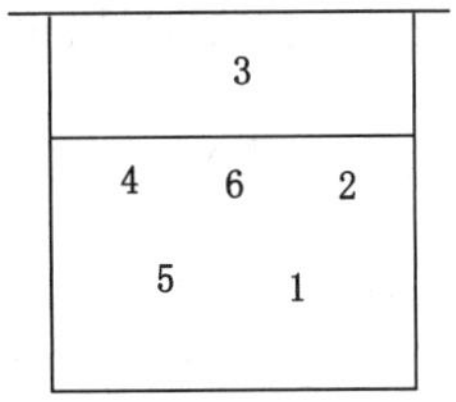

图 2-7 “一三二”站位

十、挡球技术

当球高于肩，而且力量大、速度快，来不及变换身体部位进行传、垫球时，可采用双手抱拳或并掌的手型，屈肘于前，手腕后仰，以掌根或掌外侧所构成的平面，在头部的正前方或侧上方进行挡球。

十一、侧传技术

身体不转动，主要靠双臂向侧方伸展的传球动作叫侧传。侧传有一定的隐蔽性。侧传的准备姿势、迎球动作与正面传球相同，击球点保持在额前或稍偏于出球方向一侧。传球手型与正面传球相同，但倾向出球一侧的手臂要低一些，另一侧则要高一些。用力时，蹬地后上体要向出球方向倾斜，双臂向传出一侧用力伸展，异侧手臂动作幅度大，伸展较快。

十二、侧垫技术

左侧垫球时，先以右脚前脚掌内侧蹬地，左脚向左跨出一步，身体重心移至左脚，并保持两膝弯曲。与此同时，两臂向左侧伸出，使左臂高于右臂，右肩微向下倾斜。击球时，用向右转体和收腹的动作，配合提肩抬臂在身体左侧稍前的位置截住球，两臂垫击球的后下部。来球在右侧时，以相反方向的动作击球。（见图 2-8）

图 2-8 侧垫球

第二节　排球中级学练

一、跨步垫球、单手垫球技术

1. 跨步垫球

当来球较低，落地距离身体一步左右时，应降低重心，用跨步移动的方法来进行垫球。由于重心低，所以它便于衔接各种低姿势的垫球，是滚翻、前扑、鱼跃的动作基础。

2. 单手垫球

当来球低、速度快、距离远时，一般采用单手垫球。垫球时向前跨出一大步，用跨出腿的同侧臂直插球下，用虎口、手臂或前臂内侧部位击球。

二、背传球技术

上体比正面传球时稍直立，身体重心稳定在两脚之间，双手自然抬放，放松置于脸前。双手上举，挺胸，掌心稍向上，手腕稍后仰。击球点保持在额上方。手型与正面传球相同，拇指托球的后下部。利用蹬地、上体后仰、挺胸、展腹、抬臂及手腕手指的弹力将球向身体后上方送出。（见图 2-9）

图 2-9　背传球

三、扣半高球技术

扣半高球要求在二传队员附近起跳，主要针对超出网上沿两个半球高度的球。扣半高球的速度介于一般扣球和扣快球之间，助跑路线一般与网的夹角成 45°左右，在二传快速出手后快速起跳，利用前臂和手腕加速甩动去击球。

四、发飘球技术

面对球网，两脚自然开立，左脚在前，左手托球于体前。用抬臂和手掌的平托上送，将球平稳抛于右肩的前上方，高度 1 米左右。在左手抛球的同时，右臂抬起，屈肘后引，肘与肩平，上体稍向右侧转动。击球时，利用蹬地，使上体向左转动，带动手臂挥动，用掌根平面击打球中下部，手臂要有突停动作，使球产生飘晃。

五、拦网技术

拦网技术动作包括:准备姿势、移动、起跳、空中击球和落地 5 个相互衔接的过程。

1. 准备姿势

面对球网,密切注视着对方动向,两脚平行开立,约同肩宽,两膝稍屈,两手自然弯曲置于胸前。身材高大队员双手可上举过头,随时准备起跳或移动。

2. 移动

根据不同情况可灵活运用并步、跨步、滑步、交叉步、跑步等各种移动步法,身体重心移动到拦网位置,准备起跳。

3. 起跳

移动后立即制动,使身体正对球网后起跳,或在起跳过程中在空中使身体转向球网。如果是原地起跳则从拦网准备姿势开始,两脚用力蹬地,两臂在体侧画小弧用力上摆,带动身体向上垂直起跳,起跳时膝关节的弯曲深度可因人而异,但腰、膝、踝关节的形成角度大体上各为 90°、100°～110°、80°～90°。

4. 空中击球

起跳后稍收腹,控制平衡。同时,两手从额前贴近并平行于网,向网上沿上方伸出,两臂伸直,两肩尽量上提,拦击时,两手尽量伸向对方上空,接近球,两手自然张开,屈指屈腕呈勺形。当手触球时,两手要突然抖腕,用力捂盖球前上方,拦击时根据对方扣球线路变化,两手在空中向球变线方向伸出,外侧手掌心在拦击球时内转包球。

5. 落地

拦网后自然落回地面,落地时屈膝缓冲。落地后准备做下一个动作。

六、单人拦网防守阵型

当对方扣球威胁小、扣球路线变化不多、轻打吊球较多时,可以主动采用单人拦网的防守阵型。拦网队员拦扣球人的主要进攻路线,不拦网队员及时后撤防守前区或保护拦网人,后排队员后撤加强后场防守。(见图 2-10)

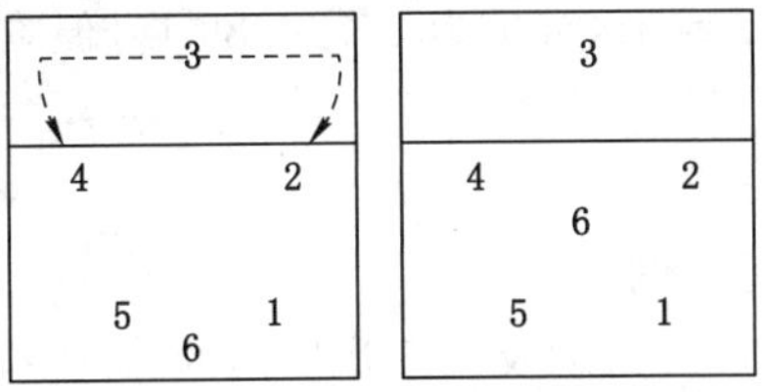

图 2-10　单人拦网的防守阵型

七、竞赛规则、裁判法

1. 发球

每方的 6 名球员按顺时针方向轮流发球。每次本队获得发球权后,由发球队员在本方半场端线后的发球区内将球发入对方半场重新开始比赛。发球队员可以用上手或下手发球,也可以用拳、伸开的五指或是手臂发球。发球可以在底线后的任一处开球,但是规则又允许进行跳发球的队员在落下时进入场内。同一发球队员将继续发球直至本队失去发球权。

2. 得分

在新的得分规则中，一方在获得发球权时同时得分，即所谓的每球得分制。比赛由五局构成。在前四局的比赛中，获胜的一方必须达到 25 分，或在此基础上比对方高出 2 分。在第五局的比赛中，获胜一方只需达到 15 分，或在此基础上比对方高出 2 分。

3. 自由人

自由人是一名防守专家，可以在后排进行任意的替换，帮助本队抵御对手的进攻。自由人不得发球、拦网或是绕到前排，所以一般由一名身材矮小但是动作灵活、能够迅速倒地救球使得比赛得以继续的球员担当。自由人可以自由替换，为易于区别，自由人将穿上与其他球员不同颜色的衣服。

4. 换人

根据另一项被修改的规则，教练员可以在比赛期间站着向球队发号施令，但是必须待在一个特定的区域。包括替换自由人在内，教练在每局的比赛中共有 6 次机会替换队员。替补队员可以换下某一名先发队员或再被相同的队员替下。

5. 场地

排球项目是在一块长 18 米、宽 9 米的场地上进行的。场地被一张高 2.43 米（男排场地）或是 2.24 米（女排场地）的网分成两个对等的部分。距离网 3 米的两侧处是进攻线，用来限制后排队员击球进攻的距离（比如说拦网）。边线是场地的一部分，所以当球压线时按界内球计算。

6. 网

排球用网的网面由 10 厘米见方的黑色小孔构成。在网子的顶部缝上两条 5 厘米长的白色帆布带。在底部有一条绳子拴在柱子上以保证网处于拉紧的状态，因为有时在比赛进程中球会碰到网上。两根标志杆分别设置在球网的两侧，作为排球有效穿越空间的两侧界限。

7. 比赛用球

比赛用球由一个内置的球胆和柔软的皮革制成。室内排球的用球和沙滩排球的用球大小相同，最大圆周为 65～67 厘米，重量为 260～280 克，但唯一不同的是室内排球的气压比沙滩排球要高。

8. 其他规则

(1) 只有前排的队员方可拦网。

(2) 触网。在比赛中，队员不得触及 9.5 米以内的球网、标志带、标志杆。

(3) 四次击球。每队最多击球三次（拦网除外），第二、三次必须将球击过网进入对方场区，第四次击球为犯规。

(4) 持球。击球时没有将球清晰地击出，或触球时有较长的停留为持球犯规。

(5) 连击。一名队员连续两次击球或球连续触及他的身体不同部位（拦网除外）为连击。

(6) 过中线。在比赛中队员整只脚或身体的任何部分越过或触及对方场区时为过中线犯规。

(7) 暂停。第一至四局当领先一队比分达到 8 分和 16 分时，自动执行暂停，每次 60 秒；前四局每局每队有一次请求暂停机会，时间 30 秒；第五局有两次请求暂停机会，时间均为 30 秒。

八、背垫技术

背垫时，首先要判断好球飞行的方向和速度，然后迅速移动到落点处，双臂夹紧伸直，在较高的垫击部位抬头后仰，用展腹挺腰向后扬臂的力量将球垫出。动作完成后，要迅速转身正对球网。

九、扣快球技术

1. 扣近体快球

助跑路线宜与球网保持 45°～60°的夹角。助跑起动时间要早，跑速要快，一般是随一传球同时跑到网前，也可早于一传助跑，在二传队员传球出手时或出手前瞬间快速起跳。要浅蹲快跳，以便于加快起跳速度，跳起在空中等球，击球手臂后引动作要小。主要利用含胸、收腹的动作，带动前臂和手腕快速鞭打式挥动，用全掌击球的后中部。

2. 扣短平快球

在二传队员体前 2～3 米处，扣二传队员传来的快速平弧度球，称扣短平快球。由于这种球飞行速度快、弧度平，因而进攻节奏快、进攻区域宽，有利于避开拦网。扣短平快球一般采用外绕弧形助跑或正对网的直线助跑，于二传队员传球出手的同时起跳。起跳后，左肩侧对球网，当球飞行至击球点时，截住球的飞行路线，利用迅速的含胸动作带动前臂和手腕加速挥动，以全掌击球的后中部。根据拦网的位置，还可提前或延迟击球。

3. 扣背快球

在二传队员背后约 50 厘米处扣的快球称扣背快球。其扣球方法与扣近体快球相同，但因二传队员看不见扣球队员助跑起跳的情况，需要扣球队员主动配合去适应二传队员。

4. 扣背平快球

在二传队员背后 2 米左右处扣背传来的快速平弧度球，称扣背平快球（又称背溜）。这种扣球的特点与扣短平快球相似，击球点一般在 2 号位标志杆附近。

5. 扣 4 号位平拉开球

指在 4 号位标志杆附近，扣二传队员在 2 号、3 号位之间近网传过来的快速、平弧度球。这种扣球速度快、进攻区域宽，有利于摆脱对方的集体拦网。在二传队员传球前，4 号位队员就要开始做外绕助跑，待二传队员传球出手后扣球队员即在标志杆附近起跳，截击来球。扣球动作与扣短平快球相同，但不能提前挥臂，要看准来球后再挥臂击球。这种扣球既可跳起前冲截打小斜线球，也可等球飞到标志杆附近后再做正面扣斜线或直线球。

十、接发球技术

当对方发球时，本方处于防守地位，也是组织第一次进攻的开始。事先站好位置，摆好阵型，是接好发球的基础。站位的阵型，不仅要有利于接球，也要有利于本方所采用的进攻战术。同时，还要根据对方发球的特点，采取不同的阵型。通常多采用 5 人接发球和 4 人接发球。

1. 5 人接发球站位阵型

除 1 名二传队员站在网前或从后排插上准备二传不接发球外，其余 5 名队员都担负一传任务的接发球站位阵型。其优点是队员均衡分布，每人接发球的范围相对减小；接发球时，已站成了基本的进攻阵型，组织进攻比较方便，适合接发球水平不太高的球队。其缺点是二传队员从 5 号位插上时距离较长，难度大；3 号位队员接球时，不便使用快攻战术，不利于队员间的及时换位；队员之间中间地带较多，配合不默契时，容易互相干扰。

2. 4 人接发球站位阵型

插上二传队员与同列的前排队员均站在网前不接发球，其他 4 人站成弧形接发球的站位阵型。其优点是便于后排插上和不接发球的前排队员及时换位；其缺点是对接发球的 4 人要求有较高的判断、移动能力，掌握较好的接发球技术。

第三节　排球高级学练

一、接扣球技术

1. 采取积极的准备姿势

两脚前后开立，比肩宽得多，同时身体重心应像图 2-11 那样能够转动，能够向不同方向灵活起动。因此，对接扣球队员来说，要在“准备”二字上下功夫体会，以形成适合自身特点的准备姿势。

2. 两脚提踵以脚掌内侧着地支撑

当要求迅速起动、奔跑时，在动作上需要做提踵准备。

3. 膝关节保持一定的弯曲度(呈前倾姿势)

在快速起动、以快速的动作变换方向、快速移动后的急停和急停后的各种运动时，两膝保持一定的弯曲度，呈屈膝姿势是绝对必要的条件。由于排球主要是以向前的运动为主，因此，很显然屈膝时膝部要超出脚尖的垂直线。

4. 作为反射板的手臂动作

防守接球主要以下肢动作为主，手臂不要上扬。准备姿势后，垫接扣球只要伸直双臂，形成一个反射板插入球下，靠来球的反弹力垫出即可。整个手臂插入球下的动作比一般垫球的手臂动作更流畅、更短促、更迅速。

5. 准备姿势中两手臂的位置

图 2-12 是接扣球队员准备姿势中手臂位置的俯视图。对于接扣球来说，扣球的力量越大，速度越快，两手臂越要置于身体的正面；两手臂分开越大，接重扣球的效果就越差。因此，接重扣球两手臂需要置于身体正面的位置。

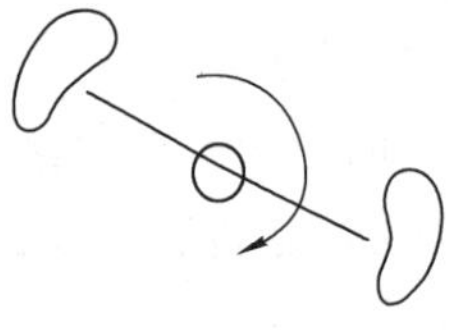

图 2-11　接扣球的身体重心转动

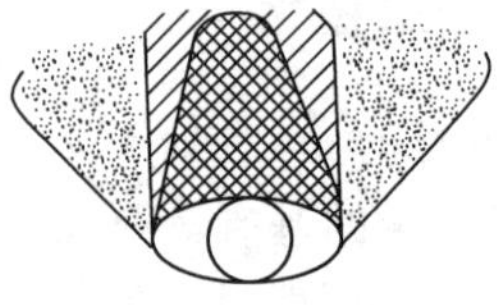

图 2-12　接扣球队员准备姿势中手臂位置的俯视图

6. 接重扣球的移动方法

如果像图 2-13 那样朝箭头所示方向移动或者滚翻、鱼跃救球时，其方法是身体重心要保持前倾的状态，这样就容易在移动后正对球，因而也就容易在激烈的对抗中，提高接重球的成功率。

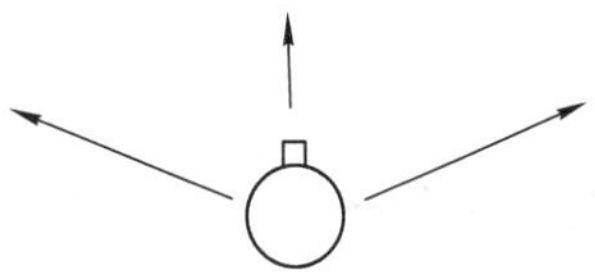

图 2-13　接重扣球的移动方法

二、扣调整球技术

当一传和防守起球不到网前时，主攻手往往需要扣调整球。扣调整球的关键是找到合适的起跳点和起跳时机，然后根据来球是近网还是远网的不同情况，有针对性地运用近网扣球技术或远网扣球技术。

三、吊球技术

助跑起跳和空中的挥臂动作与正面扣球均相同。当挥臂到最高点时，突然减速，用单手手指击球的中下部，将球吊入对方的空当。击球时，五指伸开稍收拢，自上而下屈腕用力。

四、传快球技术

传近网快球一般需要的力量较小，主要依靠适当的伸肘动作和手指、手腕的弹击力量来传球。传这种球的关键是与扣球手的配合，二传手应根据队员的助跑速度、击球点高度、挥臂动作和一传情况，运用自己身体姿势和传球动作的变化以及传球点的高低来调整传球的节奏，并控制好传球的高度。

五、入网球处理

教练（或队员）向网的下沿、中部或上沿抛球，抛球的力量可大可小。队员练习处理不同反弹角度和距离的球，将球直接垫过网或垫高。

处理入网球要注意：

(1) 要敏锐地判断入网球的反弹落点，快速移动，取好位置，降低重心，等球落到比较低的位置再进行处理。

(2) 球的反弹角度因球入网的位置不同而不同（网的上方或网的下方），球落在底绳附近时，应以较大的弧度反弹过来；落在网上白带附近时，则几乎没有反弹而顺网下落。此外，也因球的旋转而有所不同。这是因为球网的弹性，反射角比入射角大，球的速度也多半降低。

(3) 处理入网球时，身体最好是侧对网，把与网的位置关系放在视野内进行观察再做动作。若是第二次击球，手臂应尽量插入球下，利用屈肘、翘腕或抬臂的动作将球向后上方击起。若是第三次击球，应略带有向上抽击的动作，使球产生上旋后直接飞过网。

(4) 拦网时，如果球落在自己和球网之间，要尽量下蹲钻入球下，将球向后上方垫起。拦网落地后采取下蹲的自我保护姿势。

六、跳发球

面对球网离端线 2～4 米，双手或单手持球于体前。用单手或双手将球抛在右前上方，离地 3.5～5 米，使球落在端线的附近。球离手以后迅速向前助跑起跳，助跑与起跳要协调。起跳离地以后，提胸展腹，身体呈反弓形，右臂屈肘向后引臂，五指自然张开成勺形，手腕要放松。击球时，利用收腹和转体带动手臂向前上方挥动。以全手掌包住球，击球的后中部，且手腕向前推压使球上旋飞行。击球后，屈膝缓冲落地后迅速进入场区。

七、一二进攻战术

1. “中一二”进攻

如图 2-14 所示，“中一二”进攻是 3 号位队员做二传，将球传给 4 号位和 2 号位队员进攻的组织形式。其优点是一传向网中 3 号位垫球比较容易，因而有利于组织进攻，适合初学者采用；二传队员在网前接应一传的移动距离近，向 4 号位和 2 号位传球的距离较短，容易传准。缺点是战术变化少；对方容易识破进攻意图。

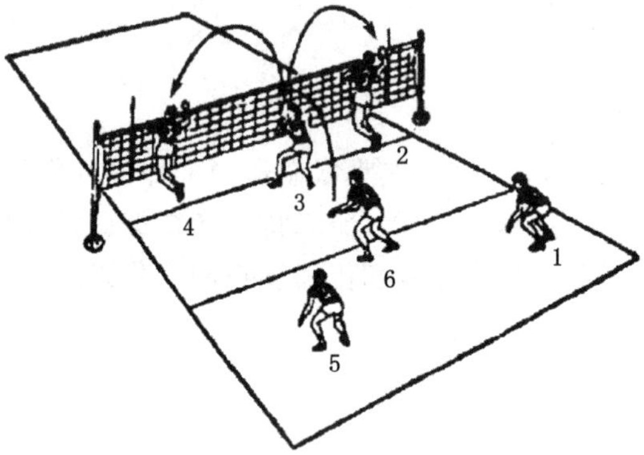

图 2-14 “中一二”进攻战术

2. “边一二”进攻

如图 2-15 所示，“边一二”进攻是 2 号位队员做二传，将球传给 3 号位和 4 号位队员进攻的组织形式。其优点是右手扣球者在 3、4 号位扣球比较顺手，战术变化较多。缺点是 5 号位接一传时，向 2 号位垫球距离较远；一传垫到 4 号位时，二传传球较为困难。

图 2-15 “边一二”进攻战术

八、双人拦网“心跟进”防守阵型

如图 2-16 所示，双人拦网“心跟进”防守阵型一般在本方拦网能力强，对方采取打吊结合时采用。当对方 4 号位队员进攻时，本方 2、3 号位队员拦网，在后排中心的 6 号位队员在本方拦网时跟在拦网队员之后进行保护，其余 3 名队员组成后排弧形防守。其优点是加强了前区的防守能力，缺点是后排防守队员之间的空当太大。

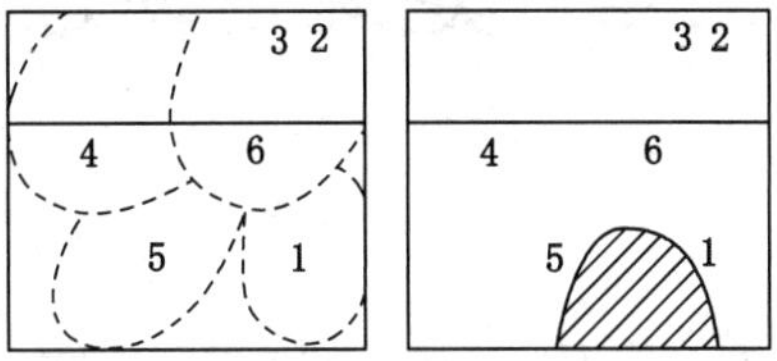

图 2-16　双人拦网“心跟进”防守阵型

九、双人拦网“边跟进”防守阵型

如图 2-17 所示，双人拦网“边跟进”防守阵型多在对方进攻较强，吊球较少时采用。当对方 4 号位队员进攻时，本方 2、3 号位队员拦网，其他 4 个队员组成半圆弧形防守。如遇对方吊前区，由边上 1 号位队员跟进防守。其优点是加强了拦网；缺点是边上的队员既要防直线，又要跟进防前区，比较困难。

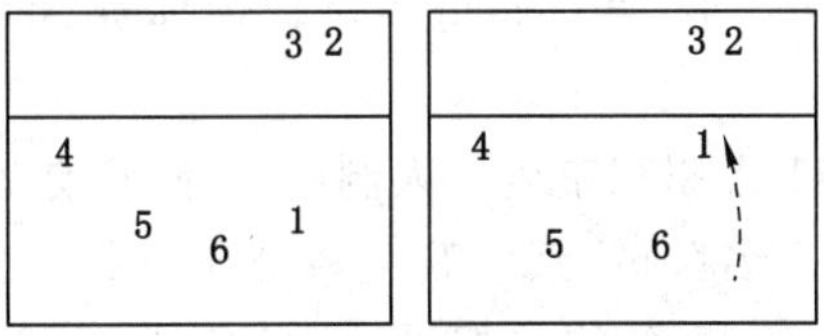

图 2-17　双人拦网“边跟进”防守阵型

第三章　足球运动进阶

第一节　足球初级学练

一、认识足球

足球运动是世界上最普及的体育运动之一，被称为“世界第一运动”。古代足球起源于中国，早在战国时代就有关于足球的文字记载，在唐宋时期更是盛行。现代足球起源于英国，1857 年英国成立了第一个足球俱乐部，1863 年在伦敦成立了第一个足球运动组织——英格兰足球协会。1900 年，足球成为奥运会比赛项目。1904 年 5 月 21 日，国际足球联合会(FIFA)在法国巴黎成立。1930 年，第一届世界足球锦标赛（世界杯）举行，至 2018 年共举行了 21 届。

目前，足球比赛除室外 11 人制和室内 5 人制两种外，还有 7 人制和 3 人制等比赛形式。世界杯足球比赛，每队上场 11 名队员，其中有 1 名是守门员。全场比赛时间为 90 分钟，分上下半场各 45 分钟，中场休息 15 分钟。如平局则加决胜期 30 分钟，分上下半场各 15 分钟，中间不休息。如仍是平局可以通过互罚点球来决定比赛胜负。（见图 3-1）

图 3-1　足球运动

二、熟悉球性

能够自如地控制球的队员，其足球技术的掌握和进步也很快。为了迅速提高技术运用能力，首先要从熟悉球性的练习开始。

1. 练习 1

球在身体前面，用脚横着向左滚动球；做几次以后，变换为横着向右滚动球。然后练停球，轮换用脚内侧和脚外侧停球。停球时，支撑身体的那条腿的膝部要稍微弯曲，保持身体平衡（同时用手臂保持平衡）。

2. 练习 2

用右脚背把球往前送，接着用脚掌的前部把球带回来。运球时，支撑身体的那条腿的膝部弯曲，保持身体平衡（同时用手臂保持平衡）。变换左右脚，重复练习这一动作。也可以顺着球场的纵向练习这一动作，每次用脚掌把球带回到身体下方，接着用脚背把球推送向前。

3. 练习 3

用右脚背向前带球，接着用脚掌前部停球，把脚斜置在球前面；接着用左脚背重复这一动作，再用脚掌前部停球。

4. 练习 4

用左脚内侧向前带球，接着用脚掌前部停球，把脚斜置在球前方；再用右脚重复这一动作。开始做这个练习时，比用脚背要难得多，因为脚趾必须尽量往外撤，才能用脚内侧把球往前带。

5. 练习 5

先用左脚内侧滚动球，然后用右脚内侧停球，再继续用左脚内侧滚动球。这个练习要反复多次进行，练习 50 次后，再换右脚内侧滚动球，如此循环往复。

6. 练习 6

在身体前方用右脚滚动球，用左脚内侧托球，使球碰到右脚内侧，再用左脚把球滚回来。重复这个练习，当球滚动时，频频用脚去轻轻托球。这个练习也可以用脚将球向右滚动两三次，每次用脚轻轻踏球几下，然后再往左滚动两三次。

7. 练习 7

用右脚外侧斜着踢球并在球上跨过，接着用该只脚的脚掌前部把球带回来，再用左脚朝另一方向重复这个动作。

同样的动作，也可用脚内侧踢球并在球上跨过，接着用同一只脚的外侧把球带回来。然后换脚重复练习这个动作。

同样，也可以用脚背来做这个练习。

8. 练习 8

用左脚轻轻拨动几次球，然后跨球，再用右脚内侧改变球的方向。继续轻轻拨动几次，接着跨球，并用左脚内侧改变球的方向。

跨球是一项基本动作，在控球时加以利用，既能使脚法敏捷，又能增加练球的乐趣。

9. 练习 9

用脚掌在球顶部稍微踩一下，使滚动的球停下来，接着用右脚内侧把球踢到支撑脚后面，再向相反方向踢去。

10. 练习10

在球感和协调性有了相当程度的提高以后，就可以在实战中运用所学习的一些简单动作。用右脚外侧带球，再用右脚掌停球，迅速转身，接着仍用同一只脚的外侧把球踢向相反的方向。

三、颠球技术

颠球是球员通过身体各种合理部位的连续触及，建立起对球的敏感性，进而熟悉、掌握球的性能及规律。当有了球感后，就为进一步掌握高难度动作奠定基础。因此，颠球对球员来说，应是经常坚持进行的一项练习。

最常用的颠球技术有脚背正面颠球、脚内侧颠球、脚背外侧颠球、大腿颠球和头部颠球等。

1. 脚背正面颠球

这是用脚的第一、第二、第三楔骨与跖骨末端部位颠球的一种方法。颠球时，支撑腿的膝关节微屈，身体重心落在支撑腿上；颠球脚的脚尖微翘，小腿轻轻甩动，轮流用双脚脚背部位触球的下中部，将球向上击起。

2. 脚内侧颠球

支撑腿的膝关节微屈，身体重心落在支撑腿上。当球落至颠球腿的膝关节以下时，屈膝盘腿，小腿向上摆动，脚内翻与地面呈水平状态，用跟骨、舟骨与大拇指骨所组成的脚弓部位触球中下部，将球向上击起。

3. 脚背外侧颠球

支撑腿微屈，重心落在支撑腿一侧。当球落至颠球腿的膝关节附近时，小腿向外上摆，脚外翻使脚外侧呈水平状态。用楔骨与跖骨的末端触球的中下部，将球击起。

4. 大腿颠球

支撑腿微屈，重心落在支撑腿上。当球落至膝关节部位时，颠球腿屈膝，大腿摆至水平状态时，触球中下部，将球击起。

5. 头部颠球

双腿开立，两臂自然张开，膝关节微屈，身体重心适当下降，头后仰。当球落至前额高度时，脚蹬地伸膝，腰稍向上用力，颈部适当紧张，用前额触球中下部，将球击起。

四、脚内侧踢球、停球技术

1. 脚内侧踢球

脚内侧踢定位球：如图3-2所示，直线助跑，支撑前的最后一步稍大些，支撑脚站在球的侧面约15厘米处，脚尖正对出球方向，支撑腿膝关节微屈。在支撑脚着地时，踢球腿的大腿带动小腿由后向前摆动，在前摆的过程中大腿外展，当膝关节摆动至接近球的正上方时，小腿做爆发式摆动，在触球前将脚跟送出使得脚内侧部位所形成的平面与出球方向垂直，踢球脚脚尖微微翘起，脚底与地面平行，踝关节功能性地紧张使脚型固定，触(击)球后身体跟随向前移动。

图 3-2　脚内侧踢定位球

脚内侧踢空中球：如图 3-3 所示，根据来球速度和运行轨迹及时移动到位，踢球腿的大腿抬起并外展，小腿绕额状轴后摆，而后小腿由后向前摆动，当摆至额状面时与球接触，击球的中部。

图 3-3　脚内侧踢空中球

2. 脚内侧停球

脚内侧接触球的面积大，易将球停稳，并且便于改变方向和结合下一个动作，多用来停地滚球、反弹球和空中球。

停地滚球：支撑脚正对来球，膝关节微屈，停球腿屈膝外转并前迎，脚尖稍翘起，当脚与球接触前的一刹那开始后撤，在后撤过程中用脚内侧接触球，缓冲来球力量，把球控制在连接下一动作所需要的位置上。

停反弹球：支撑脚踏在球的落点的侧前方，膝关节弯曲，上体稍向前倾并向停球方向微转，同时停球腿提起，踝关节放松，用脚内侧对准来球的反弹路线，当球落地反弹刚离地面时，用脚内侧推球的中上部。

停空中球：停空中球的方法有两种。一种是根据来球的高度，将停球脚抬起前迎，脚内侧对准来球路线，在脚与球接触前的一刹那开始后撤。在后撤过程中用脚内侧触球，缓冲来球力量，把球控制在所需要的位置上。另一种是将脚提起稍高于选择的停球点，在脚与球接触的一刹那开始下切，在下切过程中用脚内侧切球的侧上部，将球停在地上。接空中球时，先提大腿，脚弓正对来球。触球时，小腿放松下撤。

五、运球技术

1. 脚背正面运球

脚背正面运球多在越过对手之后前方纵深距离较长，仍需要快速运球前进的情况下使用。跑动时，身体自然放松，上体稍前倾，两臂自然摆动，步幅不宜过大。运球脚提起时，膝关节弯曲，脚跟提起，脚尖下指，在迈步伸脚着地前，用脚背正面向前推拨球前进。

2. 脚背外侧运球

跑动时身体自然放松，如图 3-4 所示，上体稍前倾，两臂自然摆动，步幅要小些。运球脚提起时，膝关节弯曲，脚跟提起，脚尖稍内转，在迈步伸脚着地前，用脚背外侧向前推拨球，球直线运行，向前侧推拨球，球曲线或弧线运行。

图 3-4　脚背外侧运球

3. 脚背内侧运球

跑动时身体自然放松，上体稍前倾并稍向运球方向转动，两臂自然摆动，步幅要小些。运球脚提起时，膝关节弯曲，脚跟提起，脚尖稍外转，在迈步伸脚着地前，用脚背内侧向前侧推拨球，球向前侧曲线或弧线运行。

4. 脚内侧运球

运球时，支撑脚稍向前跨，踏在球的前侧方，膝关节稍弯曲，上体前倾并向里转。随着身体向前移动，运球脚提起，用脚内侧推球的后中部。

六、头顶球技术

头顶球是指运动员有目的地用额部将球击向预定目标的动作方法。现代足球比赛是一种立体的攻防战，攻守双方不仅在地面上寸土必争，在空中的对抗也互不相让。头顶球的击球位置高，是争取时间和空间主动的重要技术手段。尤其是在罚球区附近，头顶球的争夺对攻防双方都有举足轻重的意义，是一种快速简练、适用于进攻和防守的技术手段。

头顶球是一个自下而上全身协调发力的动作过程，完成这一动作过程应包括以下几个方面：判断与选位；蹬地与身体摆动；击球动作；击球后身体的控制。

头顶球技术分前额正面头顶球与前额侧面头顶球。

1. 前额正面头顶球

这是由额肌覆盖着的额骨正面部分去击球的一种动作方法。

原地头顶球：身体正对来球方向，眼睛注视运动中的球，两脚左右开立或前后开立，膝关节微屈，重心置于两脚间的支撑面上或后脚上，两臂自然张开，当球运行到垂直于地面的垂线时，两腿用力蹬地，迅速向前摆体，微收下颌，在触球瞬间颈部做爆发式振摆，用前额正面击球中部，上体随球前摆。

跑动头顶球：顶球的动作要领与原地顶球相同，只是第一环节应正对来球跑出抢点。球顶出后，由于跑动速度较快，为保持身体平衡须随球向前移动。

原地跳起头顶球：这种技术在本方或对方传来高球时运用。两膝屈，重心下降，然后两脚用力蹬地起跳，同时两臂屈肘上摆，在身体上升阶段展腹挺胸，两臂自然张开，眼睛注视来球，身体自然成背弓。当球运行至身体额状面时，迅速收腹，上体前摆，触球瞬间颈部做爆发性振摆，用前额正面将球顶出。同时两腿向前做振摆，球顶出后两腿屈膝屈踝落地。

跑动跳起头顶球：一般助跑跳起顶球时都使用单脚起跳。根据来球的速度、运行轨迹选好起跳位置，及时跑到起跳点，起跳前一步稍大些，起跳脚用力蹬地跳起，同时另一腿屈膝上摆，两臂屈肘自然上提，其余各环节与原地跳起头顶球相同。

鱼跃头顶球：对于离身体较远的低空球来不及移动到位处理必须抢点击球时(如抢救险球、射门等)，可使用鱼跃头顶球技术。当判断好来球的路线和选择好顶球点后，以单脚或双脚用力向前蹬地，身体接近水平状态向前跃出，同时两臂微屈前伸，手掌向下，眼睛注视来球，利用身体向前跃出的冲力，以前额正面顶球。顶球后，两手先着地，手指向前，接着胸部、腹部和大腿依次着地。

向后蹭顶球：分原地蹭顶与跳起蹭顶。第一环节分别与原地前额正面头顶球和跳起前额正面头顶球相同。当球运行到身体上空时，挺胸、展腹、扬下颌，身体向后上方伸展，用前额正面靠上的部位用力击球的下部，将球向后上方顶出。

2. 前额侧面头顶球

原地前额侧面头顶球：根据来球的运行速度、运行轨迹，及时移动到位。两脚前后开立或左右开立，出球方向的异侧脚在前，重心逐渐过渡到前脚上，眼睛注视来球，前膝微屈，两臂前后自然张开，当球运行至体前上方时，用力蹬地，前脚掌适度旋转，上体向出球方向扭摆，同时用力向击球方向甩头，以前额侧击球的后中部。

跑动前额侧面头顶球：与原地前额侧面头顶球动作要领相同，不同的是此动作是在快速跑动中开始和完成的，注意完成动作后身体的平衡。

跳起前额侧面头顶球：分为原地跳起顶球与助跑跳起顶球。起跳动作及第一环节与跳起前额正面头顶球相同。在起跳后的身体上升阶段，上体向出球的相反方向侧摆，在身体达到最高点时，上体急速向出球方向摆出，颈部扭摆甩头，用前额侧面击来球的后中部，将球击向预定的目标。

七、掷界外球技术

掷界外球有原地掷界外球和助跑掷界外球两种。

1. 原地掷界外球

面对出球方向，两脚开立，身体后仰，两手自然张开，持球侧后部，虎口相对，屈肘将球置于头后；掷球时，两脚用力蹬地，收腹摆体，两臂迅速前摆，当球摆过头顶时用力甩腕，将球掷入场内。掷球时脚可沿地面滑动，但不得离开地面。

2. 助跑掷界外球

双手持球于胸前，在助跑迈出最后一步时，两手持球至头后，同时身体后仰，其余的动作与原地掷界外球动作相同。

第二节　足球中级学练

一、脚背内侧踢球

脚背内侧踢球，是一种用第一跖骨及跖趾关节部位触击球的踢球方法。这种技术主要用于长传球或者射门。

1. 脚背内侧踢定位球

如图3-5所示，斜线助跑，助跑方向与出球方向约呈45°角，最后一步稍大，以支撑脚底着地，脚尖指向出球方向，距球内侧后方约一脚距离或稍大，膝关节微屈。在支撑的同时，踢球腿完成后摆，并开始以髋关节为轴，大腿带动小腿由后向前摆动，当大腿摆至与支撑腿接近同一平面时，小腿做爆发式摆动，此时脚尖外转、脚背绷直、脚趾扣紧鞋底，以脚背内侧部位触击球。击球后踢球腿及身体继续随球向前。

图3-5　脚背内侧踢定位球

2. 脚背内侧削踢定位球（又称香蕉球）

踢弧线球时，脚背内侧部位击球的后中部，摆腿的方向不通过球心，沿弧线前摆，在击球的瞬间，踝关节用力向内转，使球侧旋沿弧线运行。

二、停各种空中球

1. 脚内侧停空中球

当球落入自己的控制范围之内的时候，接球腿根据球的高度适当抬起，如果皮球从上向下落时，脚内侧向上接踢球的正下方，在球与脚内侧接触的瞬间，踝关节适度紧绷，向下卸下皮球的力量，然后让球自然下落在自己身前的控制范围内。

2. 脚背正面停空中球

停球前，身体面对来球，支撑腿微屈以维持身体平衡，停球腿屈膝抬起，小腿前伸以主动迎球，用脚背正面接触球的底部。在脚背触球前的一刹那，小腿下撤以缓冲来球的力量；同时，膝关节和踝关节放松，将球停留在体前适当的位置。

3. 胸部停空中球

胸部停球是停空中球的常用方法。根据处理球的方法不同，胸部停球分挺胸停球和收胸停球两种。

挺胸停球：当球从空中落下时，两脚前后开立，两腿弯曲，上体尽量后仰，注视来球。当球接触胸部后，两腿后蹬，胸部迎接上挺，使球在胸前弹起，随后用头顶球或等球落下再处理。

收腹停球：两脚前后开立，膝稍屈，上体稍后仰，两臂维持身体平衡，以胸部对准来球。胸部接触球瞬时收胸收腹，以缓冲来球的力量，将球停住。

三、足球竞赛规则

1. 比赛场地和球

比赛场地应为长方形，长 90～120 米，宽 45～90 米（国际足联规定世界杯决赛阶段的标准场地为长 105 米，宽 68 米）。球门宽 7.32 米，高 2.44 米。球的最大圆周长为 68～71 厘米，在比赛开始时球的重量为 390～450 克，充气后的压力为 0.6～1.1 个标准大气压。比赛中未经裁判员许可，不得更换比赛用球。

2. 队员人数和比赛时间

每队上场比赛的队员不得多于 11 名，不得少于 7 名，其中必须有一名为守门员。守门员可以与场上队员互换位置，但必须事先通知裁判员，应在死球时进行互换，并换好服装。在由国际足联、洲际联合会或国家协会主办的正式比赛中，每场比赛最多可以使用 3 名替补队员。比赛分上、下半场，每半场 45 分钟，中间休息 15 分钟，每半场因故损失的时间应由裁判员酌情补足。

3. 比赛开始、进行和死球

开球前，双方队员均应在本方半场内，开球队的队员还须在中圈外。当裁判员鸣哨后，开球队员必须将放在场地中心的球踢入对方半场，待球滚动后方为比赛开始。比赛中，出现球碰门柱、横梁、角旗杆、场上的裁判员或巡边员弹在场内和场上队员犯规而裁判员未予判罚等情况，均为比赛正常进行。当球的整体在地面或空中全部越过边线或端线，以及比赛被裁判员鸣哨停止时均为死球。恢复比赛的方式为发球门球、角球、任意球，掷界外球，踢点球，重新开球。

4. 越位

凡进攻队员在对方半场且队员较球和对方倒数第二个队员更接近于对方端线者，即处于越位位置。但对方队员两人较其更近于对方端线，或其平行对方倒数第二个防守队员或者平行于对方最后两名以上（含两名）防守队员，则该队员不算处于越位位置。

判罚越位：队员处于越位位置，当同队队员踢或触及球的一瞬间，裁判员认为该队员正在干扰比赛或对方，或正企图从越位位置获得利益则应判罚越位。但如果该队员仅仅处于越位位置或直接得球门球、角球、界外球则不应判罚。

5. 犯规与不正当行为

判罚直接任意球的犯规：踢或企图踢对方队员；绊摔或企图绊摔对方队员；跳向对方队员；猛烈冲撞对方队员；打或企图打对方队员；推对方队员；为了得到对球的控制而抢截对方队员时，于触球前冲撞对方队员；拉扯对方队员；向对方队员吐唾沫；故意手球（不包括守门员在本方罚球区内）。

如果队员在本方罚球区内违反了上述 10 种犯规中的任何一种，应被判罚点球。

判罚间接任意球的犯规：动作具有危险性；阻挡对方队员；守门员用手控制球时，在发出球之前行走 4 步以上；守门员在发出球之后未经其他队员触球，再次用手触球；守门员用手触及同队队员故意踢给他的球;守门员故意拖延比赛时间。

被警告并出示黄牌的犯规:犯有非体育道德行为;以语言或行动表示异议;持续违反规则;延误比赛重新开始;当以角球或任意球重新开始比赛时,防守队员不退出规定的距离;未得到裁判员许可进入或重新进入比赛场地;未得到裁判员许可,故意离开比赛场地。

被罚令出场并出示红牌的犯规:严重犯规;暴力行为;向对方或其他任何人吐唾沫;用故意手球破坏对方的进球或明显的进球得分机会(不包括守门员在本方罚球区内)。

6. 掷界外球

掷球时,掷球队员必须面向球场,两脚均应有一部分站立在边线上或边线外,单、双脚均不得全部离地,用双手将球从头后经头顶掷入场内,球未经其他队员踢或触及前不得再次触球,不得将球直接掷入球门得分。

7. 比赛成平局后以互踢点球决胜的规定

裁判员将双方队员集中于中圈,选定球门,召集双方队长猜币,猜中一方先踢。两队轮流各踢 5 球决胜,如未分出胜负,则两队应相继各出一人再决胜,直至分出胜负为止。踢点球的队员必须是比赛结束时的场上队员。决胜过程中,场上队员均可与守门员互换位置;如守门员受伤,场下替补队员可以替补。

8. 计分方法

当球的整体从球门柱间及横梁下越过球门线,而此前未违反竞赛规则,即进球得分,进球多者为胜。

第三节　足球高级学练

一、比赛阵型介绍

比赛阵型是足球比赛中队员的位置排列,是本队攻守力量搭配和职责分工的形式。目前足球比赛常用阵型如下。

“4-3-3”阵型(图 3-6):4 名后卫队员,3 名前卫队员,3 名前锋队员。4 名后卫队员平行站位,或有 1 名自由人在 3 名防守队员身后。中场安排直线形和三角形两种不同的站位形式,三角形站位又有两种不同的形式,即侧重进攻的正三角和侧重防守的倒三角,即两前卫加前腰和两前卫加后腰。前锋队员按照一般情况来安排,即 2 名边锋和 1 名中锋。

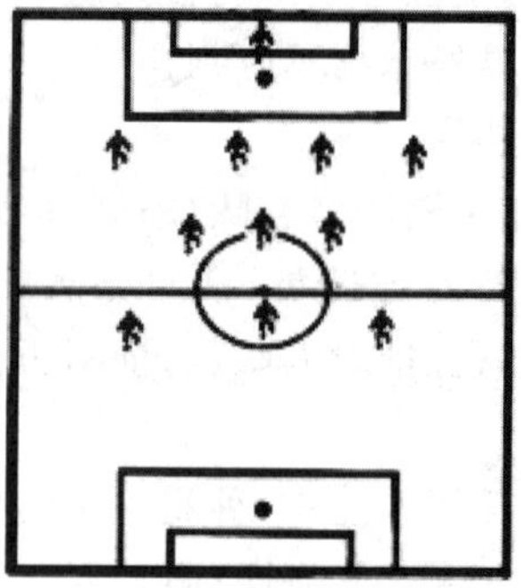

图 3-6　“4-3-3”阵型

“3-5-2”阵型(图 3-7):3 名后卫队员,5 名前卫队员,2 名前锋队员。后防线由 2 名盯人后卫和 1 名自由人组成,中场由 2 名边前卫和 3 名中前卫组成,3 名中前卫可以在一条线上,也可以由 1 名队员充当进攻者或防守者(即前腰或后腰)。2 名前锋位于前场,其中 1 名起着游动前锋的作用。

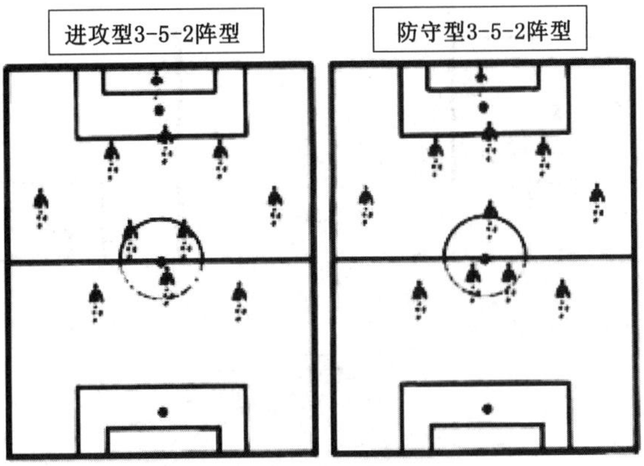

图 3-7 “3-5-2”阵型

“4-4-2”阵型(图 3-8):4 名后卫队员,4 名前卫队员,2 名前锋队员。后防线的 4 名队员保持一条直线,或者 1 名队员位于其他 3 名队员的身后充当自由人。中场队员的位置有菱形、直线形、碗形等。2 名前锋队员彼此相互配合,可采用居中、分居两侧或一边一中的站位等。

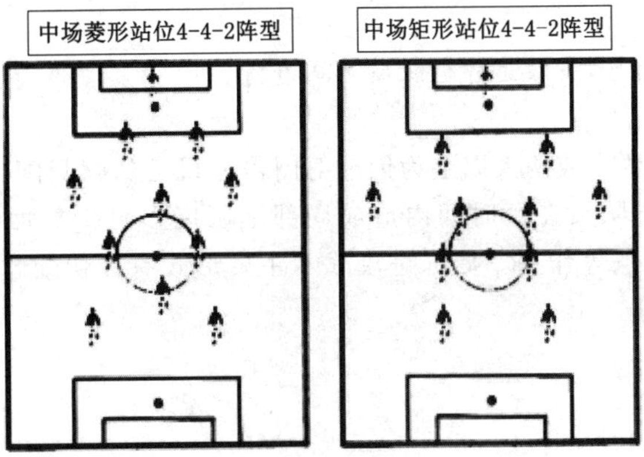

图 3-8 “4-4-2”阵型

“3-4-3”阵型(图 3-9):3 名后卫队员,4 名前卫队员,3 名前锋队员。根据对方经常采用 3 名前锋的打法,相应地将后卫设为 3 名,4 名中场队员一般采用菱形站位。前场安排 3 名进攻队员,进攻力量较强。

“4-5-1”阵型(图 3-10):4 名后卫队员,5 名前卫队员,1 名前锋队员。这是一个相对侧重防守的阵型。根据对方实力采取 1 名前锋的打法,相应地将后卫设为 4 名,中场队员设为 5 名,中前卫一般采用三角形站位。这种阵型进攻力量较弱。

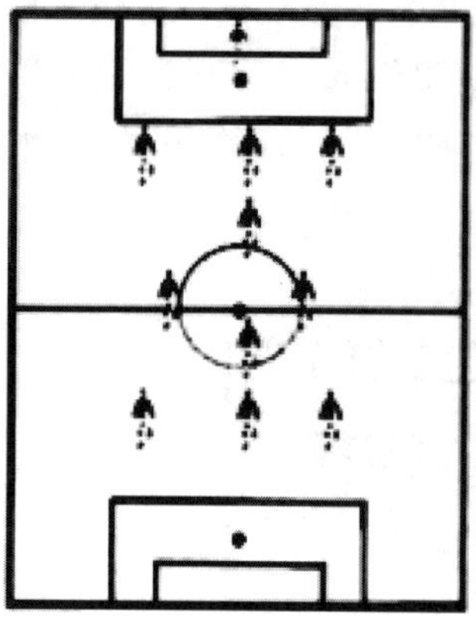

图 3-9 “3-4-3”阵型

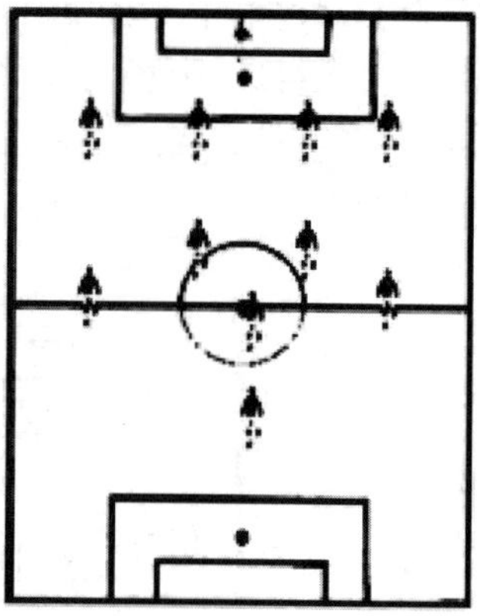

图 3-10 “4-5-1”阵型

二、局部战术

1. 局部防守战术

保护与补位是局部集体防守的基础。保护是补位的前提，没有保护不可能有有效的补位。队员间适当的斜线站位是保护选位的基本要求，也是后卫线防守站位的基本原则。后卫的斜线站位，相互间的纵深距离不能太大。补位是防守队员补同伴在防守中出现的漏洞，是防守队员间相互协助的一种方法。常见的补位有两种方法。

补空当：边后卫插上进攻退守不及时，由其他同伴暂时补他的位置，以防对方利用空当快速反击。

相互补位：交换防守，一般是邻近队员之间进行。

2. 局部进攻战术

局部进攻战术是两人或两人以上为创造射门得分机会的默契配合行动，是组成集体进攻战术的基础，是攻方队员在短时间内造成局部地区以多打少局面的战术，起到渗透、突破、控制球、转移进攻点等作用。局部进攻战术主要形式有传切配合、二过一配合、交叉掩护配合、三过二配合等。

三、整体战术

1. 整体进攻战术

边路进攻：在对方半场两侧地区发起的进攻。边路进攻的特点是充分利用场地的宽度，拉开对方的防线。边路场区防守队员较少，防守的纵深保护较差，可利用的空当较大。采用边路进攻战术较容易突破对方防线，然后采用传中等手段，创造中路射门得分机会；但直接射门角度小，很难射中球门。

中路进攻：在对方半场中部发展与结束的进攻。中路进攻的特点是进攻投入的人数多，层次深，配合点多、面广，射门角度大，破门机会多。但防守人员较密集，纵深保护有力，突破难度较大。中路进攻方式有运球突破、踢墙式二过一配合、运球交叉掩护配合、回撤反切突破、横扯插上突破、头球摆渡和定位球配合等。

转移进攻：中路进攻受阻转移到边路组织进攻，或者边路进攻受阻转移到中路，或另一侧边路组织进攻。转移进攻的特点是，充分利用场地的空间和足球比赛进攻没有时间和传球次数限制的规则，及时转移攻击点，迫使对方防线横向扯动，出现空当，从而成功地突破防线。

快速反击进攻：在本方后场得球后，由于对方防线压至中场，后场有较大空间，快速将球传给插向前场空当的攻击队员，或在攻守频繁转换时在中前场争夺到球后快速突破或传球，创造出射门机会的进攻。

层次进攻：在对方已组织好防守队形的情况下，所采用的有组织、有步骤的进攻战术配合方法。层次进攻的特点是，有较充裕的时间和随机选择的空间进行配合来寻找对方的防守漏洞，进行逐层突破，以获取进攻的成功率。层次进攻打法有边路进攻、中路进攻和转移进攻。

2. 整体防守战术

人盯人防守：在禁区及其附近每一名守方队员盯住相应的一名攻方队员。原则上，攻方队员跑到哪里，盯人队员就要跟到哪里。一名拖后中卫（自由人）进行区域防守，执行补位任务。这种防守方法任务明确，但由于攻方队员可在大范围穿插跑动，对守方队员调动很大。既要求守方队员有良好的体能，又要求其有适应相应位置作战的能力，否则被突破后进行补位较为困难。进行大范围的跑动盯人，有时也难免会出现漏洞。

区域盯人防守：守方队员在自己所辖的防区内，对攻方队员实施严密的盯防，限制其活动。这种防守方法任务明确，但对相邻防区防守者的补位以及防区之间的结合部的防守提出了较高的要求。这样，守方队员除了有明确的区域防守外，守方队员之间还必须要有协防意识。当防守失败时，相邻区域的防守者必须及时补位，被突破者应及时与之换位，以求得整体防守的平衡。如果防守者责任不清或防守不默契，容易造成在结合部防守的混乱，给进攻者造成可乘之机。

混合盯人防守：根据对手情况在某些区域实施人盯人，而在另一些区域实施区域盯人，是人盯人防守和区域盯人防守相结合的一种防守形式。这种防守形式能充分发挥其他两种防守形式的优点，提高了整体防守的综合效益。这种防守方法具有很大的灵活性，主要取决于攻方队员的特点以及守方整体防守方案的设计。采用这种防守形式时必须注意：重点盯住对方进攻的组织者和主要得分手，最大限度地限制他们的进攻行动，以便削弱攻方的攻击能力；明确在哪些区域实施人盯人防守，哪些区域实施混合防守，应对攻方的哪些队员实施盯人防守、哪些区域实施区域防守，即对防守对象和区域要有明确的分工。

四、守门员技术

1. 接地滚球

直立接球时，两脚要自然并拢，脚尖对准来球，上体前屈，两臂自然下垂，手指自然张开，手心向前，两手接球底部。接球后，两臂同时弯曲，并互相靠拢，将球抱至胸前。

单膝跪立接球时，两腿向侧前方开立，前腿弯曲，支持身体重心，后腿跪立，膝关节接近地面，并靠近前脚踵，上体前倾，手臂下垂，掌心对准来球方向，两手接球底部。接球后将球抱至胸前。

正面跪立接地滚球时，两脚前后开立，身体正对来球方向，重心放在前脚掌上，后脚脚尖支撑地面，保持身体平衡，身体前倾，两手接近地面，掌心向前，接球底部。

2. 接高球

接球时，两手自然张开，拇指相对，双手食指与拇指呈“桃形”，要接触球的后中部，触球部位以手指为主，手掌上端轻微触球（掌心不能触球）。在接球的一刹那，两手要有缓冲动作，将球牢牢接在手中。

3. 不跳起接球

接略高过头部的来球时，两臂屈肘上举，并按上述接球手形将球接住后，收至胸前。

接近侧略过头顶的高球时，可以利用脚步移动或身体向侧倾斜将球接住，并收至胸前。

4. 跳起接球

双脚起跳接球多用于接正上方的高球。接球过程可分为判断、踏跳、腾空、接球、落地五个步骤。最后将球收至胸前。

单脚起跳接球应用范围较广，而且接球点比较高，多用于接远侧高球、高吊球、传中球等。接球步骤与双脚起跳接球相同，只是用单脚起跳。

（扫一扫，观看视频课程）

第四章　乒乓球运动进阶

第一节　乒乓球初级学练

一、认识乒乓球

乒乓球运动(图4-1)是由两名或两对选手用球拍在中间隔一网的球台两端轮流击球的一项室内运动。它主要有直拍和横拍两大类打法。乒乓球运动的特点是球小、速度快、变化多、设备简易。另外,它不受年龄、性别、身体条件的限制,所以能广泛地开展。我国乒乓球运动的开展相当普及,它运动量适中,具有较强的娱乐性、竞争性。经常参加乒乓球运动可以发展人的灵敏性和协调性,提高动作速度和上下肢的活动能力,改善心血管系统的能力,增强体质,还有助于培养勇敢顽强、机智果断、沉着冷静等优良品质。因而,在普通高校开展乒乓球运动是非常有必要的,但由于学生技术水平不高,体能锻炼的强度不够,还需要与心肺功能及力量素质的练习相结合,以促进学生健康和身体素质的全面发展。

图4-1　乒乓球运动

二、握拍方法和准备姿势

1. 握拍方法

握拍方法主要有两种:直握拍和横握拍,两种握法均有各自的优点和缺点。选择握法时，应根据自身的特点来确定握拍的方法。

直握法：拇指和食指的第一、二指关节弯曲，自然平均地钳住拍柄，拍柄贴住虎口，其他三指自然弯曲重叠，中指第一指关节顶在拍背面中间上 1/3 处。（见图 4-2）

横握法：中指、无名指、小指自然弯曲握住拍柄，虎口贴住拍肩，拇指略弯曲紧捏拍或斜伸向拍面，食指斜伸在拍的另一面。（见图 4-3）

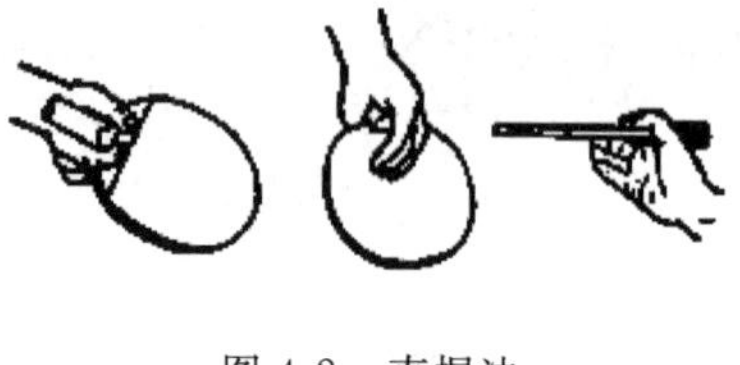

图 4-2　直握法

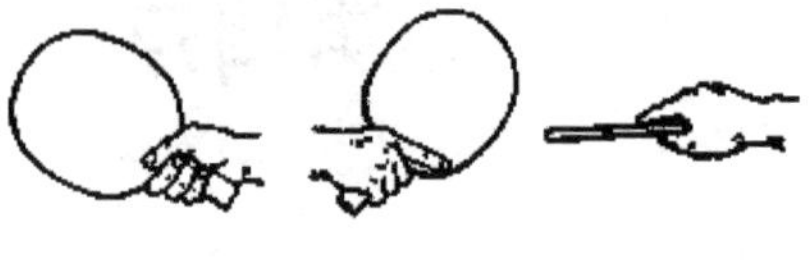

图 4-3　横握法

2. 准备姿势

两脚左右开立，约与肩同宽。身体稍向右侧，面向球台。两膝自然弯曲稍内收并内旋；前脚掌内侧着地、提踵，重心在两脚之间。同时，两脚不停地小幅度、小范围、小动作地交换着重心随时准备起动，便于发挥腿部力量。稍含胸收腹，上体略前倾，下颚微收，两眼注视来球，执拍手和非执拍手均应自然弯曲置于身体前侧方，保持相对的平衡状态。执拍手肩关节的三角肌放松，肘关节略外张。前臂、手腕、手指肌群放松，自然握拍，使拍面稍前倾呈半横状，置于身体腹部右侧前方。

三、正手平击发球

左脚在前，身体稍向右转，左手掌心托球，置于身体右侧，右手持拍，也置于身体右侧。发球时，将球向上抛起，同时右臂向侧后伸肘引拍，当球从最高点回落至接近球网高度时，上臂带动前臂迅速向前挥拍，手腕旋内，拍形稍前倾，击球的中上部，第一落点应在本台中区。击球后，前臂和手腕继续顺势向前挥动，重心移至前脚，身体转正。

四、单步移动

一脚为轴，另一脚向前、后、左、右不同的方向移动，重心随之跟上。单步一般运用于近网小球与削追身球，在侧身攻击来球落点位于中线稍偏左或对推中侧身突袭直线或对搓中提拉球时也常用。（见图 4-4）

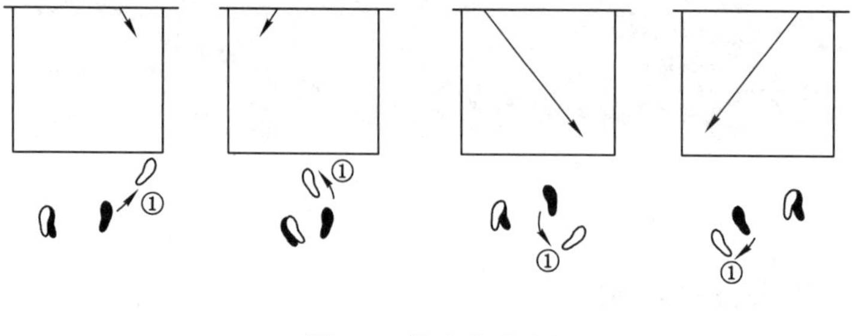

图 4-4　单步移动法

五、正手攻球

1. 正手快攻

站位在球台中间或偏左，身体离台约 50 厘米。左脚稍前，重心放在右脚上，两膝微屈，收腹含胸，身体稍向右转。右臂自然弯曲，前臂后引，将拍引至身体右侧，略偏后，同时前臂内旋，使拍面稍前倾。当来球从台面弹起后，在上臂的带动下，以前臂和手腕为主向左前方（来球上旋强度较大时）或左前上方（来球不转或上旋强度较小时）挥拍迎球，同时腰、髋带动上体向左转动，在球的上升期以前倾拍形迎击球的中上部。球拍击球的瞬间，以前臂和手腕为主向左前方或左前上方发力击球，腰部亦协助用力。击球后，手和臂顺势向左前方或左前上方挥动，并迅速还原成准备姿势。动作过程中，重心从右脚移到左脚。（见图 4-5）

图 4-5　正手快攻

2. 正手中远台攻球

身体离台约 1 米左右，左脚稍前，重心放在右脚上，两膝微屈，收腹含胸，身体稍向右转。右臂自然弯曲，将拍引至身体右后方，同时前臂内旋，使拍面接近垂直。当来球从台面弹起到高点期时，上臂带动前臂向左前方挥拍迎球，同时腰、髋带动上体向左转动，在球的下降前期，以垂直拍形迎击球的中部，并向前上方摩擦球。球拍击球的瞬间，以上臂和前臂为主向左前上方发力击球，腰、髋亦协助用力。击球后，手臂顺势向左前上方挥动，并迅速还原成准备姿势。动作过程中，重心从右脚移到左脚。（见图 4-6）

图 4-6　正手中远台攻球

3. 正手拉攻

站位在球台中间或偏左，身体离台 50～60 厘米。左脚稍前，重心放在右脚上，两膝微屈，收腹含胸，身体稍向右转。右臂自然弯曲，前臂后引并下沉，将拍引至身体右后下方，同时前臂外旋，使拍面稍后仰。当来球从台面弹起到高点期时，在上臂带动下，以前臂为主向左前上方挥拍迎球，同时腰、髋带动上体向左转，在球的下降期，以后仰拍形迎击球的中下部，若来球下旋强度小，可击球的中部。球拍击球的瞬间，以前臂为主向左前上方发力摩擦击球，使球上旋。击球后，手和臂顺势向左前上方挥动，并迅速还原成准备姿势。动作过程中，重心从右脚移到左脚。

4. 侧身正手攻球

首先要迅速移动脚步到侧身位置，身体侧向球台，左脚在前，上体略向前倾并收腹。根据来球情况，在侧身位置用正手攻球的各种技术（如正手快攻、正手拉攻、正手扣杀等）击球。

六、反手推挡球

反手推挡球是直拍左推右攻（拉）打法的主要技术之一。其特点是站位近台、动作小、速度快，它可以在快的前提下，结合力量和旋转变化来控制对手，为正手进攻创造条件。

反手推挡球包括平挡、快推、加力推、减力挡4种。

基本站位：站位近台，根据运动员身材高矮的不同，离台距离可以稍有不同，为30～50厘米，并且一般站在球台的左1/3处。两脚分开，比肩稍宽。左脚稍前，右脚稍后，这样做是为了更方便正手进攻。上体稍前倾，身体重心在两脚之间，两膝微屈。握拍时食指稍用力，拇指放松，使球拍保持垂直或前倾。上臂和肘部自然靠近身体右侧，肩部放松。

平挡：拍面近乎垂直，略高于台面，球上升前期触球，借来球反弹力将球挡回。

快推：击球前上臂、前臂适当后撤引拍，动作要小，持拍手上臂和肘关节内收，前臂略向外旋。击球时手臂迅速迎前，在来球的上升期触球。触球一刹那手腕稍外旋，使球拍触球的中上部，手臂主要向前，辅带向上发力。击球后随势挥拍，迅速还原，准备还击下一板球。

加力推：判断来球，选好站位，站位应在近台。以肩为轴，屈肘，上臂后引，前臂提起，手臂贴近身体侧面，前臂外旋，拍形稍前倾，球拍高度视来球的情况而定，一般应略高于球。在腰和髋的配合下，手臂向前迎球。手臂迅速向前上方挥动，在上升期或高点期击球中上部，腰髋左转，身体重心从左脚移到右脚，身体前压，上臂、前臂、手腕同时向前下方发力。应注意：球拍触球时，食指压拍，中指顶住球拍背面，以便充分发力。

减力挡：击球前引拍动作不用撤手臂，前臂略微弯曲使球拍稍稍抬高，拍面保持前倾。来球在拍面弹起时，身体重心略微升高，手臂迅速上前迎球。在上升期触球的中上部，整个挥拍动作用力很小。在球拍触球的一瞬间，手臂和手腕向后收，以减小来球的前冲力。击球后，手臂迅速放松还原，准备下一板击球。

七、近台快攻

以右手击球为例，身体成基本姿势，两脚与肩平宽，左脚稍前，右脚稍后，膝盖微弯保持弹性，含胸收腹，身体离球台40厘米左右。击球前，持拍手臂向右后引拍，前臂自然放松，球拍呈半横状。当球从台面弹起时，前臂和手腕向前上方挥动，并配合内旋转腕的动作，使拍形前倾，在上升期击球中上部。拍触球刹那，拇指压拍。击球后，挥拍至头部高度。

横拍击球时，手臂要自然弯曲，手腕与前臂近乎成直线并约与地面平行。前臂和手腕稍向上用力，击球时间、部位和拍形与直拍基本相同。

八、发下旋球

1. 正手动作

选位靠近球台，左脚在前，右脚在后，以便发挥腰的力量。抛球的同时，球拍向后上方引，拍面后仰，手腕适当外展，腰向后转。挥拍击球时，以腰带动手臂向前下方挥动，在球下降到球网高度时击球。击球后迅速还原。转与不转关键在于击球瞬间击球的位置。发下旋球时，用球拍的下半部分摩擦球的中下部，使力的作用线远离球心，拇指、食指和手腕在触球瞬间爆发内收，加强摩擦；发不转球时，用球拍的中上部碰击球的中上部，拍面仰面稍小。

2. 反手动作

选位右脚稍前或两脚平行，重心稍低，上体转向左侧，右肩稍沉。抛球时球拍向左后上方引。发下旋球时，用球拍的前半部分击球的中下部，触球瞬间用力摩擦球；发不转球时，用球拍后半部分去碰击球的中部，手腕和手臂前送，搓的动作少。

九、搓球

1. 正手搓球

两脚平行站立，距离台面 50 厘米左右。当来球将落台面时，大臂引向身体右侧，小臂持拍外伸，迎向来球方向。球拍后仰与球台呈 100°角。等来球从台面反弹至最高点时，小臂向前、向内收缩发力，同时手腕配合由外向内扭动，球拍由右上方向左前方削击来球。触球时，手腕协助加快球拍的擦击速度，摩擦球后下部，将球击出。（见图 4-7）

图 4-7　正手搓球

2. 反手搓球

站位与正手搓球相同。当来球将落台面时，大臂开始向胸前右侧贴近，略下垂。拍柄与小臂成直线，球拍置于胸前，后仰与球台约呈 100°角。击球时，小臂引拍由后向前下方发力，做铲击动作（半圆弧动作）。球拍触球的瞬间，手腕配合小臂向前下方抖动球拍，擦击球的中下部，将球击出。（见图 4-8）

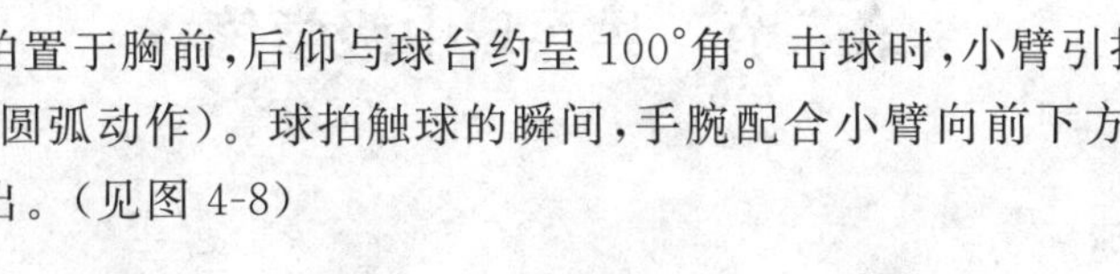

图 4-8　反手搓球

十、正手发左旋转球与接发球

1. 正手发左旋转球

正手发左（上）旋球时，左脚在前。抛球的同时，持拍手向右上方引拍，手腕略外展上翘。当球回落时，手臂迅速向左下方挥动，食指压拍，虎口将拍收紧，使拍面竖直略向左偏斜，约与网同高时击球。在击球的瞬间，前臂略外旋，手腕用力向左挥动勾起，使拍从球的正中部向左侧上摩擦。球的第一落点在靠近端线约20厘米处。

正手发左(下)旋球时，持拍手从右后上方向前下挥动，前臂略外旋，拇指与拍后三指用力顶拍，使拍面稍后仰，击球的右中下部，并向左侧下摩擦。

2. 接正手发左旋转球

接正手发左(上)旋球，一般采用推、攻回击。回接时，拍面要稍前倾，并适当向左偏斜，同时增加向前下方的用力，以防止来球触拍时向右上方反弹。

接正手发左(下)旋球，一般采用搓、削回击。回接时，拍面要稍后仰，并适当向左偏斜，适当增加向前的用力，以防止来球触拍后向左下方反弹。如用推或攻回接，应使拍面稍后仰，并向左偏斜，适当增加向上摩擦球的力量。

十一、反手发右旋转球与接发球

1. 反手发右旋转球

反手发右(上)旋球时，右脚在前，持球手屈肘前伸，位于身体左侧，持拍手大臂贴身，位于左侧身后。发球时，拍与球接触的瞬间，前臂带动手腕经前下方向右上方用力挥动，同时前臂略向内旋，拇指压拍，虎口将拍收紧，使拍面向左倾斜，并使球拍经竖直至上翘，在左腹前贴身处，击球的正中部，使拍向球的右上方摩擦。球的第一落点在靠近端线约20厘米处。

反手发右(下)旋球时，持拍手从左后上方向前下方挥动，前臂略外旋，拇指与拍后三指用力顶拍，使拍面稍后仰，击球的右中下部，并向右侧下方摩擦。

2. 接反手发右旋转球

与接正手发左上(下)旋球的方法基本相同，只是击球时，球拍要适当向右倾斜，以抵消来球向左侧反弹的力量。

第二节　乒乓球中级学练

一、拉弧圈球

1. 正手拉弧圈球

左脚在前，右脚稍后，身体略向右扭转，腹微收，做稍向右后方压转，左肩略高于右肩；击球时，右脚掌内侧蹬地，以腰的扭转带动手臂向左上方挥动；击球瞬间，快速收缩前臂，直拍的中指(横拍的食指)应加速以促成手腕在触球瞬间的甩动。

正手拉加转弧圈球：手臂在腰的带动下向后下方引拍，球拍低于来球，在来球的下降期或高点期，摩擦球的中部或中上部，以向上发力为主，略带向前发力。(见图4-9)

正手拉前冲弧圈球：左脚在前，右脚在后，两膝微屈，重心落在右脚上。引拍手向右后方引拍，引拍位置比拉加转弧圈球稍高。击球时间在高点期或下降初期，拍面的前倾角度要比拉加转弧圈球大些，摩擦球的中上部。击球后重心移至左脚。(见图4-10)

2. 反手拉弧圈球

反手拉弧圈球主要分为反手拉加转弧圈球和前冲弧圈球，它是横拍两面拉打法的一项

图 4-9　正手拉加转弧圈球

图 4-10　正手拉前冲弧圈球

主要技术。其技术特点与正手拉弧圈相同。此技术常用来对付下旋发球、搓球、一般速度的攻球以及中台对冲。

动作要领：身体距球台端线约 70 厘米，两脚平行或右脚稍前，重心置于两脚之间或稍偏右脚。引拍时，身体重心下降，落在两脚前掌上，左脚撑地，右膝弯曲，重心移到左脚，同时髋关节左转（重心要稳）。右上臂离身随上体略往左摆，肘部自然置于身前，前臂往左下方低沉，手腕略后屈使拍形成前倾状。当球从台面弹起时，左腿向前上方蹬地，推动髋关节左侧前转，重心前移，带动上体、上臂由左向右转，前臂由左后下方向右前上方作弧形挥动。在来球的高点期或下降期前段击球，发力摩擦球的中上部。加转弧圈球的发力是向上为主略带向前，而前冲弧圈球则是向前为主略带向上。球离拍后，迅速放松，用小跳步使重心还原。（见图 4-11）

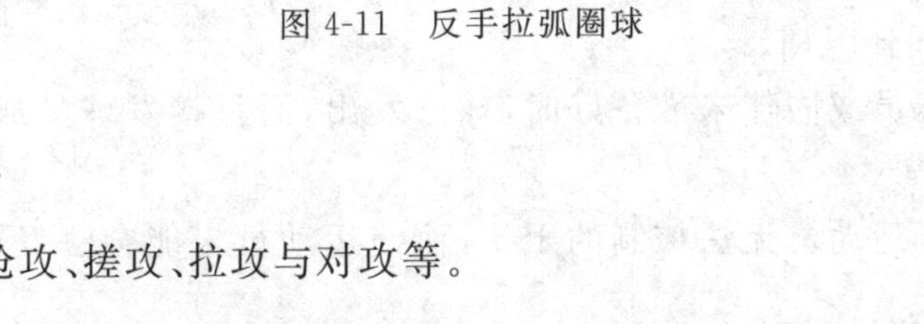

图 4-11　反手拉弧圈球

二、单打战术

一般包括发球抢攻、搓攻、拉攻与对攻等。

1. 发球抢攻

发球抢攻战术是以旋转、线路、落点和速度不同的发球来增加对方回击的难度，出现机会球或降低回球质量，然后抢先进攻，以争取主动或直接得分。发球抢攻是进攻型打法的主要战术和得分手段。

2. 搓攻

搓攻战术是进攻型打法的辅助战术之一，也是削球打法相互交锋时的主要战术之一。

3. 拉攻

拉攻是利用球的旋转和落点的变化创造机会，进行突击，从而达到控制对方、争取主动的一种重要手段。拉攻战术是对付削球类打法的主要战术，以弧圈球和攻球为主要技术手段。运用拉攻战术应注意：首先要拉得稳，且有落点、旋转和力量的变化；其次要拉中突击，或拉冲结合和连续扣杀，方能奏效。

4. 对攻

两名进攻型选手相遇，形成以攻对攻的局面时，通常采用对攻战术。

三、竞赛规则

1. 合法发球

(1) 发球开始时，球自然地置于执拍手的手掌上，手掌张开，保持静止。

(2) 发球员须用手把球几乎垂直地向上抛起，不得使球旋转，并使球在离开不执拍手的手掌之后上升不少于 16 厘米，当球下降到被击前不能碰到任何物体。

(3) 当球从抛起的最高点下降时，发球员方可击球，使球首先触及本方台区，然后越过或绕过球网装置，再触及接发球员的台区。在双打中，球应先后触及发球员和接发球员的右半区。

(4) 从发球开始，到球被击出，球要始终在比赛台面的水平面以上和发球员的端线以外，而且不能被发球员或其双打同伴的身体或他们所穿戴的任何物品挡住。

2. 合法还击

对方发球或还击后，本方运动员必须击球，使球直接越过或绕过球网装置，或触及球网装置后，再触及对方台区。

3. 比赛次序

(1) 在单打比赛中，首先由发球员合法发球，再由接发球员合法还击，然后两者交替合法还击。

(2) 在双打比赛中，首先由发球员合法发球，再由接发球员合法还击，然后由发球员的同伴合法还击，再由接发球员的同伴合法还击，此后，运动员按此次序轮流合法还击。

4. 重发球

(1) 如果发球员发出的球在越过或绕过球网装置时，触及球网装置，此后成为合法发球或被接发球员或其同伴阻挡。

(2) 如果接发球员或同伴未准备好时，球已发出，而且接发球员或其同伴均没有企图击球。

(3) 由于发生了运动员无法控制的干扰，而使运动员未能合法发球、合法还击或遵守规则。

(4) 裁判员或副裁判员暂停比赛。

(5) 在双打时，运动员错发、错接。

5. 1 分

(1) 对方运动员未能合法发球。

（2）运动员在发球或还击后，对方运动员在击球前，球触及了除球网装置以外的任何东西。

（3）对方击球后，该球越过本方端线而没有触及本方台区。

（4）对方阻挡。

（5）对方连击。

（6）对方用不符合规则要求的拍面击球。

（7）对方运动员或他穿戴的任何东西使球台移动。

（8）对方运动员或他穿戴的任何东西触及球网装置。

（9）对方运动员不执拍手触及比赛台面。

（10）双打时，对方运动员击球次序错误等。

6. 一局比赛

在一局比赛中，先得11分的一方为胜方。10平后，先多得2分的一方为胜方。

7. 一场比赛

一场比赛应由奇数局组成。

四、发转与不转球与接发球

1. 发转与不转球

以正手发球为例，左脚稍前站立，左手掌心托球于身体右侧前方向上抛球，同时持拍手前臂向后上方引拍，手腕适当外展，手臂放松，要不向右转动，拍面后仰。当球下降至腹前时，前臂迅速向前下方挥动，使球的第一落点在本方台区，越网后落至对方台区。发球后，手臂继续向左前下方随势挥动，随后迅速还原。

发转球时，拍面后仰，手臂由后上方向前下方挥摆，前臂做旋外转动使拍面后仰，手腕用力使球拍下部靠左的一侧去摩擦球的底部。

发不转球时，前臂外旋应稍慢一些，使拍面的后仰角度小些，用球拍下部偏右的一侧碰击球的中下部，故球的旋转较弱。

2. 接转与不转球

在判断不准的情况下，可轻轻地托一板或推一板，注意弧线与落点。用攻或拉球接不转球时，拍形要略前倾，在上升期击球，多向前用力。用搓或削接不转球时，拍形稍竖，击球时间晚一些，向前下方用力。用攻或拉接下旋球时，拍形竖直，下降前期击球，多用力向上摩擦球。用搓或削接下旋球时，拍形后仰，适当多向前用力。

五、接下旋球近台快拉技术

近台快拉出手较快、动作较小、线路活，站位稍离台。在对付下旋发球、搓球和削球时，可作为过渡技术为扣杀创造条件，又称拉攻。

准备姿势同近台攻球类似。站位稍离台，击球前，前臂下沉，将球拍引至身体右后下方，略低于来球。

击球时上臂带动前臂加速向左前上方挥动迎球，当来球跳至高点期（或下降前期）时触球，击球的后上部或后部位置。

拉球后迅速还原，准备连续快拉。

六、杀高球

判断来球，调整好击球位置。球拍向后上方引，转腰，重心右移。在头的前上方击球，拍向前下方挥动，击球时手腕下压，身体重心同时向左移。击球时保持身体平衡，击球后迅速还原。

第三节　乒乓球高级学练

一、反手攻球（拉弧圈球）技术

反手攻球（拉弧圈球）是横拍握法的优势之一。攻球（拉球）的速度比正手稍快，但力量和旋转略逊于正手。它可用于发球抢攻（冲）、接发球、搓中转拉，以及一般的对攻和中台对拉，运用得当，可以直接得分，而且能为正手的冲杀创造机会。运用要点：击球点不宜过高和距身体太近。应充分利用肘关节的杠杆作用，先止肘，再收肘，借以增加前臂的挥摆幅度和力量。

二、弹打

站位近台，两脚开立约比肩宽一点，左脚稍前。上臂抬起，中心略高，肘关节稍前倾，前臂外旋，拇指压迫。食指放松，拍形前倾，在来球上升期或高点期击球中上部，撞击球短促有力，向前下方弹压。向下的力量越大旋转越强；向前的力量大一些旋转就削弱。击球后，手臂随势前送的动作不宜过大，然后迅速还原成准备姿势。

三、中远台攻、拉球技术

1. 中远台攻球

左脚在前，右脚在后，重心在右脚，身体离台 1 米左右或更远些。击球前的准备姿势与正手近台相似，但动作幅度稍大些。击球时以上臂稍向后拉，带动前臂和手腕向左前上方挥动，在来球下降前期或后期击球的中部或中下部。全身协调发力，发力顺序为腿、腰、肩、大臂、前臂、手腕，最后将力量全部作用在球上。击球的力量可根据来球情况而定。击球后重心前移。

2. 中远台拉球

判断来球，选好站位，左脚稍前，右脚稍后，离台较远。腰部、髋部带动整个手臂向右后下方引拍，尽量拉大球拍与球之间的距离，以增大加速距离，身体重心放在右脚，拍面前倾。右脚蹬地，转腰，重心从右脚转移到左脚，大臂带动前臂向前上方挥拍迎球。手臂，特别是大臂在身体的配合下以最快速度向前上方挥动，动作应做充分，以增加挥拍击球的加速度。球拍适当前倾，在高点期或下降前期用力击球的中上部，注意打摩结合，击球点在身体前，全身协调发力，发力顺序为腿、腰、肩、大臂、前臂、手腕，最后将力量全部作用在球上。击球的力量可根据来球情况，发力时一定要抓住时机。

四、防守弧圈球

防弧圈球，横拍者可以充分利用球拍进行侧抹，以避开弧圈球的旋转；直拍者可以用切或侧推的方法来避开旋转；削球者可以在中远台用削球方法进行回击。

反手防弧圈球时，反手的反拨动作不要太紧张，在击球前应适当放松，击球时明显加力。对方拉球旋转较强时，将球拍向侧挥动，避开球的强转区。来球不太转时，可多向前带一些。

五、反手搓球正手拉弧圈球组合练习

甲定点用正(反)手喂球，乙反手搓球，然后伺机正手拉弧圈球。

六、推侧组合练习

由推挡与侧身正手攻组成。推挡后，左脚先向左跨一步，腰部向左侧移动，随后右脚向左后方移动，形成一个侧身位置。侧身攻球时，拍面稍前倾，充分发挥腰部转动和腿部的力量，在高点期击球的中下部。

七、推—侧—扑—推球

由推挡、侧身攻、移动中正手攻与推挡四个单项技术组成。推挡侧身攻后，迅速向右做交叉步移动，在左脚着地的同时，腰部左转并带动手臂向前挥击，在高点期击球的中上部，击球的同时，右脚迅速向右移动。正手攻后，恢复推挡球站位与拍形。

八、削球

1. 正手削球

右脚稍后，身体略向右转，双膝微屈，拍形近似垂直，引拍至肩高附近；在来球的下降期，前臂在上臂的带动下，随着身体重心的移动向下、向前、向左挥动，触球的中下部，手腕控制好拍形并有摩擦球的动作。

2. 反手削球

左脚稍后，身体略向左转，拍形竖立，引拍至肩高，前臂在上臂的带动下，随身体重心的移动向下、向前、向右挥动，在来球下降前期触球的中下部，手腕控制好拍形并有一定的摩擦球动作。

3. 远削

(1) 向上引拍，是为了增大削击球的用力距离。

(2) 在下降期击球，但不能过低于台面。

(3) 要保持足够的撞击力，否则球不会过网。

4. 近削

(1) 向上引拍比肩略高。

(2) 根据来球情况调节拍面后仰角度。

(3) 以前臂发力为主，手腕配合下压，击球后没有前送的动作。

5. 削弧圈球

(1) 应在来球的下降后期触球,此时球的旋转已减弱。

(2) 击球点一般选在右腹前为宜,并适当放低些,这样可利用来球部分向上的反弹力形成自然的回球弧线,有利于提高削球的准确性。

(3) 球拍触球时,拍面不能过分后仰,应触球的中下部,如果来球旋转较强,可使拍面竖直些,并适当加大手臂向下压球的力量。

(4) 触球时,手腕应相对固定,以免回球过高。

九、滑板技术

在来球的高点期,以竖直或前倾拍形击球的左中部或左中上部。击球时,身体重心落在左脚上,右手持拍位于身体右侧成半横状,触球瞬间利用手腕外展顺势向左滑拍使球向左旋转。

(扫一扫,观看视频课程)

第五章　网球运动进阶

第一节　网球初级学练

一、认识网球

网球运动起源于法国，时间可以追溯到 12～13 世纪，当时是作为一种游戏活动在宫廷和贵族中开展。16～17 世纪这种活动逐渐兴旺并形成比赛。1874 年英国人沃尔特·克洛普顿·温菲尔德对此进行了一系列的改革，提出了一套接近于现代网球的打法，制定了有关规则，逐步形成了现代网球。

1896 年第一届现代奥运会上，网球成为比赛项目之一，但在 1924 年因故退出奥运会，直到 1988 年才恢复为奥运会正式比赛项目。（见图 5-1）

图 5-1　网球运动

二、握拍方法、准备动作和基本步法

1. 握拍方法

在所有的网球技术中，最基本的是握拍法，它能直接影响球拍面接触球的角度。目前世界上流行的握拍法主要有两种，即东方式握拍法和西方式握拍法。

(1) 东方式握拍法。

东方式正手握拍法：拍面与地面垂直，手握拍柄与人握手一样。准确地说，用握拍手的虎口对正拍柄右上侧棱，手掌根与拍柄右斜面紧贴，拇指垫握住拍柄的左垂直面，食指稍离

中指压住拍柄右垂直面，五指握紧拍柄，这种握法能增大正手击球的力量。（见图 5-2）

东方式反手握拍法：从正手握拍法把手向左转动1/4即转动 90°（或拍柄向右转动 1/4 即转动 90°），使虎口对正拍柄左侧棱面上，即用手掌根压住拍柄的左上斜面，拇指直贴在拍柄的左垂直面上，食指压住拍柄右上斜面。（见图 5-3）

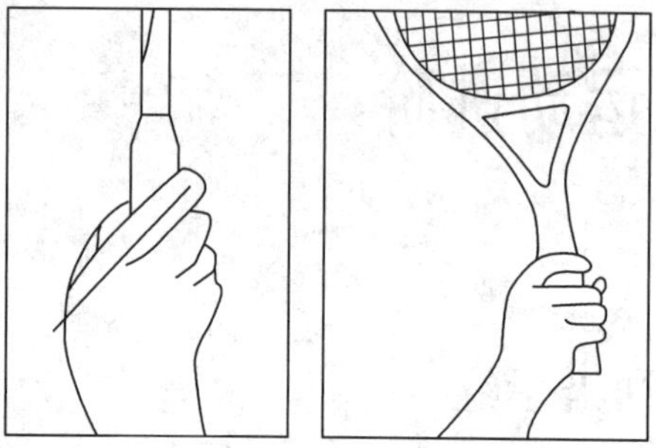

图 5-2　东方式正手握拍法

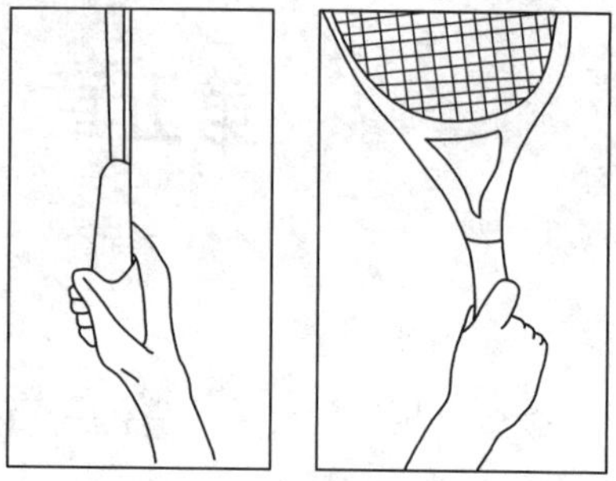

图 5-3　东方式反手握拍法

（2）西方式握拍法。

拍面与地面平行，用手从正上面握拍柄，食指和拇指都不前伸，大把握拍，而且正手、反手击球都使网拍向同一个面。（见图 5-4）

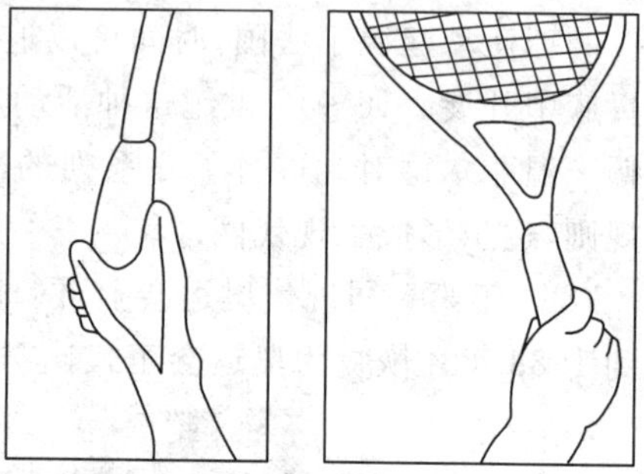

图 5-4　西方式握拍法

2. 准备动作

正手：面对球网，双脚向前自然分开，与肩同宽，双膝微屈，身体略向前倾，重心落在双脚的前脚掌上，右手握拍，左手轻托拍颈，双肘微屈，球拍舒适地放在身前，拍头指向前方，两眼注视对方来球，做好击球准备。

反手：面对球网，双脚向前自然分开，与肩同宽，双膝微屈，腰部略向前，用非握拍手轻托拍颈，拍头与下巴齐平，双肘弯曲，将球拍舒适地伸在前面，身体前倾，重心落在双脚上。当判断对方来球朝你的反拍方向飞来时，轻握拍颈的左手应该迅速帮助右手握拍变换为反拍握拍法。正拍若使用东方式的正拍握法或西方式握法，在打反手时应变化为相应的反拍握拍法，不然反拍是打不好的。双手握拍的人，大多也需要变化握法。

3. 基本步法

在网球的各种击球中，必须使人与球保持一个适当的距离，需要一种合适的站位，才能得心应手地打出各种好球。步法大致包括：闭锁式步法、开放式步法、滑步、跨步、踮步、交叉步、跑步、跳步和小步调整等。

三、正手平击球技术

正手平击球是指击球时拍面与地面完全垂直，击球作用力方向通过球体的重心使球几乎不旋转或很少旋转。因为这种击球方法作用力完全在球上，不产生分力，所以击出的球速度快、力量大，有一定的杀伤力，但它的命中率比较低，比赛中常见第一发球或取得决定性一分的击球采用平击球。

击球时，眼睛注视来球，迅速转体向后引拍，球拍要收紧腋下，直线向后，抬头对着身后拦网，左脚向右前方迈出一步，约与端线呈 45°角，右脚约与端线平行。向前挥拍击球时，击球点在左脚右侧前方与腰齐高的位置，球拍触球时手腕要紧绷，拍面与地面基本垂直。击球后，必须要有随挥动作，使球拍挥至左肩前方，肘关节向前，重心移至前脚上。完成随挥动作后，身体转向球网。（见图 5-5）

图 5-5 正手平击球技术

四、移动中击平击球技术

1. 正手移动击平击球

方法：身体右转，同时采用自然跑、侧身跑、交叉步跑等移动步法跑至击球位置，最后一步完成正手击球步法。

要点：采用合理移动步法跑至击球位置，同时与最后一步击球步法有机结合。

建议：在进行多步击球步法练习时，当移动至击球位置附近时应降低身体重心。到位时，左脚置于右脚之前。练习时，可调整跑动距离和跑动方式，重复练习。

2. 反手移动击平击球

方法：身体左转，同时采用自然跑、侧身跑、交叉步跑等移动步法跑至击球位置，最后一步完成反手击球步法。

要点：采用合理移动步法跑至击球位置，同时与最后一步击球步法有机结合。

建议：当接近击球位置时，身体应处于侧身状态，降低身体重心。到位时，右脚前跨并置于左脚之前。应多进行反复练习。

五、上旋球击球技术

上旋球是指绕横轴（左右轴）向前旋转的球。击球时拍面稍向前倾，挥拍动作由后下方向前上方挥动，球拍触球时应沿着球面迅速向前上方滑动，因而球是向前旋转的。由于球受重力和空气阻力的影响，其飞行呈弧线形，过网后下落速度快，当球落地反弹后，球有一定的前冲力，具有一定的威胁性。同时由于上旋球下落速度快、出界球少、安全系数大，上旋球一般是双方选手在底线击球时使用，或在对手上网较近时，挑上旋高球破网。

六、移动中击上旋球技术

首先，要注意拉拍要早，同时立即转动双肩向后拉拍，上身侧对击球点，前肩几乎对着来球方向，转肩拉拍动作要流畅、连贯，不能先转肩再拉拍。另外，扶拍颈的手要帮助旋转球拍来改变握拍方法，引导球拍后摆，不要低于握拍手，到向前挥动时方可离开。

其次，要转移重心。要以短促而快速的步伐向球移动，调整好与球的间距，最后一步时，身体应前倾向球，使身体重心跟随着击球动作移动。球拍后摆时，重心移向后方，后摆动结束时，重心几乎全在后脚上。

七、反手平击球技术

以反手击球方法击出不旋转或略有旋转的球，称为反手平击球。

1. 特点

球速快，球的飞行路线比较平直，球落地后的前冲力量大，但准确性较差，容易下网或出界。（见图 5-6）

图 5-6　反手平击球技术

2. 打法

反手平击球打法的准备与引拍同反手上旋球基本一致，只是用东方式反手握拍法转动的幅度略小于上旋球，球拍后摆幅度也稍小于上旋球。球拍触球时，手腕绷紧，拍面几乎与地面垂直，挥拍击球的路线是从后向前、向上做比较平缓的挥击，使击出的球沿垂直于拍面的方向飞出，左臂自然展开，保持身体的平衡。击球后，球拍应随惯性挥至右肩上方，随挥动作结束。

八、反手下旋球技术

1. 眼睛看球，向前下方挥拍

眼睛看球，这是击球时的基本要点。反手下旋球的击球时间要比一般的反手球晚一点，因此，要击好反手下旋球，必须努力让眼睛跟踪球，直到击中球为止。所以，注意力要集中于来球和球的落点上，眼睛在击球时和击球后都不要放松对球的跟踪。要想让球和球拍接触时间长并产生向下旋转，就必须在击球后让球拍随着球击去的方向继续向前下方挥出。

2. 随挥动作要在高处结束

击球后的随挥动作，应让球拍在希望球去的方向上继续向前和向下推出，直到手臂自然地带着球拍向上做随挥动作，以增加球的下旋力。由于惯性关系，在击球后球拍会从低处的位置随挥到高处，并在高处结束随挥动作。

初学者不宜先从反手下旋球开始练习，应从学习反手上旋球的打法开始，直到能自如地打反手上旋球之后，再学习打反手下旋球、侧旋球和切削球，以便充实自己的反手技术。

九、接发球技术

网球接发球技术方法有握拍、准备姿势与站位、击球和随挥跟进四个环节。

1. 握拍

接发球的握拍方法应根据各人的习惯选择自己最合适的握拍法。习惯正手击球的，在等待对方发球时，用正手握拍。但对方发球时，往往发你的反手，因此采用反手握拍比较好，从反手换成正手握拍也比较容易，握拍不要太紧，应以舒适为好。

2. 准备姿势与站位

两脚自然开立，与肩同宽，双膝稍屈，脚跟离地，重心落在前脚掌上，拍头约与腰同高并指向对方，两脚不停地轻轻跳动或身体微微晃动，两眼紧紧地注视对方的抛球动作，包括抛球的高度、方向和拍面等。如果对方拍面有角度即为切削发球，可准备向上移，这样便于以最快的速度到达接发球的位置上。站位应在发球员与左右落点连线夹角的分角线上。前后的位置要根据对手发球方式和力量大小来确定，如接良好的大力发球要站在底线后1～2米处，接其他发球一般站在底线前后就可以。

3. 击球

接球时的击球动作与正常击球动作基本相同。当对方球发出后，要向预测击球点及时起动，迅速做出转体引拍动作，只是后摆距离要短一些，幅度大小要根据对方不同的发球来调整，握紧球拍，手腕固定，并向击球方向踏出异侧脚。同时，向前迎击球，击球点是在体前侧胸部高度处，对着球击出的方向，送出球拍，尽量加长球和拍接触的时间。

4. 随挥跟进

击球后很少有随挥动作，拍头竖起，顺势结束在较高处，身体重心在前脚掌上，脚跟离地，准备对方下一次回击，并立刻移动到自己场地的中央或随球上网。（见图5-7）

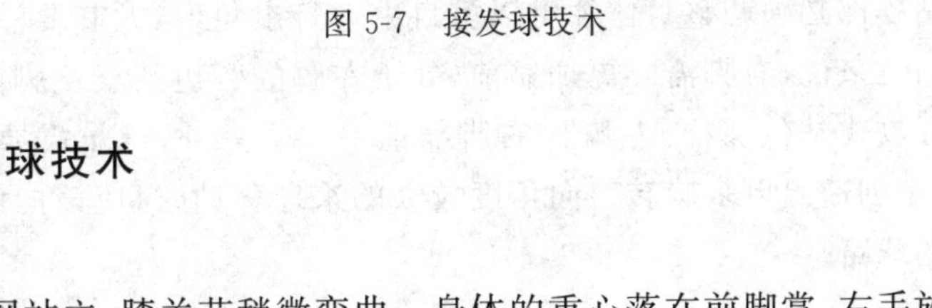

图5-7 接发球技术

十、低手发球技术

1. 准备姿势

上身面对球网站立，膝关节稍微弯曲。身体的重心落在前脚掌，右手放松。

2. 引拍阶段

上身向右后方扭转，球拍后摆，左脚向前上步，左手将球稍向上抛，眼睛盯住球。

3. 击球阶段

球拍稍微降低、下垂，手腕关节微微打开，肩膀向前扭转，在球落地前，在身体一侧的前面击球，拍面从垂直变为稍稍打开。

4. 随挥阶段

击球手臂和球拍顶端应尽可能长地向前上方随挥。球拍放低并且做好回球的准备。

十一、底线移动步法

底线移动步法也多采用基本步法，为了在来球中找到最佳位置，就必须认真选择适合自己的步法，以求在球场上合理地调整跑动范围，争取更多的主动。近年来，击球瞬间的站立位置有很大的改变，站位角度越来越大，因此也就出现了以下四种站位。

1. 关闭式站位

正手击球时利用转体，右脚向外侧、左脚向内侧扭转，然后左脚向右前上方跨出，形成左脚在前右脚在后，身体侧对球网击球。反手击球步法与此相反。

2. 半开放式站位

双脚分跨底线，左脚在前，脚尖向前；右脚在后，脚尖稍转向外侧。双脚之间约能放一把球拍，便于维持平衡，保证稳定。反手击球步法与此相反。

3. 开放式站位

双脚左右开立，与底线平行，以右腿作为支撑腿，击球后右腿蹬地将力量流畅地转移到击球上。开放式站位能够有效地简化跑动中的击球动作，为下一次击球提供更多准备时间。

4. 侧身攻步法

为了使用杀伤力更强的正手，许多优秀选手往往选择在反手区采用正手侧身攻技术，以保证击球的攻击性。判断来球后，采用侧滑步向击球方向移动；待接近球时，右脚拉向左脚的后方，采用侧身位交叉移动，根据击球的路线采用开放式或半开放式站位击球。

第二节　网球中级学练

一、正手斜线移动步法

击打正手斜线球时，有两种站位可供选择（以右手持拍球员为例）——关闭式站位和开放式站位。两种站姿都必须调整身体才可以更自由地打出角度，尤其要注意的是开放式站位。对于开放式站位来说，右脚需要更加靠前，处于左脚的旁边甚至左脚前面一点的位置，而不是像常规的开放式站位那样，左脚比右脚靠前一些。另外，球员需要屈膝使拍头处于球的下方，这有助于创造出更多旋转。向角度较大的来球移动时，应该向斜前方跑动，从而更好地阻击对手的球路。

二、正手斜线击球技术

击球时球拍由后部向内侧平行挥动（也称“滑击”），使球产生由外向内的侧旋转。这种球呈水平向外的弧线飞行，落地后向外跳，常用于正拍直线进攻。在实践中，球的旋转常是混合性能的，球的旋转与来球的方向、力量，击球时的挥拍路线，触球时的拍面角度等因素有关。因此，要掌握正拍击球的不同旋转球方法，需要在平时训练中反复练习。

三、反手斜线移动步法

以开立准备姿势起动，判断来球，左脚先向左垫一步，随后以左脚为轴，向左转体、转肩，右脚随后向左侧跨出一步，步幅较大，重心落右脚，脚掌制动，反手击球后回中。

四、低手下旋发球技术

这种发球的击球点不是很高，击球时球拍多由上向下削切，发出球后向后旋转较强，球的飞行弧线曲度较大，容易控制落点，球落地后向对方场地一侧的角上跳动，可起到拉开对方，造成对方接发球困难的作用。比赛中常作为第二次发球用。

五、上手发球技术

1. 握拍方法

标准的发球握拍是东方式的正手和反手握拍的中间位置。

2. 站法(腿和脚)

球员发球前，通常先做热身运动，在进入发球准备后，双脚开立，与肩同宽。右手发球者，脚与底线平行，左脚与底线呈大约45°角，重心在后脚上，前脚处于放松状态。身体站直，目视前方，球拍处于腰的高度，左手扶住球拍，拍头指向球网。整个球拍与地面平行或稍为向上。这种标准姿势被大多数球员采用。

3. 抛球和后摆

持拍手和抛球手在腰部高度同时向下运动，当抛球手到达左大腿，两手分开，抛球手向上，并且手臂向前舒展，即向前向上运动，而挥拍手在下垂后仍然以放松的方式向后荡，到达头部的高度。由于抛球手的抬起，右肩下垂，抛球高度要比预计的击球点高出一些。

六、上手平击式发球技术

上手平击发球的特点是动作较复杂，球的速度较快，命中率较高，威胁性较大。发球前，两脚自然开立，侧身向网，左脚在前，站在端线后，与端线约呈45°角，身体重心置于后脚，持拍手屈臂持拍于腹前，持球手持球贴在球拍面上。发球时，持球手向左脚前上方将球送出，球的高度略高于挥拍击球的高度，在持球手向上抛球的同时，持拍手迅速向右肩后方引拍。拍引至右肩后，右肘向前，右手在右肩上方，身体向右侧背弓，右肩低于左肩，重心放在右脚上。当球在合适高度时，右脚蹬地使右肩向上，右臂迅速向上举拍并向前挥拍。击球时，拍面稍前倾，接触球的中上部，向前稍向下挥拍击球，使球以较快的速度、较平的弧线越网落在规定的发球区内。发球后，重心移至前脚，球拍随势前挥到体侧下方，并迅速还原成准备姿势。

七、上手侧旋发球技术

准备动作、抛球、握拍法和基本击球动作与前面所介绍的发球技术大致相同，所不同的是击球点、击球方式。发球时，应将球抛到右侧斜上方，球拍触球于球的左侧并向右侧或右侧下方用力，也可以触球于球的中部偏左些并向右下侧用力，尽量使球产生右侧旋转或右下侧旋转。随挥时手臂的内旋可以适当减弱，主要以向前甩臂为主。(见图5-8)

图 5-8　上手侧旋发球

八、网前截击球技术

当球还没落地并在空中飞行时(除高压球外),被凌空打掉,称为截击,亦称拦网。截击球在现代网球比赛中,是一项重要的得分手段。截击基本技术包括握拍法、准备姿势、引拍击球和随挥动作等。

1. 握拍法

网前截击时,有时来球很快,没有时间改变握拍方法,而大陆式握拍法即适应此环境。大陆式握拍法的优点是:正反手截击都可以使用,在快速的近网截击时,不需要变换握拍方法。因此,在网前截击时要采用大陆式握拍法。

2. 准备姿势

持拍于体前,拍头高于持拍手臂及球网。站位最理想的是在发球区内,通常情况下,以臂长距网 2 米左右为宜,最近距网 1 米,最远不要超过 3 米。两脚自然地分开站立,面向球网,膝微屈,重心放在前脚掌上,两手持拍置于胸前,拍头竖起在眼前,两肘要离开身体,左肘高于右肘,上体微前倾,两眼注视来球,成为一种可向任何方向起动的待发状态。(见图 5-9)

3. 引拍击球

截击球是一个短暂的撞击动作,网拍后引动作要小,不要超过肩,大小臂之间夹角不要大于 90°,击球点要在身前。如果落在体侧或身后,就变成挡球,完全失去了控制的能力;若击球点太靠前,就势必去够球,结果是拍子向前下方挥动,造成击球下网或失掉重心。挥拍动作短促而有力,是快打动作。球拍后引时手腕稍屈,幅度不得过肩,拍面可略摊开,拍头上翘,使拍头与小臂呈 90°角,击球瞬间手腕必须紧固有力,击球点保持在身前。在截击中,眼不离球。(见图 5-10)

图 5-9　准备姿势

图 5-10　引拍击球

图 5-11　随挥动作

4. 随挥动作

截击球不需要使劲挥臂向前，而只是向前“捅”。拍弦对着击出的球沿着这个方向撞击出去。截击动作越简单越好。击球后的随挥动作很小，但也不是把拍子拉回，而是要向击球方向推送出去，结束在高处。截击球爆发力的产生主要是靠前踏时的后蹬、转体、挥臂以及身体的协调配合。截击球不同于高压球把球打得凶猛有力，截击球的得分主要靠落点和角度，而更重要的是突然性。(见图 5-11)

九、移动上网截击技术

截击对方来球时，垫步是主要的移动步法。截击越靠近球网，做动作的时间越短，因此，快速、紧凑、稳定、小幅度是截击球的主要技术要点。看到来球，迅速向前跨一步(正手跨左脚，反手跨右脚)，重心前移，身体转向正对球网，击球点保持在身体前方(正手位在右前方，反手位在左前方)，依靠身体向前移动的惯性所产生的力量撞击球，以短促动作向前、向下截击来球。击球后，手臂随身体移动向前跟进，但推送距离要短，然后迅速恢复准备姿势。

十、单打基本战术

1. 发球战术

发球是得分的开始，当今网球比赛中，发球已经成为最直接、简便、有效的得分武器。

发球站位：单打发球的站位一般来说距中点较近，因为有利于准备下一次击球。但根据自身的特点和对手的站位可以有所改变。

发球落点：通常取决于球的旋转类型和飞行路线，因为球拍的角度决定球的旋转和方向。通常采用平击球发对手的内角或外角。

发球上网：是否要上网在发球之前就应该决定，这种发球通常抛球要更靠前一些，并尽量向前上方跳起，然后向网前冲去。在对方击球时，应该立即跳步停住，以便判断来球的方向，然后再对着球，向前去做网前的第一次截击。

2. 接发球战术

接发球一般处于被动地位，但处理得好会减少被动。接发球战术主要取决于：对手是发凶狠的球还是稳定性的球；对手发球后是上网还是留在底线；接发球是准备马上得分还是仅仅想把球打回去。

3. 底线战术

目前 80%以上的运动员都是以打底线为主。底线型选手可分为积极进攻型和防守反击型两种。积极进攻型选手通常采用压制反手和对角线战术。防守反击型选手通常打法稳定，积极调动对方，等待时机出现，其挑高球技术较高。

十一、双打击球战术

1. 击球的路线和落点

双打由于两人并肩站位，有效的击球路线和落点多为中路和小斜线。高水平的双打有时会拉开对方，攻中间空当，把球打到对方脚下，迫使对方从下向上击球，从而抓住时机截击。有时落点比力量更重要。

2. 击球方式

双打需要更全面的技术，凌空击球的次数明显增加，并出现许多高难技术，如接发球破网、接发球挑高球、反弹球、截击挑高球和放轻球、追小球破网等。

第三节　网球高级学练

一、放短球技术

1. 战术技巧

虽然放短球的后摆动作不必很大，但要给对方一个印象，似乎你准备打一个深球，不管是打斜线球还是直线球，准备动作都是一样的。

2. 动作要求

放短球时，动作要尽可能隐蔽得使对方无法判断，后摆和前挥动作都跟正、反拍侧旋球完全一样，球拍在高球的飞行路线上及早地向后摆起。

3. 具体动作

放短球时在网拍接触的刹那放松手腕，用拍面轻轻地削击球的侧下部，拍面大约以 45°的开角从球的侧下方向下滑动，使球产生侧下旋，似乎是把球铲过网去摆放在网前。击球后没有随挥动作，球落地后弹起很低。

二、高压球技术

高压球可分为凌空高压球、落地高压球、前场高压球、后场高压球等几种，其动作与发球相似。凌空高压球指的是不等来球落地，在空中就将其扣杀回去，此种球杀伤力极大，但击球者需要具备良好的空间判断能力以及熟练的脚步移动能力。落地高压球一般是在来球虽高但飘忽不定或很难取得最佳点将其凌空击回去的情况下，让球落地反弹后再寻找高点扣杀，初学者可以此为练习高压球的手段之一。（见图 5-12）

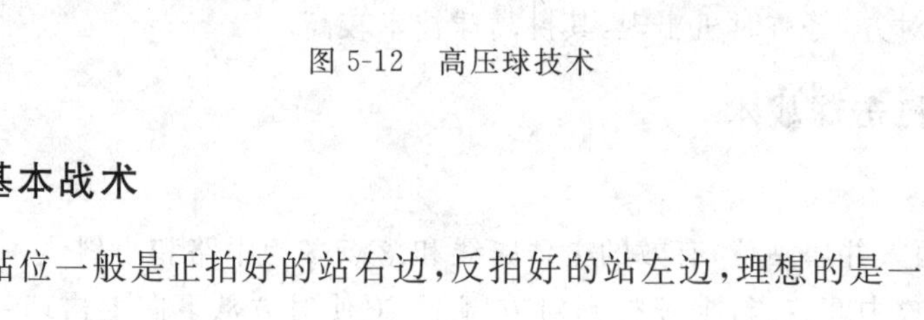

图 5-12　高压球技术

三、双打基本战术

双打比赛，站位一般是正拍好的站右边，反拍好的站左边，理想的是一个右手握拍，一个左手握拍。

1. 发球战术

发球者站在底线后面的中线与边线之间的一半处，比单打站位稍靠边线。因为另一边有同伴防守，同时可使发出的斜线球角度更大。

2. 接发球战术

接发球站位是站在对方可能把球发到角度的分角线上。可以将平击、切削、旋转 3 种回击方法交替运用，使对方捉摸不定。

3. 网前比赛战术

网前比赛战术，即上网战术。当 4 人均上网时，短兵相接，要求反应灵敏、动作迅速，有较高的技术水平。

四、裁判规则和比赛组织编排方法

1. 网球裁判规则

网球比赛的裁判工作由主裁判员 1 人、司线员 2～4 人、司网员 1 人、脚误裁判员（发球裁判员）1～2 人、记录员 1 人共同负责。比赛中发球人员如果违背有关发球的规定或错区发球，发球裁判员的判定为最后判定，主裁判员如认为是明显误判时，则有权纠正，并作最后判定。比赛中发生以下情况，均判失分：在球第二次着地前未能还击过网，击出的球触及对方场区界线以外地面，还击空中球失败，两次击球，在"活球"期间运动员的身体、衣物、球拍等触及了网、网柱、单打支柱、绳、中心带、网边白布及对方场区地面，过网击球，抛拍击球，发球两次失误等。

2. 网球比赛的组织编排方法

(1) 单循环制。

单循环制是指参赛队（人）在整个竞赛中彼此相遇一次，一般在参赛队（人）数不多，比赛场地和时间较为充裕情况下采用。优点是成绩公正，参赛选手能得到最充分的锻炼。缺点是比赛场次多、时间较长。

名次确定：按获胜场数多少决定名次，如积分相等则按净胜盘数；若净胜盘数仍相等，则按净胜局数；净胜局数再相等，则按净胜球分数决定名次。

编排方法：

① 比赛轮次：各队（人）都参加完一场比赛，队（人）数为单数时，轮次＝队（人）数；队（人）数为偶数时，轮次＝队（人）数－1。

② 比赛场数：场数＝队（人）数×[队（人）数－1]/2。

③ 比赛对阵表的排定：将参赛队（人）数用数字代替，采取自上而下，再自下而上，平均分成两列，若参赛队（人）数为单数时，用"0"代替一个队（人），使之成为双数；一般用固定左上角逆时针循环的编排方法。

(2) 单淘汰制。

单淘汰制是指在比赛中失败一次即退出比赛，获胜者继续比赛直至最后决出冠亚军为止，一般在参赛运动队（人）较多、场地较少，且时间又紧的情况下采用。优点是在有限的时间、场地、裁判资源情况下满足较多的运动员（队）参加比赛。缺点是因比赛一次失败即退出比赛，成绩公正性不足。

编排方法：

① 比赛场数:场数=队(人)数－1。

② 比赛轮次:2^{n-1}＜队(人)数≤2^n,则轮次=n。“轮空”位置的分配:应先从两端开始,然后移向中间。

③ 比赛对阵表的排定:将参赛队(人)数用数字代替,按比赛区位对阵形势排定。

(3) 混合赛制。

混合赛制是指一次比赛中同时采用多种竞赛制度的赛制。采用混合制时一般将竞赛分为两个阶段进行,第一阶段一般采用分组循环赛制,第二阶段一般采用单淘汰制。

编排方法:

① 比赛总轮次=分组循环轮次＋单淘汰轮次。

② 比赛总场数=分组循环总场数＋单淘汰总场数＋附加赛场数。

③ 若采用先分组循环、后单淘汰制比赛时,最好将组分成2、4、8等偶数组进行,便于淘汰制的编排。

(扫一扫,观看视频课程)

第六章　羽毛球运动进阶

第一节　羽毛球初级学练

一、认识羽毛球

现代羽毛球运动诞生于英国，大约在1800年，由网球派生而来。羽毛球运动约于1918年传入我国。新中国成立后，我国羽毛球运动和其他体育项目一样得到了蓬勃的发展。1953年，在天津举行了首次全国规模的带有表演性质的羽毛球比赛。1954年，归国的华侨王文教、陈福寿等组建了我国第一支羽毛球国家队，并逐渐形成了我国羽毛球"快、准、狠、活"的技术风格和"以我为主，以快为主，以攻为主"的发展方向。1981年5月，国际羽联与世界羽联宣告联合，同时恢复我国在国际羽联的合法席位。1982年3月和5月，我国羽毛球运动员在全英锦标赛和汤姆斯杯赛中创造辉煌：在全英赛中获女单、女双的冠亚军；在汤姆斯杯决赛中，顽强拼搏，反败为胜，以5∶4力克获得7次冠军的印度尼西亚队，捧杯荣归。从1982年到现在，我国羽坛健儿在国际各级大赛中获得了很多世界冠军，涌现了一大批优秀选手，使我国羽毛球事业长盛不衰。

羽毛球运动有很强的娱乐性，练习者通过练习不同的羽毛球技术，可以用美妙的身体语言尽情地挥洒自己、表现自我，既在运动中锻炼了身体，又陶冶了情操。羽毛球运动的特点是球小、速度快、变化多，并且球网较高。球小能锻炼练习者的反应、观察能力；速度快能锻炼练习者的应变能力；变化多则能锻炼练习者的判断力和思维能力；球网较高又使练习者不能轻易将对手置于"死地"，相对击球回合较多，既提高了趣味性，又对练习者的速度、耐力有很好的锻炼作用。羽毛球活动不仅可以提高技术，而且能很好地提高身体素质、增进健康。经常从事这项运动能使人的身心都得到良好的锻炼。（见图6-1）

图6-1　羽毛球运动

二、握拍方法和基本姿势

技术水平的发展，带来了握拍法的某些变化，但对初学者，首先要掌握好羽毛球最基本的技术：正手握拍法和反手握拍法。

1. 正手握拍法

正手体侧击球、正手高手击球、网前击球、头顶击球（球拍绕过头顶）等用正手握拍法。正确的握法是先用左手拿住拍的腰杆，使拍面与地面垂直，然后右手虎口对准拍柄侧面内沿，以握手式握住拍柄，小指、无名指和中指并握，食指稍分开，大拇指与中指相近，拍柄端约与小鱼际对齐。（见图 6-2）

2. 反手握拍法

反手高手击球（反手高手击高远球和杀、吊球）和网前击球等用反手握拍法。在正手握法的基础上，拍柄稍外转，食指收回，拇指第二指节的内侧顶贴在拍柄内侧的宽面上，并注意把柄端靠紧小指的根部，使手心留有空隙。（见图 6-3）

初学者较常见的不正确的握法有：拳握、食指伸直按在拍柄上部、虎口贴在拍柄宽面、柄端露出太长。

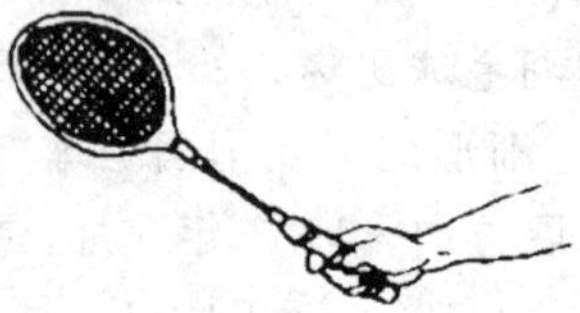

图 6-2　正手握拍法

图 6-3　反手握拍法

三、正/反手颠球

1. 正手颠球

正手握拍，手腕在腰部附近，自然伸前，肘关节微屈，手心向上，一手持球，握拍的小臂与球拍有自然的角度，但一定小于 180°。练习时，拍面自然下垂，手腕和小臂放松，手腕保持在腰附近，当拍头下垂到最低处时向上弹起（加快挥拍的速度），当击到球时速度应达到最快，击球点应该与手腕齐平，向上的过程中手腕和小臂应有些上抬的动作帮助发力，击到球后放松手腕并继续惯性挥拍，结束时回到起点完成一个动作。

2. 反手颠球

反手握拍，与正手颠球不同的是击球点应在眼睛附近，手心朝外，大拇指应在拍柄的下部，握拍的手离身体 30～50 厘米，拍子平行于身体。发力过程与正手颠球相似。

四、后退步法

1. 正手击球后退步法

正手击球后退步法如图 6-4 所示，分为侧身并步后退和交叉步后退两种。主要动作方法：在对方击球刹那间，判断来球，迅速调整重心至右脚。接着右脚蹬地快速向右后撤一小步，上体右转侧身对网，以交叉步或并步移动到接近击球点的位置。在移动的同时必须完成举拍准备动作，最后一步利用右脚（或双脚）蹬地起跳并在空中转体，击球后左脚后撤落地缓冲，右脚前跨以利于迅速回动。

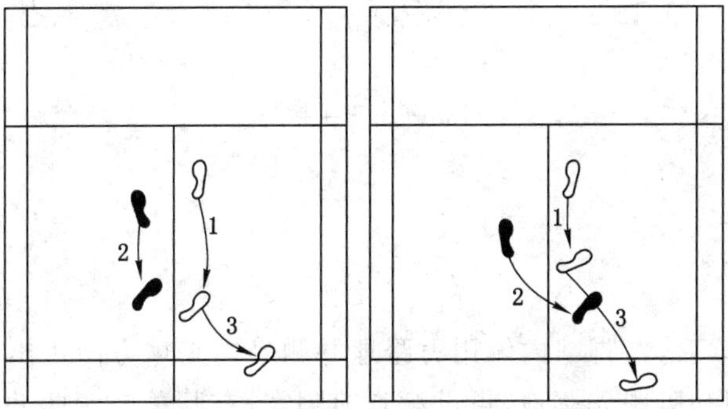

图 6-4　正手击球后退步法

2. 反手击球后退步法

如图 6-5 所示，调整重心后，右脚后撤一步，接着上体左转，左脚随即向左后退一步，右脚再跨出一步，背对网，做底线反手击球。反手击球后退步法应根据来球距离的远近调整步法。如离来球较近，可采用两步后退步法，上体向左后转，左脚同时后撤一步，右脚再向左后跨一步，做底线反手击球。如距来球较远，则采用三步或五步后退步法：右脚先垫一步，而后左脚向后方跨一步，再按右、左、右向后退。但无论是几步，反手击球后退步法最后一步应右脚在后，重心在右脚上。

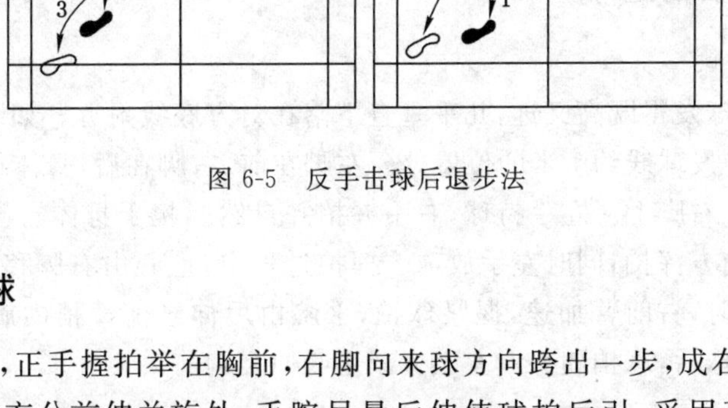

图 6-5　反手击球后退步法

五、正手挑球

如图 6-6 所示，正手握拍举在胸前，右脚向来球方向跨出一步，成右弓箭步，右脚尖正对来球方向。前臂充分前伸并旋外，手腕尽量后伸使球拍后引，采用正手握拍法。击球时，主要利用前臂旋内、屈腕和手指的力量，在身体右侧前下方，向右前至左上方挥拍击球托底部，将球向前上方击出。击球后，右脚稍内扣蹬地回收，球拍收回至胸前还原成准备姿势。

图 6-6　正手挑球

六、上网步法

1. 跨步上网

判断准对方来球后，左脚掌内侧用力蹬地并侧身向来球方向迈出，接着右脚也向前迈一大步，以脚掌外侧和脚跟先落地，再过渡到前脚掌，右膝关节弯曲并成弓箭步。紧接着，左脚自然地向前脚着地方向靠上小半步。击球后，右脚蹬地用小步、交叉步或并步回到中心位置。跨步上网时注意事项：右腿成弓箭步时，要防止因上网前冲力过大使重心越过右腿而失去身体平衡；另外，前脚脚尖应朝着边线方向，而不应朝向内侧。

2. 垫步或交叉步上网

判断准对方来球后，右脚先迈出一小步，左脚立即向右脚垫一小步（或从右脚后交叉迈出一小步），左脚着地后，脚内侧用力蹬地，右脚再向网前跨一大步，成弓箭步，身体重心在前脚。击球后，前脚朝后蹬地，小步、交叉步或并步退回到中心位置。垫步或交叉步上网的优点是步子调整能力强，在被动情况下，能利用蹬力强、速度快的特点迅速调整脚步，去迎击来球。垫步或交叉步上网的注意事项同跨步上网。

3. 蹬跳上网

蹬跳上网是在预先判断来球的基础上，利用脚的蹬地，迅速扑向球网，以争取在球刚越过网时立即进行还击。其步法是站位稍靠前，对方一有打网前球的意图后，右脚稍向前刚一点地便起蹬侧身扑向网前。击球后应立即退回中心位置。蹬跳上网既要快，又要防止因前冲力过大而触网或过中线犯规。

七、正手发/击高远球

1. 正手发高远球

高远球是指将球发得既高又远，几乎垂直下落在对方底线附近。如图 6-7 所示，站位应靠近中线一侧，离前发球线约 1 米的位置处。左脚在前，右脚在后，身体稍侧对网，两脚与肩同宽，身体重心放在右脚上。左手持球，右手握拍并自然屈腕于身体右侧。发球时，右臂后引，由上而下向右前方挥拍，同时左手放球。挥拍过程中，重心由右脚移动到左脚。当球拍挥至右侧稍前下方时，右前臂加速，握紧球拍，手腕由后伸经前臂稍内旋到屈收，急速向前上方挥动击球。击球后，球拍随势向左上方减速收回至胸前。

2. 正手击高远球

如图 6-8 所示，判断来球的方向和落点，侧身后退使球在自己右肩稍前上方的位置，左肩对网，左脚在前，右脚在后，重心在右脚上，左臂屈肘，左手自然高举，右手持拍，大小臂自然弯曲，将球拍举在右肩上方，两眼注视来球。击球时，由准备动作开始，大臂后引，随之关

图 6-7　正手发高远球

节上提，明显高于肩部，将球拍后引至头后，自然伸腕（拳心朝上），然后在后脚蹬地、转体和腰腹的协调用力下，以肩为轴，大臂带动小臂快速向前上方甩动手腕，在手臂伸直的最高点击球。击球后，持拍手臂顺惯性往前下方挥动并收拍至体前。与此同时，左脚后撤，右脚向前迈出，身体重心由后脚移到前脚。

图 6-8　正手击高远球

正手击高远球可以用不起跳或起跳进行击球。起跳击球是为了争取高点击球，以赢得时间上的主动，但对步法技术和体力要求较高。因此，初学者一般先学不起跳正手击高远球。待熟练掌握后，再根据自己的特点和场上的情况综合运用这两种击球方式。

正手击高远球时易犯的错误：击球点选择不当，偏前或偏后，影响击球用力；击球时，不是以肩为轴挥臂，而是以肘为轴，影响大臂发力，造成用力不当；击球时不是用挥臂甩腕动作靠"爆发力"把球击出，而是将球"推"出；击球后球拍不是顺惯性朝前下方挥动并收拍至体前，而是将球拍朝下；朝右后方挥动，影响了手臂的用力；击球时全身用力不协调等。

八、正/反手网前挑球

1. 正手网前挑球

击球前，前臂充分外旋，手腕尽量后伸。击球时，从右下方向右前方至左上方挥拍击球。在此基础上，若球拍向右前上方挥动，挑出的是直线高球；若球拍向左前方挥动，挑出的则是对角高球。

2. 反手网前挑球

击球前，右臂往左后方拉抬后引拍。击球时，前臂充分内旋，手腕由屈至伸闪动挥拍击球。若球拍由左下方向左前上方挥动，则球向直线方向飞行；若球拍由左下方向右前上方挥动，则球向对角线方向飞行。

九、正手吊球

劈吊(快吊)击球前期动作同正手击高远球。击球时,拍面正面向内倾斜,手腕做快速切削下压动作。若劈吊斜线球,则球拍切削球托的右侧,并向左下方发力;若劈吊直线球,则拍面正对前方,向前下方切削。

轻吊(拦截吊)击球前期动作同正手击高远球。一种轻吊在击球时,拍面变化与劈吊基本一致,但用力要更轻些;另一种轻吊在击球时,拍面正击球托或借助于来球的反弹力用球拍轻挡,使球过网后贴网而下。后者多用于拦截对方击来的平高球和半场高球。

第二节 羽毛球中级学练

一、挑高球

正手接杀挑直线后场高球:当对方杀右边线球时,右脚向右侧跨一大步到位。随步法移动往右侧引拍,右臂稍向右后摆的同时稍带有外旋,手腕后伸到最大限度,使球拍迅速后摆,紧跟着右前臂急速向前挥动时略有外旋,手腕从后伸到伸直闪腕,这时,以肘为轴,拍面对准来球,击球托的中下部,使球向直线高远方向飞行。如击球托的右下部,则球向对角线方向飞行。击球后,前臂内放,球拍往体前上方挥动,球拍回收至体前。

反手接杀挑后场高球:当对方杀左边线球时,左脚向左侧跨一大步到位。换反手握拍法,移动的同时往左侧引拍。击球前,前臂内旋,手腕外展,引拍至左侧前。击球时,上臂支撑,前臂急速往右前方挥摆,手腕由外展至后伸闪动,握紧球拍,加上拇指的顶力,快速挥拍击球托的中下部,使球向直线方向飞行。若向对角线方向挥拍击球托的左下部,则球向对角线方向飞行。

二、正手杀球

击球前的准备姿势和击球动作与正手击高远球基本一样。不同的是最后用力的方向朝下,而且要充分利用蹬地、转体、收腹以及手臂和手腕的爆发力,全力将球向下击出,击球的一刹那要紧握球拍。

三、横向移动步法

1. 向右移动步法

判断准来球后,上体稍倾倒向左侧,左脚掌内侧用力蹬地,右脚同时向右侧跨大步,髋关节随之右转,上体稍倾倒向右侧,重心在右脚上。若距来球较近,可采用上述动作;若距来球较远,则需左脚先向右脚垫一小步再起蹬,右脚同时向右侧跨大步。

2. 向左移动步法

判断准来球后,上体稍倾倒向右侧,右脚掌内侧用力蹬地,左脚随髋关节的转动同时向左侧跨大步。若来球较远,左脚先向左侧移一小步,紧接着右脚往左侧方向起蹬并转身,向左跨大步。

四、平抽球、平挡球

1. 平抽球

正手平抽球：站在右场区中部，两脚平行开立，稍宽于肩，重心在两脚间，微屈膝收腹，正手握拍举于右肩前。击球前，肘关节前摆，前臂稍往后带外旋，手腕稍外展至后伸，引拍至体后。击球时，前臂内旋，手腕伸直闪动，手指抓紧拍柄，球拍由右后往右前方高速平扫来球。击球后，手臂顺势左摆，左脚往左前迈进一步，准备迎击第二次来球。

反手平抽球：右脚前交叉在左脚前，重心在左脚上，右手反手握拍在左侧前。击球前，肘部稍上摆，前臂内旋，手腕外展，引拍至左侧。击球时，在髋的右转带动下，前臂外旋，手腕由外展到伸直闪动，挥拍击球托底部。击球后，球拍随身体的回动收到右侧前。

2. 平挡球

正手平挡球是用正手握拍以正拍面将位于身体右侧体前的来球轻挡过网，使球过网后落于对方前场或中场区域内的一种中场击球技术。其技术要领：两腿屈膝左右开立面对网，上体直立，持拍于体前，两眼注视对方击来的球。右脚向右侧跨出一步，在跨步的同时球拍向右侧后引，以正拍面对准来球，上体向右后转至左肩对网，髋关节也转向右后，右腿蹬直，屈肘，前臂外旋伸展腕，手指放松握拍。击球时，挥拍动作要小，借助来球的力量，持拍臂前伸，前臂内旋，屈指发力握紧拍柄向前下方击球，上臂有制动动作。击球后，右脚向前迈，球拍随身体向左转，立即收拍于体前。

反手平挡球是用反手握拍以反拍面将位于身体左侧体前的来球轻挡过网，使球过网后落于对方前场或中场区域内的一种中场击球技术。其技术要领：准备击球前，屈膝平行站立，两脚稍宽于肩，两眼注视来球。当来球过网，身体重心移向左脚（如果球离身体较远，可左脚向左移一步，重心移到左脚上；如果球离身体更远，可以左脚为轴，右脚经左脚前往左方跨出一步，成背对网姿势），右臂向左边伸去，放松握拍，反拍面略后仰对准来球，挥拍将球挡回对方网前区。击球后，持拍手臂顺惯性往前上方挥动，收回在右肩前。

第三节　羽毛球高级学练

一、反手发球

站在前发球线后10～50厘米及发球区中线的附近。采用面向球网，两脚前后站立的姿势。左脚或右脚在前均可，一般采用右脚在前较为普遍。上体稍前倾，身体重心在前脚上。右手手臂屈肘，用反手握拍将球拍横举在腰间，拍面在身体左侧腰下。左手拇指与食指捏住球的两三根羽毛，球托朝下，在球拍前对准拍面。击球时，前臂带动手腕朝前横切推送，使球飞行弧线略高于网顶，下落到对方前发球线附近。反手发平快球时要突然发力，拍面要有“反压”的动作。

二、双打发/接发战术

双打比单打每方增加一名队员，场地宽度仅增加92厘米，接发球区比单打缩短76厘米。双打从发球开始就形成短兵相接的局面。由于双方都加强了进攻和防守，要求运动员技术全面，能攻善守，反应灵敏。特别是对发球、接发球、平抽、平挡、封网、扑、连续扣杀、接杀挑高球及防守反击等诸多技术，要求更高。

1. 发球

因双打的后发球限制线比单打短，在双打中如果发高远球，接发球方容易扣杀。如果接发球者站位压在靠近前发球线处，会对发球者造成很大的心理和技术上的威胁。

(1) 发球站位：根据对方站位、站法来决定发球战术。目前接发球的站位法有四种：一般站位法、抢攻站位法、稳妥站位法和特殊站位法。

① 一般站位法。

一般站位法的特点是站在离中线和前发球线适当的位置，其目的是以稳为主，保护后场，对前场以推、搓、放半场球为主。

发球办法：以发近网1、2号位为主，使对方不能集中精力于一点，不能打出较凶狠的球，这时主动权取决于第三拍的回球质量。

② 抢攻站位法。

抢攻站位法的特点是站位离发球线很近，身体倾斜度较大，目的是要进行抢攻，威胁对方，以扑球、跳杀为主来处理接发球。此种站位法以男队进攻型打法的队员采用较多。

发球办法：首先要判断对方站位的目的，是要进行抢攻，还是要防守等，判断准确后才能采用各种发球手段来对付。本方发球应以质量为主，结合时间差、假动作，达到破坏对方想抢攻的目的。

③ 稳妥站位法。

稳妥站位法的特点是站位离发球线远一些，身体呈站立式(倾斜度较小)。这种站位法是进攻意识较差的一种过渡站位法。

发球办法：不要发高球，以网前球为主，因对方站位消极、起动慢，发近网球有利于第三拍的反攻。

④ 特殊站位法。

一般站位法以右手握拍为例，都以左脚在前、右脚在后，但特殊站位法改变为右脚在前、左脚在后。这种站位法一般以右脚蹬跳击球，不论是上网或后蹬均以一步蹬跳击球。

发球办法：当你还不了解对方改变站法的目的及优缺点时，要“以我为主”发球，尽快掌握对方的目的及优缺点，从而制定有效的发球战术。

(2) 发球路线：发球路线和落点的选择需注意如下几点。

① 调动对方站位，破坏对方打法。

如果对方甲、乙两名队员站成甲在后、乙在前的进攻队形，在发球给乙时可以后场为主结合网前，而发球给甲时却要以发网前为主结合后场，这样，从发球起就阻挠了对方调整站位。

② 避实就虚，抓住对方弱点发球抢攻。

首先要看接发球者的站位，如果其站在网前内角位，可发球到对方后场外角位；如果对方离中线较远，则可发平快球突袭后场内角位；对接发球路线呆板、变化少的，可针对这种情况发球后抢封角度突击。

③ 发球要有变化。

发球时，网前要和后场配合，网前的内角、外角，底线的内角、外角的配合，使对方首尾难以兼顾，多点设防，疲于应付；在发球的弧线上也要有变化，这样接球方就难以摸到发球方的规律。

④ 发球时间的变化。

接发球方在准备接发球时，思想虽然高度集中，但因受到发球方的牵制，要等球发出后才能判断、起动、还击。所以，发球动作的快慢应在规则允许范围内有所变化，不要让接球方掌握规律。

⑤ 发球时心理的影响。

在双打比赛中，有时会出现发球失常，其原因一是发球技术不过硬，二是受接发球者的影响。由于接发球者站位逼前，扑、杀凶狠且命中率较高，或比分正处于关键时，发球者心情紧张，易造成手软而影响发球质量。遇到这种情况，发球者首先要沉住气，观察接发球者的动向，接发球的路线和规律，提高发球质量，增强还击第三板的信心。另外，发球的路线要善变且无规律，真真假假、虚虚实实，这样就会减少不必要的顾虑，发球质量也会稳定下来。

2. 接发球

接发球虽然受发球方的牵制，属于被动等待，但由于规则对发球做了击球点不能过腰、球拍上沿须明显低于手、动作必须连续向前挥动（不能做假动作）等限制，所以使发球者发出的球不能具有太大的威胁。接发球方如果判断准确、起动快、还击及时，就能在对方发球质量稍差时采用杀、扑得手来取得主动；反之，也会因接发球失误或还击不利使自己陷入被动。

（1）接发网前球。

① 无论内角位还是外角位的网前球，接发球质量的关键是抢到球飞行过程中的最高点。一般可以扑或者轻压对方的两腰（对方的两边中场），逼迫对方起球，也可以扑压对方的身体。接球时可以伴随搓放网前或勾对角等网前小球的处理方式。

② 接发外角位网前球时，除了以上处理方式外，还可以平推对方底线两角以调动对方一名队员至边角，扩大对方另一名队员的防守范围。

（2）接发后场球。

① 接发后场球以杀球为主，最好是攻击发球队员，扣杀追身球，因为这时发球队员一般是在移动中，而且持拍方式不是最佳防守方式。

② 如果没有能够判断出对方的球路而没有及时起动，最好用平高球打到对方的两个底角。特别被动的情况下，要用高远球尽量把球打到对方的后场，进行防守。

③ 一般来说，发球一方发出高球后，都会后退来做防守的准备，这时可以突然吊发球队员的对角线，经常会有不错的效果。

④ 除了按照对方的发球方式来选择接发球战术之外，还可以针对对方的特点来选择接发球的方式。如对方的攻击力不足，可以直接挑球到两个底角；对手的反手能力较差，可以推压对方的反手底线等。

武道运动篇

第七章　散打运动进阶

第一节　散打初级学练

一、认识散打

1. 散打的起源和发展

原始社会，人们在狩猎中获得了格斗和捕杀的技能，这是武术散打的萌芽。

原始社会后期出现的部落之间的战争，在古代文献中有许多记载："轩辕之时，神农氏世衰，诸侯相侵伐，暴虐百姓，而神农氏弗能征。于是轩辕乃习用干戈"。其大致意思是说，由于神农氏力量衰落，不能再担任部落联盟的首领，于是就被轩辕（黄帝）取代了。轩辕为了对付经常出现的部落战争，组织部落成员习用干戈（"干"是作战时防御的盾牌，"戈"是一种进攻的武器）。

《淮南子》中记载："故当舜之时，有苗不服，于是舜修政偃兵，执干戚而舞之"。大致意思是说，在舜与三苗部落长期的战争中，三苗始终未被征服，后来舜一方面修明政治，另一方面让战士操持盾与斧而舞，进而起到震慑感化的作用。

《礼记·乐记》中也有记载："干戚旄狄以舞之"。可见，无论是人类与自然界以及部落之间的战争，还是人们"执干戚以舞"的武舞，持石刀、石矛、石斧、骨矛、骨匕、玉铲等武器，用砍、砸、击、刺等攻与防的方法，都促进了散打的形成和发展。

新中国成立以来，党和政府非常重视武术这一民族传统体育运动的发展，先后出台了一系列有关发展民族传统体育的方针政策、法律法规，全国群众性武术运动得到蓬勃发展。1979 年，我国在浙江省体委、北京体育学院和武汉体育学院三个单位开展散打运动试点；1980 年，开始全面推广；1982 年，国家体委制定了《散打竞赛规则（初稿）》；1989 年，散打被批准列为正式体育竞赛项目，这是中国武术散打运动发展史上的里程碑；1991 年，经国家体委审定，《武术散打竞赛规则》正式出版，并实行裁判员、运动员等级制度；1993 年，第七届全国运动会把武术散打列为全运会正式比赛项目，使武术散打运动向规范化、专业化、社会化、产业化、国际化方向发展。

现代的散打是两人按照国家体育总局武术运动管理中心制定的规则，采用武术中的踢、打、摔和防守等方法，进行徒手对抗的现代体育竞技项目，它是中国武术的重要组成部分（见图 7-1）。中国武术有两种表现形式，一种是套路演练形式，一种是格斗对抗形式。散打就是格斗对抗形式的一种。

2. 散打特点

(1) 鲜明的体育性。

散打作为一项竞技体育运动项目,已进入国际和国内的竞技体育行列。它不仅具有完善的竞赛体系、具体的竞赛内容、统一的竞赛规则和裁判法,还有相应的教学、练习、科研体系和方法。因此它符合体育的宗旨,以提高项目技术水平、强身健体为最终目的。通过散打运动,促进社会文明的发展,解决竞赛中的安全问题,这正是其体现“体育性”的重要特征之一,所以散打运动明显区别于传统技击和其他格斗术,在规则中就明确了禁击部位、禁用的方法和相应的法则。

图 7-1　散打比赛

(2) 激烈的对抗性。

在现代散打比赛中,运动员相互应用技术攻击对方,没有固定的动作结构和顺序,而是以对方的动作作为基准,相应做出攻防技术的一种对抗运动。它不像武术套路中对练那种演练形式,是事先设计好的一些攻防技术的再现。比赛中,运动员招无定式,经常利用假动作、佯攻等一些身体语言迷惑对方,然后通过强攻从而战胜对方,经常会出现运动员双方身体的强烈碰撞,击中时所产生的身体的强烈震荡,这些都需要运动员具有过硬的身体素质和良好的抗击打能力。

(3) 独特的民族性。

散打作为中华民族的优良传统体育运动,其表现形式突出地反映了浓烈的东方民族的传统色彩。首先,在比赛形式上,采用了中国传统的“打擂台”的方式,这种竞赛形式千百年来一直根植于人民的心中,是我国民众喜闻乐见的形式。其次,在礼仪方式上采用“抱拳礼”既沿用了武术传统礼节,又有现代教育意义的深刻内涵,同时也更多地表现了对对手的尊重。最后,在竞赛用语上采用汉语。所有这些,都从不同的侧面反映了现代散打所具有的独特的民族特征及魅力。

(4) 传统的文化性。

散打的形成与发展是建立在中国传统文化基础上的,因此,其本身就具有丰富的传统文化底蕴和文化包容量。竞技散打虽然不能体现传统武术技击中所有的文化内涵,但在人们的观念中仍然是集现代与传统、竞技与实用、修身与养性为一体,仍然具有包括超出竞技以外的广泛的社会价值,这也就意味着散打与文化的紧密联系。事实上,中国传统文化对散打的渗透是根深蒂固的,散打对文化的体现也是无所不在的。比如中国传统哲学思想的介入,确定了散打形成时的思维模式;中国传统伦理道德的典范,决定了尚武要以德为先。此外,中国的古代兵学、美学、养身学和传统医学也对散打产生了不同程度的影响,同时也对其构建起到了至关重要的作用。

3. 散打的作用

(1) 健体防身。

散打是一项体育运动,通过学习和训练,能够提升人的爆发力、耐力、柔韧性、灵敏度等素质；同时散打又是一项对抗性体育运动，可以发展人的心智，使人的身心得到全面的锻炼。坚持散打训练，可强筋骨、壮体魄。

散打是以双方互相对抗为形式的运动，这就要求习练者在实践中正确把握进攻的时机，防守要到位，反击要及时，从而建立正确的条件反射；同时还要针对不同的对手和双方临场的变化，提高应变能力以及击打和抗击打的能力，这一切都起到了掌握防身自卫和克敌制胜技能的作用。

(2) 锻炼品质。

散打训练，在从开始的基本动作、基本技术练习，到条件实战以至全面实战的练习过程中，每个阶段和每个层次都对人的意志品质具有不同程度的考验和锻炼。

初学散打时，要忍受拉韧带的痛苦；攻防练习时，要承受击打和抗击打的皮肉之苦；加量加强度时，要克服疲劳之苦；进行实战时，要克服胆怯、犹豫、紧张、冒失等不良心理反应。经过长期的散打训练，可以培养习者勇敢、顽强、坚毅，不怕苦、不怕累，敢于拼搏的精神，进而形成成熟、稳健、积极向上的优秀品质。

(3) 竞技观赏。

武术搏击之所以有很强的生命力，能延续到现在，除了与社会文化背景以及运动的本身特点有极大关系外，其搏击形式所具备的较高观赏性，也起到了一定的作用。在历史上，擂台比武除暴安良已传为佳话，当今不仅练习散打的多，而且观看散打比赛和对散打抱有极大热情的观众也日益增多，说明散打比赛不仅刺激、激烈，而且斗智、斗勇，具有较高的观赏价值。

(4) 竞技交流。

中国武术徒手搏击，早在一千多年前就传到日本，当时称“唐手”，后来改称“空手”。现在，有许多国家的武术爱好者不仅喜爱中国套路武术，而且也喜欢散打运动。通过与各国选手较技，不仅可以促进国际武艺交流，将中国散打运动推向世界，而且也可以增进各国运动员之间的了解和友谊，促进国际文化交流。

二、手型、步型和散手实战姿势

1. 手型

五指内屈握紧，拇指第一指骨压在食指和中指的第二指骨上，拳心朝下为平拳，拳眼朝上为立拳。

2. 步型

(1) 开立步。

两脚前后开立，略比肩宽，两脚尖内扣，两膝微屈，重心在两腿之间。站立时两腿拇趾用力踩地，两脚跟微微离地。

(2) 弓步。

两脚前后开立约三脚半长，前腿屈膝半蹲，后腿伸直，脚跟微微离地，脚尖内扣，重心在两腿之间，前后脚要分别向下方和后下方用力踩地，步宽因人而异，但不可太宽而使移动不灵活。

(3) 高虚步。

两脚前后站立，两膝微屈，前脚脚尖虚点地面，重心落于后腿。前虚后实，两膝不可弯曲过大。

(4) 独立步。

腿屈膝提起，另一腿伸直支撑体重。支撑腿膝盖不可用力绷直，五趾抓地站稳。

(5) 丁步。

两膝微屈，两脚虚实并步站立，虚腿脚跟微离地。虚腿不可支撑身体重心，左右前后移动灵便。

(6) 马步。

两脚左右开步屈膝半蹲，步距宽于肩，两脚尖朝前，重心落于两腿之间。步距不可太宽，以移动灵活为宜。

(7) 半马步。

两脚左右开步屈膝半蹲，步距略宽于肩，后脚尖朝侧，前脚尖外展，中心略偏于后腿。步距不可太宽，以移动灵活为宜。

(8) 仆步。

一腿屈膝全蹲，另一腿伸直平铺地面，脚尖向内。重心基本位于全蹲腿，上体不可前倾或后仰。

3. 散打实战姿势

准备姿势是以尽量缩小被打击面积，有利于灵活快速出击为基本原则。

基本实战姿势为两脚前后开立，略比肩宽，两脚尖内扣，两膝微屈，重心在两腿之间，前、后脚开立角度约 45°(一般正架左脚在前，反架右脚在前，可根据个人习惯选择)；两手握拳，左前右后，拳眼朝上，左手臂弯曲，肘关节夹角在 90°～120°之间，左拳与鼻同高，右手臂弯曲，肘关节夹角要小；含胸，收腹，双肘保护两软肋部，方向向下，身体站立，下颌微收，闭嘴含齿，面向对手，两脚尽量脚前掌着地，便于移动。(见图 7-2)

图 7-2　实战姿势

三、进、退等步法

步法是散打技术中的重要内容。实战时，双方保持着一定的距离，只有通过步法的移动才能抢占有利的位置，发动进攻或转换防守。距离不合适，有效的进攻和防守就是一句空话。武术谚语云："步慢则拳脚慢，手到步到方之为动"。步法的总体要求是"疾、准、活"。"疾"是指步法移动要迅速；"准"是指移动的步幅要准确；"活"是指步法移动要灵活多变，不僵不滞，富有弹性。散手实战中表现出来的步法要综合使用，其中基本步法包括进步、退步、撤步、插步、跨步、闪步、换步、盖步、纵步、垫步、跃步等。下面简单介绍几种步法。

1. 进步

由实战姿势开始，前脚(左脚)先向前进半步，后脚再跟进半步，进步步幅不宜过大，后脚跟进后的身体姿势不变，衔接进步与跟步时越快越好。

2. 退步

后脚先后退半步,前脚再退回半步。

3. 插步

后脚向左横移一步,脚跟离地,两脚略呈交叉。插步时身体不要转动,左侧面仍与对手相对。插步后要及时还原成实战姿势。

4. 跨步

左脚(右脚)向左(向右)侧跨半步,右脚略向左脚靠近,两膝弯曲。同时右拳向斜下方伸出,左拳收至左胯旁。此步法主要用于侧闪防守,跨步后身体重心下降,以利于反击。两腿要一虚一实,两臂分别防守上、下,形成较大防守面。

5. 闪步

左(右)脚向左(右)侧移半步,右(左)脚随之向左(右)滑步,同时身体转动 90°,步法轻盈,转体闪躲灵活、敏捷。

6. 换步

左脚与右脚同时蹬地并前后交换,同时两拳也前后交换成反架姿势。转换时要以髋关节带动两腿,身体不能明显向上腾空。

四、直拳技术

1. 左直拳

左势站立,右脚微蹬地,身体重心稍向左脚移动;同时转腰送肩,左拳直线向前击出,力达拳面,拳心朝下,右拳自然收回颌前,目视前方。然后左拳压肘收回,成基本姿势。要使蹬地、拧腰之力顺达拳面,整个动作要协调完整。

2. 右直拳

左势站立,右脚蹬地,同时转腰送肩,右拳直线向前击出,力达拳面,拳心朝下,左拳自然收回颌前,要与右脚蹬地、拧腰、转体的力完整一致,从而获得最大的冲力。身体重心要在冲拳的同时前移,不可提前,左拳不要下垂或外张。蹬地、转髋、拧腰要快速连贯,弹性击打,快打快收。

五、摆拳技术

1. 左摆拳

站左格斗势,向右扭腰的同时,左手拳向左、向前、向右弧形横掼出,臂微屈,内旋成拳心向下,力达拳面或拳眼侧棱,右手护腮。扭腰发力,肘尖微抬至肩高,勿向前探身,小臂无甩动。

2. 右摆拳

站左格斗势,向右扭腰转胯的同时,右脚蹬地发力,右拳向右、向前、向左弧形掼出,右臂内旋成拳心向下,力达拳面或拳眼侧棱,左手回护腮。扭腰、转胯、蹬足要协调一致,以肩催肘、催拳指掼出。

六、勾拳技术

1. 左上勾拳

左势站立，重心移向左脚，右脚蹬地，上体左转略下沉后，上体右转，挺腹前送左髋；同时，左臂外旋由下向上击拳，拳面朝上，拳心朝右内，大小臂夹角约 90°，力达拳面，右拳置下额前，目视左拳，然后再恢复基本姿势。上体前倾不可过大，上体向左转下沉再蹬地，挺伸与右转瞬间要协调自然。

2. 右上勾拳

左势站立，上体稍右侧倾，右拳微下落，前臂稍内旋，右脚蹬地，扣膝合胯，上体左转，挺腹前送右髋；同时，右臂外旋由下向上击拳，拳面朝上，拳心朝左内，大小臂夹角约 90°，力达拳面，左拳仍置于下额前，目视右拳。

屈臂的角度大小根据对方的远近距离及击打的部位而定，要借助右脚蹬地、扣膝合胯、力达拳面、身体扭转协调用力。

七、步法＋直拳＋摆拳组合技术

敌我对峙，我快速向前滑步，并以前手拳攻击对手面部，如对手进行拍挡防守，则前后快速变摆拳攻击对手头部侧面，然后身体快速压上以后手摆肘攻击对手面部。

前手直拳压进速度要快，可以故意偏低一点，吸引对手格挡防守，前手变化速度要快，对手防守动作一动就要变线进行打击。后手摆肘要有整体压上的感觉，让对手难以阻挡。

八、步法＋摆拳＋勾拳组合技术

敌我对峙，我快速前滑步以前手摆拳攻击对手头部，如对手同侧格挡防守，则快速跟上后手上勾拳从中线攻击对手下颌，然后视距离用后腿正顶膝或正蹬攻击对手胸腹部。

此组合包含了两次攻击点变化，摆拳和上勾拳的外线和中线变化，后面正顶膝（正蹬的高度变化），前手摆拳距离要近，速度要快，迫使对手抬手格挡，为后手上勾创造机会。上勾拳和正顶膝或正蹬要连接紧凑，在收拳同时膝或腿就要向外出击。

第二节　散打中级学练

一、左/右蹬腿技术

1. 左蹬腿

实战姿势站立，面向对手，右腿直立或稍屈，左腿提膝抬起。勾脚，先向前蹬出，力达脚跟；也可以送髋，脚掌下压，力达脚前掌。（见图 7-3）

2. 右蹬腿

实战姿势站立，身体重心前移，左腿直立或稍屈支撑身体，右腿提膝前抬。勾脚，出脚时应稍送髋，身体轻微前压，以脚跟领先向前蹬出，力达脚跟，脚掌下压，力达脚前掌。

(见图 7-4)

图 7-3　左蹬腿

图 7-4　右蹬腿

二、左/右弹腿技术

1. 左弹腿

实战姿势站立,左脚蹬地,身体重心移至右脚,左脚向正前方屈膝上提,左小腿夹紧,随即以膝关节为轴向前送髋、挺膝、小腿快速向前踢出,力达脚背或前脚掌,动作完成后成左实战姿势站立。提膝时小腿要夹紧,踢腿动作应迅速有力,髋关节前送。

2. 右弹腿

实战姿势站立,右脚蹬地,身体重心移至左脚,右脚向正前方屈膝上提,右小腿夹紧,随即以膝关节为轴向前送髋、挺膝、小腿快速向前踢出,力达脚背或前脚掌,动作完成后成右实战姿势站立。

三、左/右踹腿技术

1. 左踹腿

实战姿势,右脚直立或稍屈支撑;左腿屈膝抬起,小腿外摆,脚尖勾起,脚掌正对攻击目标,展胯,挺膝向前踹出,力达脚掌,上体也可倾斜。(见图 7-5)

2. 右踹腿

左腿直立或稍屈支撑;身体向左转 180°,同时右腿屈膝前抬,小腿外摆,脚尖勾起,脚掌正对攻击目标,用力向前踹出,力达脚掌。(见图 7-6)

图 7-5　左踹腿

图 7-6　右踹腿

第三节　散打高级学练

一、接腿别腿摔

当对方用左侧弹腿踢击时，用左手抄抱其弓窝，右手抓其小腿下端，随即上左脚至对方右腿后，向左转体，左腿别其支撑腿将其摔倒。（见图 7-7）

图 7-7　接腿别腿摔

二、接腿涮摔

当对方用左侧弹腿踢击时，快速收腹，后撤，同时用双手抄抱对方左脚，随即向下，向右上方成弧形摆荡将其摔倒。（见图 7-8）

图 7-8　接腿涮摔

三、接腿勾腿摔

当对方用右侧弹腿踢击时，左手抄抱其小腿，右手由对方右肩上穿过，下压其颈部，同时左手上抬，右脚向前上方踢其支撑腿将对方摔倒。（见图 7-9）

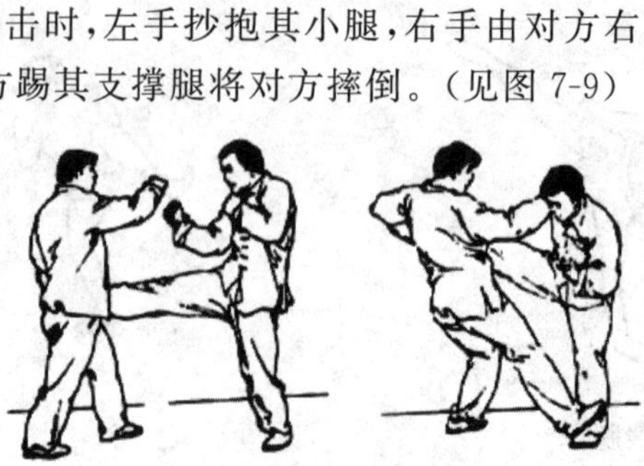

图 7-9　接腿勾腿摔

四、夹颈过背摔

左屈臂夹对方颈部，背向对方，两腿屈膝用右侧髋部紧贴对方前身，然后两腿蹲深向下，弓腰低头，将对方背起后摔倒。（见图 7-10）

图 7-10　夹颈过背摔

五、抱腿前顶摔

双方实战姿势站立，突然后脚蹬地向前滑步，滑步的同时身体下潜，双手抱住对方双腿腋窝处，动作不停，随即左肩用力前顶，前顶的同时两手猛力回拉对方双腿将对方摔倒。下潜滑步要突然、迅速，前顶与回拉要同步进行。

六、强攻战术

强攻战术，是指硬性突破对方的防守后发出的攻击。运用强攻战术需具备以下条件：

① 力量、速度、耐力素质比较全面，但技术不如对方时；

② 身体素质好，技术比较全面，但比赛经验不如对方时；

③ 对方的近战能力比较差时；

④ 对方的耐力比较差时；

⑤ 对方的心理素质比较差时。

强攻不是盲目蛮干，而是通过强攻这一战术手段，扬己之长，达到打击对方的目的。

七、佯攻战术

佯攻战术，是有目的地造成对方的错觉，把对方引入歧途，实现真实进攻。在散打比赛中，佯攻是最为常见的战术形式之一。

随着技术水平的普遍提高，特别在对付动作反应快、防范能力强的对手时，直接进攻容易被其防守、截击，而采用指上打下、指下打上、指左打右、指右打左等假动作，可以转移、分散对方的注意力，促使其对虚假动作产生某种反应，再趁机攻击其防守的空当部位，定能提高进攻效果。

八、防守反击战术

防守与反击虽然是两个相对的概念，但正确而恰当的防守往往变被动为主动，达到有效反击的目的。本节主要介绍以腿防拳、格挡反击、抱腿反击、以腿防腿、后蹬腿反击和提膝反击等。

1. 以腿防拳

当甲用拳进攻乙时，乙即侧倾躲闪，同时提腿展髋，用弹、蹬、踹腿反击甲胸腹及下肢部位。倾身躲闪快，展髋提腿，出腿连贯。(见图 7-11)

2. 格挡反击

当甲用右拳进攻乙头部时，乙即用右臂屈肘格挡，并随即用插掌、砍掌或掌背反击。(见图 7-12)

图 7-11　以腿防拳

图 7-12　格挡反击

3. 抱腿反击

当甲用侧弹腿等向乙进攻时，乙即左转身抱住甲腿，并迅速用侧蹬或侧踹腿反击甲支撑腿膝关节。(见图 7-13)

4. 以腿防腿

当甲方以高腿进攻乙时，乙即侧身倾体，同时下蹲(半蹲)躲闪，随即以前脚低(平)踹腿反击甲支撑腿。(见图 7-14)

图 7-13　抱腿反击

图 7-14　以腿防腿

5. 后蹬腿反击

当甲用右弹腿进攻乙时，乙即上右步左转 180°，同时两臂挂防甲腿；继续以右后蹬腿反击甲下裆(腹)部。(见图 7-15)

6. 提膝反击

当甲用左直拳攻击乙时，乙即后倾体躲闪，并用左手拍防；继而两手前伸并抓甲双肩，重心前移，再提左腿屈膝前顶甲下腹部。(见图 7-16)

7. 快摔反击

散打防守反击中的主要技术还包括接住对方进攻性的各种拳法和腿法之后运用的快

图 7-15　后蹬腿反击

图 7-16　提膝反击

摔法。主要有以下技术要求：

(1) 借势。

借势是指在运用散打中的各种摔法时，在对手重心不稳身体将要失去平衡时，稍加力量将其摔倒。借势的关键是掌握好时机。一般来说，对手在动作发力的瞬间一旦落空后，身体就会处于失衡状态，如果能在此时顺其失衡的同侧方位稍加外力，效果极佳；或在对手发力时顺其发力的方向稍加外力，也会收到事半功倍的效果。

(2) 掀底。

掀底是指采用接腿摔法时，为破坏对方的支撑点而采取的掀、拉、摇、托等方法将对方摔倒。如果对方下肢柔韧性较差，我方用掀底动作，效果较好。

(3) 别根。

别根是指通过运用自己身体的某一肢体绞绊对方支撑重心的肢体根部，达到摔倒对方的目的。如抱腿别腿、抱腿勾踢等摔法，正是运用了别根技法，才使摔法更加有力和巧妙。

(4) 靠身。

靠身是指通过身体向前的动作将对方摔倒，如在运用抱腿和搂腿的技法时，必须配合身体向前的动作挤靠对方，效果才会更好。

虽然散打的摔法很多，而且不同的方法有着不同的技术要求，但在实战中，如能结合运用借势、掀底、别根、靠身等动作，可以更加突出散打摔法快速、巧妙的技术特点。

第八章　武术运动进阶

第一节　武术初级学练

一、认识武术运动

武术运动是我国劳动人民在长期的生活实践中创造出来的，有着悠久的历史。武术是民族形式的体育运动项目之一，无论是步型、步法、手型、手法、身法、眼法等，都有一定的风格，每个动作都有一定的攻防意识。（见图 8-1）

图 8-1　武术运动

武术有它专用的名词和术语，常用的手型有：拳、掌、勾等；常用的步型有：弓步、马步、仆步、虚步、歇步等。

二、学习武术基本手型、步型

武术的内容繁多，动作千变万化，手型和步型是组成各种动作的基本素材。学习武术，必须首先了解和掌握各种手型和步型。

1. 手型

拳：四指并拢卷握，拇指紧扣于食指和中指的第二指节。（见图 8-2）

掌：四指伸直并拢，拇指弯曲紧扣于虎口处。（见图 8-3）

勾：五指第一节撮拢在一起，屈腕。（见图 8-4）

图 8-2 拳

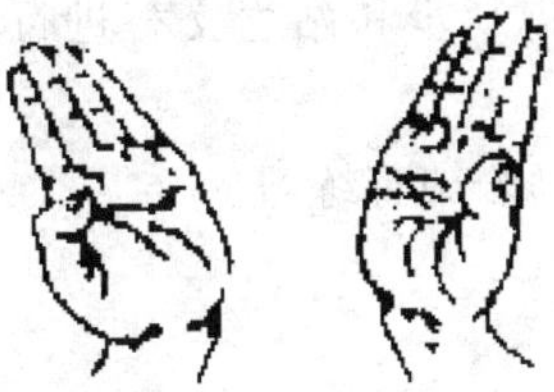

图 8-3 掌

图 8-4 勾

2. 步型

(1) 弓步。

左脚向前一大步(约为本人脚长的 4～5 倍),脚尖微内扣,左腿屈膝半蹲(大腿接近水平),膝与脚尖垂直。右腿挺膝伸直;脚尖内扣(斜向前方),两脚全脚着地。上体正对前方,眼向前平视,两手抱拳于腰间。弓右腿为右弓步;弓左腿为左弓步。(见图 8-5)

要求与要点:前腿弓,后腿绷;挺胸、塌腰、沉髋,前脚同后脚成一直线。

练习步骤:

① 逐步延长练习时间。左右弓步可交替练习。

② 原地保持弓步姿势不动,加做左右冲拳或推掌练习。左右弓步可交替练习。

③ 行进间练习。左弓步冲右拳再上步接做右弓步冲左拳,连续进行。

易犯错误和纠正方法:

① 后脚拔跟、掀掌。

纠正方法:提高膝和踝关节的柔韧性,并强调脚跟蹬地力量。

② 后腿屈膝。

纠正方法:强调后腿挺膝和用力后蹬。

③ 弯腰和上体前俯。

纠正方法:强调头部上顶,并注意沉髋。

图 8-5 弓步

图 8-6 马步

(2) 马步。

两脚平行开立(约为本人脚长的 3 倍),脚尖正对前方,屈膝半蹲,膝部不超过脚尖,大腿接近水平,全脚着地。身体重心落于两腿之间,两手抱拳于腰间。(见图 8-6)

要求与要点:挺胸、塌腰、脚跟外蹬。

练习步骤:

① 逐渐延长练习时间。

② 原地做马步蹲起练习，即蹲马步和站立交替进行。还可做马步左右冲拳或推掌的练习。

③ 行进间练习，连续上步做马步架打练习。

易犯错误和纠正方法：

① 脚尖外撇。

纠正方法：经常站立做里扣脚尖的练习；或做马步练习，强调两脚跟外蹬。

② 两脚距离过大或太小。

纠正方法：量出三脚距离后再下蹲做马步。

③ 弯腰跪膝。

纠正方法：强调挺胸、塌腰之后再下蹲，膝不得超过脚尖的垂直线，或手扶一定高度的物体做动作。

(3) 虚步。

两脚前后开立，右脚外展45°，屈膝半蹲，左脚脚跟离地，脚面绷平，脚尖稍内扣，虚点地面，膝微屈，重心落于后腿上。两手叉腰。眼向前平视。左脚在前为左虚步，右脚在前为右虚步。(见图8-7)

要求与要点：挺胸、塌腰、虚实分明。

练习步骤：

① 可先手扶一定高度的物体进行练习，或先把姿势放高一些，然后逐渐按规格要求做正确的动作。

② 逐渐延长练习时间。

③ 可结合手型、手法练习。如做“左虚步勾手挑掌”跳转成“右虚步勾手挑掌”。可向左右调换做。

易犯错误和纠正方法：

① 虚实不清。

纠正方法：前脚先不着地，等支撑腿下蹲后再以脚尖虚点地面成虚步。

② 后腿蹲不下去。

纠正方法：可做单腿屈蹲或双腿负重屈蹲等练习，以发展下肢力量。

图8-7　虚步

图8-8　仆步

(4) 仆步。

两脚左右开立，右腿屈膝全蹲，大腿和小腿靠紧，臀部接近小腿，右脚全脚着地，脚尖和膝关节外展，左腿挺直平仆，脚尖里扣，全脚着地。两手抱拳于腰间。眼向左方平视。仆左腿为左仆步；仆右腿为右仆步。(见图8-8)

要求与要点：挺胸、塌腰、沉髋。

练习步骤：

① 参看虚步的第1、2点。

② 加手型、手法，如做“仆步勾手亮掌”练习。

③ 行进间连续做“仆步穿掌”练习。

易犯错误和纠正方法：

① 平仆腿不直，脚外侧掀起，脚尖上翘外展。

纠正方法：使平仆腿的脚外侧抵住固定物体（如墙壁），不让脚外侧掀起。

② 全蹲腿没蹲到底，脚跟提起。

纠正方法：多做仆步压腿练习。同时强调平仆腿一侧用力沉髋、拧腰。

③ 上体前倾。

纠正方法：挺胸、塌腰后再下蹲成仆步。

（5）歇步。

两腿交叉靠拢全蹲，左脚全脚着地，脚尖外展，右脚前脚掌着地，膝部贴近左腿外侧，臀部坐于右腿接近脚跟处。两手抱拳于腰间。眼向左前方平视。左脚在前为左歇步；右脚在前为右歇步。

要求与要点：挺胸、塌腰、两腿靠拢并贴紧。

练习步骤：

① 参看虚步的第1、2点。

② 交替做左右歇步练习，并增加手法，如左右穿手亮掌。

易犯错误和纠正方法：

① 动作不稳健。

纠正方法：前脚脚尖充分外展，两腿贴紧。

② 两腿贴不紧。

纠正方法：强调后腿贴紧前腿外侧，并加强膝与踝关节柔韧性的练习。

（6）坐盘。

两腿交叉，右腿屈膝，大小腿均着地，脚跟接近臀部，左腿在身前横跨于右腿上方。左大腿贴近胸部。两手抱拳于腰间。眼向左前方平视。左腿在前为左坐盘；右腿在前为右坐盘。

要求与要点：练习步骤、易犯错误和纠正方法均与歇步相同。

（7）丁步。

并步站立，两腿屈膝半蹲，右脚全脚着地，左脚脚跟掀起，脚尖里扣并虚点地面，脚面绷直，贴于右脚脚弓处，重心落于右腿上。两手叉腰，眼向前平视。左脚尖点地为左丁步；右脚尖点地为右丁步。

要求与要点：练习步骤、易犯错误和纠正方法均与虚步相同。

三、太极拳基本手法、步法

太极拳是一种充满活力的运动，它的外在表现形式虽然是慢练，但是它内在的精神气质是积极进取，奋发向上的，对体力的增强也卓有成效。很多太极拳家都是从很小的时候开始学练太极，而且只有坚持长期练习才能获得更为深刻的认识和理解。如今，具有“慢运动”特点的太极拳，可以很好地协调和弥补快节奏的现代生活带来的种种弊端，体验和感受生命在另一种状态下的放松与存在。太极拳的练习，既可以活动筋骨，又可在练习中领悟中国传统文化的精华，提高自己对社会和人生真谛的感悟。

1. 太极拳基本手法

掌：要求拇指自然分开，四指自然伸展，虎口向上，掌心斜向前。

拳：四指屈握，拇指扣在食指和中指第一指节上，握拳要松握。

勾：五指指尖轻轻撮在一起，屈腕。

2. 太极拳基本步法

(1) 弓步。

一腿弯曲，另一腿自然蹬直，膝关节不超过脚尖，后脚尖斜向前，大约 45°，左右脚横跨 20～30 厘米，弓步的高度因人而异，可高可低。

(2) 仆步。

一腿弯曲全蹲，另一腿向体侧平铺伸出，下仆腿的脚尖与下蹲腿的脚跟在一条直线。

(3) 虚步。

一腿弯曲下蹲，另一腿脚尖虚点地面，重心在下蹲腿上。注意下蹲腿脚尖朝向斜前方。

(4) 独立。

一腿独立支撑身体，另一腿屈膝上提，大腿高于水平。

四、24 式太极拳(1～24 式)

1. 起势(图 8-9)

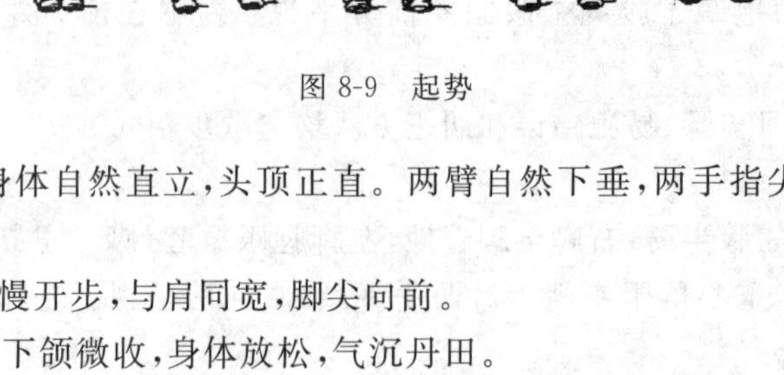

图 8-9 起势

(1) 两脚并拢，身体自然直立，头顶正直。两臂自然下垂，两手指尖轻贴大腿外侧。目视前方。

(2) 左脚向左慢慢开步，与肩同宽，脚尖向前。

要点：头颈正直，下颌微收，身体放松，气沉丹田。

(3) 两臂慢慢向前平举，两手高与肩平，与肩同宽，手心向下。

(4) 上体保持正直，两腿屈膝下蹲；同时两掌轻轻下按至腹前，两肘下垂与膝相对。目视前方。

要点：两肩下沉，两肘松垂，手指自然微屈。屈膝松腰敛臀，两臂下落和两腿下蹲的动作要协调一致。

2. 左右野马分鬃(图 8-10)

图 8-10　左右野马分鬃

(1) 上体微向右转,身体重心移至右腿。同时右臂上提收至胸前平屈,手心向下;左手经体前向右下画弧至右手下,手心向下,两手心相对成抱球状。左脚随即收到右脚内侧,脚尖点地。目视右手。

(2) 上体微向左转,左脚向左前方迈出,右脚跟后蹬,右腿自然伸直成左弓步。同时左右手随转体慢慢分别向左上、右下分开,左手高于眼平,手心斜向上,肘微屈;右手落于右胯旁,肘微屈,手心向下,指尖向前。目视左手。

(3) 上体慢慢后坐,重心移至右腿,左脚尖翘起,微向外撇(45°～60°),脚掌慢慢踏实,左腿慢慢前弓,身体左转,重心移至左腿。同时左手翻转向下,左臂收至胸前平屈,右手向左上画弧至左手下,两手心相对成抱球状。右脚随即收到左脚内侧,脚尖点地。目视左手。

(4) 上体右转,右腿向右前方迈出,慢慢成右弓步。同时左右手随转体慢慢分别向左下、右上分开,右手高与眼平,手心斜向上,肘微屈;左手落于左胯旁,肘微屈,手心向下,指尖向前。目视右手。

(5) 与(3)同解,唯左右相反。

(6) 与(4)同解,唯左右相反。

要点:上体不可前俯后仰,胸部宽松舒展。两臂分开时要保持弧形。身体转动时要以腰为轴,弓步动作与分手的速度要均匀一致。做弓步时,迈出的脚先是脚跟着地,然后脚掌慢慢踏实。脚尖向前,膝不要超过脚尖;后腿自然伸直,脚跟向后蹬转,两脚之间的横向距离应保持在 10～30 厘米。

3. 白鹤亮翅(图 8-11)

(1) 上体微向左转,左手翻掌向下,左臂平屈胸前;右手向左上画弧,手心转向上,与左手相对成抱球状。目视左手。

(2) 右脚跟进半步,上体后坐,重心后移至右腿。上体先向右转,两手随转体慢慢向右上、左下分开,右手上提于右额前,手心向左后方;同时上体再微向左转,面向前方。左脚尖点地,成左虚步,左手落于左胯前,手心向下,指尖向前。目视前方。

要点:两手抱球与右脚跟进半步要协调一致,重心后移与右手上提、左手下按要协调一致;转动动作要以腰带臂,虚步动作要收腹敛臀。

图 8-11　白鹤亮翅

4. 左右搂膝拗步(图 8-12)

图 8-12　左右搂膝拗步

(1) 右手从体前下落,由下向后上方画弧至右肩外侧,肘微屈,手与耳同高,手心斜向上;左手由左下向上、向右下画弧至右胸前,手心斜向下;同时上体先微向左再向右转;左脚收至右脚内侧,脚尖点地。目视右手。

(2) 上体左转,左脚向前(偏左)迈出成左弓步。同时右手屈回经耳侧向前推出,高与鼻尖平,左手向下由左膝前搂过落于左胯旁,指尖向前。目视右手。

(3) 右腿慢慢屈膝,上体后坐,重心移至右腿,左脚尖翘起微向外撇,随后脚掌慢慢踏实,身体左转,重心移至左腿;右脚收到左脚内侧,脚尖点地。同时左手向外翻掌由左后向上画弧至左肩外侧,肘微屈,手与耳同高,手心斜向上;右手随转体向上、向左下画弧落于左胸前,手心斜向下,目视左手。

(4) 与(2)同解,唯左右相反。

(5) 与(3)同解,唯左右相反。

(6) 与(2)同解。

要点:手掌推出时,身体不可前俯后仰,要松腰松胯。推掌时要沉肩垂肘,坐腕舒掌,同时需与松腰、弓腿上下协调一致;弓步时,两脚跟的横向距离约 30 厘米。

5. 手挥琵琶(图 8-13)

右脚跟进半步,上体后坐,重心移至右腿上,上体半面向右转;左脚略提起稍向前移,脚先着地,脚尖翘起,膝部微屈成左虚步。同时左手由左下向上挑举,高与鼻尖平,掌心向右,臂微屈;右手收回放在左肘里侧,掌心向左,两手成侧立掌合于体前。目视左手食指。

图 8-13　手挥琵琶

要点：身体姿势要平稳自然、沉肩垂肘，胸部放松。左手上起时不要直向上挑，要由左向上、向前，微带弧形；右脚跟进时，脚掌先着地，再全脚踏实；身体重心后移和左手上起、右手回收要协调一致。

6. 左右倒卷肱（图 8-14）

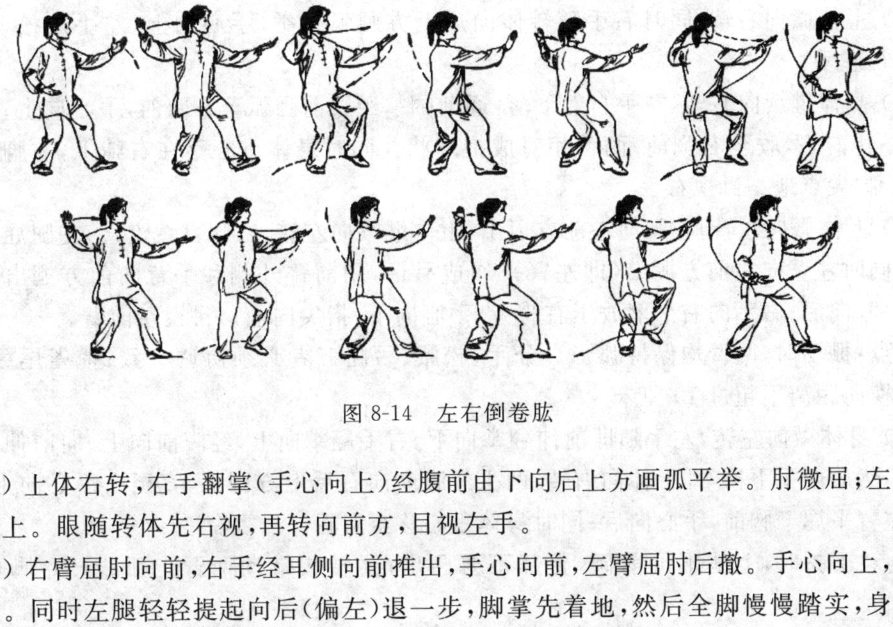

图 8-14　左右倒卷肱

(1) 上体右转，右手翻掌（手心向上）经腹前由下向后上方画弧平举。肘微屈；左手随即翻掌向上。眼随转体先右视，再转向前方，目视左手。

(2) 右臂屈肘向前，右手经耳侧向前推出，手心向前，左臂屈肘后撤。手心向上，撤至左肋外侧。同时左腿轻轻提起向后（偏左）退一步，脚掌先着地，然后全脚慢慢踏实，身体重心移到左腿上，成右虚步，右脚随转体以脚掌为轴扭正。目视右手。

(3) 上体微向左转，同时左手随转体向后上方画弧平举，手心向上；右手随即翻掌，手心向上。眼随转体先左视，再转向前方视右手。

(4) 与(2)同解，唯左右相反。

(5) 与(3)同解，唯左右相反。

(6) 与(2)同解。

(7) 与(3)同解。

(8) 与(2)同解，唯左后相反。

要点：前推的手臂微屈，后撤的手随转体走弧线；前推时要转腰松胯，两手的速度要一致；退步时，脚掌先着地，再慢慢全脚踏实，同时前脚随转体以脚掌为轴扭正；退左脚略向左后斜，退右脚略向右后斜，避免两脚落在一条直线。

7. 左揽雀尾(图 8-15)

图 8-15　左揽雀尾

(1) 上体微向右转,同时右手随转体向后上方画弧平举,手心向上,左手放松,手心向下。目视左手。

(2) 身体继续向右转,左手自然下落,逐渐翻掌经腹前画弧至右肋前,手心向上;右臂屈肘,手心转向下,收至右胸前,两手相对成抱球状。同时身体重心落在右腿上,左脚收至右脚内侧,脚尖点地。目视右手。

(3) 上体微向左转,左脚向左前方迈出,上体继续向左转,右腿自然蹬直,左腿屈膝成左弓步。同时左臂向左前方掤出(即左臂平屈成弓形,用前臂外侧和手背向前方掤出),高与肩平,手心向后;右手向右下落放于右胯旁,手心向下,指尖向前。目视左前臂。

要点:掤出时,两臂均保持弧形。分手、松腰、弓腿三者必须协调一致;揽雀尾弓步时。两脚跟横向距离不超过 10 厘米。

(4) 身体微向左转,左手随即前伸翻掌向下,右手翻掌向上,经腹前向上、向前伸至左前臂下方,然后两手下捋,即上体向右转,两手经腹前向右后上方画弧,直至右手心向上,高与肩平,左臂平屈于胸前,手心向后;同时身体重心移至右腿。目视右手。

要点:下捋时,上体不可前倾,臀部不要凸出;要转腰带动两臂走弧线。左脚全脚掌着地。

(5) 上体微向左转,右臂屈肘折回,右手附于左手腕里侧(相距约 5 厘米),上体继续向左转,双手同时向前慢慢挤出,左手心向后,右手心向前,左前臂要保持半圆;同时身体重心逐渐前移成左弓步。目视左手腕部。

要点:向前挤时,上体要正直;挤的动作要与转腰、弓腿相一致。

(6) 左手翻掌,手心向下,右手经左腕上方向前、向右伸出,高与左手齐,手心向下,两手左右分开,宽与肩同。然后右腿屈膝,上体慢慢后坐,身体重心移至右腿上,左脚尖翘起。同时两手臂屈肘回收至腹前,手心均向前下方。目视前下方。

(7) 上势不停,身体重心慢慢前移,同时两手向前、向上按出,掌心向前;左腿前弓成左弓步。目视前方。

要点:重心右移时,要松腰、坐胯;两手向前按时,两手须走曲线,按掌与弓腿协调一致,手腕部高与肩平,两肘微屈下沉。

8. 右揽雀尾(图 8-16)

图 8-16　右揽雀尾

(1) 上体后坐并向右转,身体重心移至右腿,左脚尖里扣。右手向右平行画弧至右侧,然后由右下经腹前向左上画弧至左肋前,手心向上;左臂平屈胸前,左手掌向下与右手成抱球状。同时身体重心再移到左腿上,右脚收到左脚内侧,脚尖点地。目视左手。

(2) 与“左揽雀尾”(3)同解,唯左右相反。

(3) 与“左揽雀尾”(4)同解,唯左右相反。

(4) 与“左揽雀尾”(5)同解,唯左右相反。

(5) 与“左揽雀尾”(6)同解,唯左右相反。

(6) 与“左揽雀尾”(7)同解,唯左右相反。

要点:与“左揽雀尾”相同,唯左右相反。

9. 单鞭(图 8-17)

图 8-17　单鞭

(1) 上体后坐,身体重心逐渐移至左腿,右脚尖里扣。同时上体左转,两手(左高右低)向左弧形运转;直至左臂平举,伸于身体左侧,手心向左,右手经腹前运至左肋前,手心向后上方。目视左手。

(2) 身体重心再渐渐移至右腿上,上体右转,左脚右脚靠拢,脚尖点地。同时右手向右上方画弧(手心由里转向外),至右侧方时变勾手,臂与肩平;左手向下经腹前向右上画弧停于右肩前,手心向里。目视左手。

(3) 上体微向左转,左脚向左前侧方迈出,右脚跟后蹬成左弓步。在身体重心移向左腿的同时,左掌随上体的继续左转慢慢翻转向前推出,手心向前,手指与眼齐平,肘微屈。目视左手。

要点：上体保持正直，松腰。定势时，右肘稍下垂，左肘与左膝上下相对，两肩下沉；左手向外翻掌前推时，要随转体边翻边推出，不要翻掌太快。

10. 云手（图 8-18）

图 8-18 云手

（1）身体重心移至右腿上，身体渐渐向右转，左脚尖里扣；左手经腹前向右上画弧至右肩前、手心斜向后，同时右手松勾变掌，手心向右前。目视左手。

（2）上体慢慢左转，重心随之逐渐左移；左手由脸前向左侧运转，手心渐渐转向左方；右手由右下经腹前向左上画弧至左肩前，手心斜向后；同时右脚靠近左脚，成小开立步。目视右手。

（3）上体再向右转，同时左手经腹前向右上画弧至右肩前，手心斜向后；右手向右侧运转，手心翻转向右；随之左腿向左横跨一步。目视左手。

（4）与（2）同解。

（5）与（3）同解。

（6）与（2）同解。

要点：身体转动要以腰脊为轴，松腰，松胯，不可忽高忽低。两臂随腰转动，要自然圆活，速度要缓慢均匀。下肢移动时，脚掌先着地再踏实，脚尖向前。目随云手而移动。第三个“云手”，右脚最后跟步时，脚尖微向里扣，便于接“单鞭”动作。

11. 单鞭（图 8-19）

（1）上体向右转，右手随之向右运转至右侧方时变成勾手；左手经腹前向右上画弧至右肩前，手心向内。身体重心落在右腿上，左脚尖点地。目视左手。

（2）与前“单鞭”势（3）解相同。

要点：与前“单鞭”势相同。

12. 高探马（图 8-20）

（1）右脚跟进半步，身体重心逐渐后移至右腿上；右勾手变掌，两手心翻转向上，两肘微

图 8-19　单鞭

图 8-20　高探马

屈;同时身体微向右转,左脚跟渐渐离地。目视左前方。

(2) 上体微向左转,面向前方,右掌经右耳旁向前推出,手心向前,手指与眼同高;左手收至左侧腰前,手心向上;同时左脚微向前移,脚尖点地成左虚步。目视右手。

要点:上体左转与推右掌、收左掌协调一致;跟步转换重心时,上体保持自然正直,不要有起伏。

13. 右蹬脚(图 8-21)

图 8-21　右蹬脚

(1) 左手手心向上,前伸至右手腕背面,两手背相对交叉,随即向两侧分开并向下画弧,手心斜向下。同时左脚提起向左前侧方进步(脚尖略外撇),身体重心前移,右腿自然蹬直,成左弓步。目视前方。

(2) 两手继续向下,并由外向内画弧,交叉合抱于胸前,右手在外,两手心均向后。同时右脚向左脚靠拢,脚尖点地。目视右前方。

(3) 两手臂左右画弧分开平举,肘微屈,手心均向外。同时右腿屈膝上提,右脚向右前方慢慢蹬出。目视右手。

要点:身体重心要稳定,上体不可前俯后仰;两手分开时,腕部与肩齐平;蹬脚时,左腿微屈,右脚尖回勾,力达脚跟;分手和蹬脚要协调一致,右臂与右腿上下相对。如面向南起势,蹬脚方向应为正东偏南约 30°。

14. 双峰贯耳(图 8-22)

图 8-22　双峰贯耳

(1) 右腿收回,屈膝平举;左手由后向上、向前下落至体前,两手心均翻转向上,两手同时向下画弧分落于右膝两侧。目视前方。

(2) 右脚向右前方落步,重心渐渐前移成右弓步,面向右前方,同时两手下落,慢慢变拳,分别从两侧向上、向前画弧至面部前方,两拳相对,高与耳齐,拳眼都斜向内下(两拳间距 10～20 厘米)。目视右拳。

要点:定势时,头颈正直,松腰松胯,两拳松握,沉肩垂肘。两臂均保持弧形。双峰贯耳式的弓步方向与右蹬脚方向相同。

15. 转身左蹬脚(图 8-23)

图 8-23　转身左蹬脚

(1) 左腿屈膝后坐,身体重心移至左腿,上体左转,右脚尖里扣。同时两拳变掌,由上分别向左右画弧分开平举,手心向前。目视左手。

(2) 身体重心再移至右腿,左脚收到右脚内侧,脚尖点地。同时两手由外经下向里画弧合抱于胸前,左手在外,两手心均向后。目视左前方。

(3) 两手臂左右画弧分开平举,肘部微屈,手心均向外;同时左腿屈膝上提,左脚向左前方慢慢蹬出。目视左手。

要点:与右蹬脚相同,唯左右相反。左蹬脚方向与右蹬脚方向呈 180°,即正西偏北约 30°。

16. 左下势独立(图 8-24)

(1) 左腿屈膝平举,上体右转;右掌变成勾手,左掌向上、向右画弧下落,立于右肩前,掌心斜向后。目视右手。

(2) 右腿慢慢屈膝下蹲,左腿由内向左侧(偏后)伸出,成左仆步;左手下落(掌心向外)向左下沿左腿内侧向前穿出。目视左手。

要点:右腿全蹲时,上体不可过于前倾;左腿伸直,左脚尖须向里扣,两脚脚掌全部着

图 8-24　左下势独立

地；左脚尖与右脚跟在一条直线上。

(3) 身体重心前移，左脚跟为轴，脚尖外撇，左腿前弓，右腿后蹬，右脚尖里扣，上体微向左转并向前起身。同时左手臂向前立掌伸出，掌心向右，右勾手下落，勾尖向后。目视左手。

(4) 右腿向前屈膝提起，成左独立式；同时右勾手变掌，并由后下方顺右腿外侧向前弧形起挑，屈臂立于右腿上方，肘与膝相对，手心向左；左手落于左胯旁，手心向下，指尖向前。目视右手。

要点：上体要正直，支撑腿微屈，提膝腿脚尖自然下垂。

17. 右下势独立(图 8-25)

图 8-25　右下势独立

(1) 右脚下落于左脚前，脚尖着地，然后左脚前脚掌为轴，脚跟内转，上体随之左转。同时左手向后平举变成勾手，右掌随着转体向左侧画弧，立于左肩前，掌心斜向后。目视左手。

(2) 与“左下势独立”(2)同解，唯左右相反。

(3) 与“左下势独立”(3)同解，唯左右相反。

(4) 与“左下势独立”(4)同解，唯左右相反。

要点：右脚尖触地后要稍提起再向下仆腿。其他均与“左下势独立”相同，唯左右相反。

18. 左右穿梭(图 8-26)

(1) 身体微向左转，左腿向前落地，脚尖外撇，右脚跟离地，两腿屈膝成半坐盘式。同时两手在左胸前成抱球状(左上右下)；然后右脚收到左脚内侧，脚尖点地。目视左手。

(2) 身体右转，右脚向右前方迈出，屈膝弓腿成右弓步。同时右手由脸前向上举起内旋翻掌停架在右额前，手心斜向下；左手先向左下再经体前向前推出，高与鼻尖平，手心向前。目视左手。

(3) 身体重心略向后移，右脚尖稍向外撇，随即身体重心再移到右腿，左脚跟进，停于右脚内侧，脚尖点地；同时两手在右脚前成抱球状(右上左下)。目视右手。

图 8-26　左右穿梭

(4) 与(2)同解，唯左右相反。

要点：左右穿梭分别向左斜前方和右斜前方约 30°；手推出后。上体不可前俯。手上举时，不要耸肩；架推掌与前弓腿动作要协调一致。

19. 海底针(图 8-27)

图 8-27　海底针

右腿向前跟进半步，身体重心移至右腿，左脚稍向前移，脚尖点地成左虚步，同时身体稍向右转，右手下落经体前向后、向上提抽至肩上耳旁，再随身体左转，由右耳旁斜向前下方插出，掌心向左，指尖斜向下；与此同时，左手向前、向下画弧落于左胯旁，手心向下，指尖向前。目视前下方。

要点：身体要先向右转，再向左转。右手前下插掌时，手腕稍上提，上体稍前倾。不要低头，要收腹敛臀，左腿微屈。

20. 闪通臂(图 8-28)

图 8-28　闪通臂

上体稍向右转，左脚向前迈出，屈膝弓腿成左弓步。同时右手由体前上提，屈臂上举，停于右额前上方，掌心翻转斜向上，拇指朝下；左手上起经胸前向前推出，高与鼻尖平，手心向前。眼视左手。

要点：定势时，上体自然正直，不可过于侧倾，两臂均保持微屈。推掌、架掌和弓腿的动作要协调一致。弓步时两脚横向距离不超过10厘米。

21. 转身搬拦捶(图8-29)

图8-29 转身搬拦捶

(1) 上体后坐,身体重心移至右腿上,左脚尖里扣,身体向右后转,然后身体重心再移至左腿上。同时右手随转体向右、向下(变拳)经腹前画弧至左肋旁,拳心向下左掌上举于头前,掌心斜向上。目视前方。

(2) 向右转体,右拳经胸前向前翻转撇出,拳心向上;左手落于左胯旁,掌心向下,指尖向前;同时右脚收回后再向前迈出,脚跟着地,脚尖外撇。目视右拳。

(3) 身体重心移至右腿上,左脚向前迈出一步。同时左手上起经左侧向前画弧拦出,掌心向前下方;右拳内旋向右画弧收到右腰旁,拳心向上。目视左手。

(4) 左腿前弓成左弓步,同时右拳向前打出,拳眼向上,高与胸平。左手附于右前臂内侧。目视右拳。

要点:右拳回收时前臂要慢慢内旋画弧,然后再外旋停于右腰旁,拳心向上。向前冲拳时,右肩随拳略向前引伸,沉肩垂肘。右臂要微屈。

22. 如封似闭(图8-30)

图8-30 如封似闭

(1) 左手由右腕下向前伸出,右拳变掌,两手手心逐渐翻转向上并慢慢分开回收;同时身体后坐,左脚尖翘起,重心移至右腿。目视前方。

(2) 两手在胸前向内翻掌,向下经腹前再向上、向前推出。腕部与肩平,手心向前;同时左腿屈膝成左弓步。目视前方。

要点:身体后坐时,上体不要后仰,臀部不可凸出;两臂随身体回收时,肩、肘部略向外松开,不要直着抽回;两手推出时,间距不超过肩宽,上体不得前倾。

23. 十字手(图8-31)

(1) 屈膝后坐,身体重心移向右腿,左脚尖里扣,向右转体。右手随着转体向右平摆画弧,与左手成两臂侧平举,掌心向前,肘部微屈;同时右脚尖随转体稍向外撇,成右侧弓步。目视右手。

图 8-31　十字手

(2) 身体重心慢慢移至左腿，右脚尖里扣，随即向左收回，两脚距离与肩同宽，两腿逐渐蹬直，成开立步，同时两手向下经腹前向上画弧交叉合抱于胸前，两臂撑圆，腕高与肩平，右手在外，成十字手，手心均向后。目视前方。

要点：两手分开和合抱时，上体不要前俯；站起后，身体自然正直，头微向上顶，下颏稍后收；两臂环抱时要圆满舒适、沉肩垂肘。

24. 收势(图 8-32)

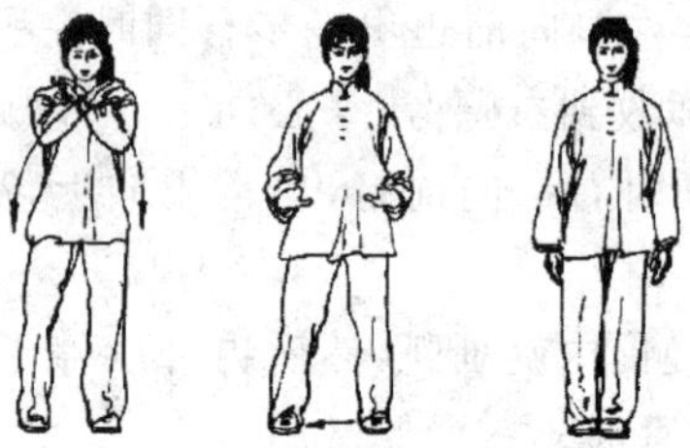

图 8-32　收势

(1) 两手向外翻掌，手心向下，两臂慢慢下落，停于腹前。目视前方。

(2) 两腿缓缓蹬直，同时两掌慢慢下落至大腿侧，然后收左脚成并步直立。目视前方。

要点：两手左右分开下落时，要全身放松，同时气徐徐下沉(呼气略加长)。呼吸平稳后，慢慢收左脚到右脚旁再走动。

第二节　武术中级学练

一、初级长拳 1～3 式

预备姿势：两腿并步站立，两臂垂于身体两侧，五指并拢贴靠腿外侧，两眼平视前方。

要点：头正、下颌微收、挺胸、塌腰、收腹。

1. 弓步冲拳(第 1 式)

(1) 左脚向左上一步，脚尖向斜前方，右腿微屈，成半马步。左臂向上向左格打，拳眼向后，拳与肩同高，右拳收至腰侧，拳心向上。目视左拳。

(2) 右腿蹬直成左弓步。左拳收至腰侧，拳心向上；右拳向前冲出，高与肩平，拳眼向上。目视右拳。(见图 8-33)

要点：成弓步时，右腿充分蹬直，脚跟不要离地。冲拳时，尽量要顺肩。

2. 弹腿冲拳(第 2 式)

重心前移至左腿,右腿屈膝提起,脚面绷直,猛力向前弹,高与腰平。右拳收至腰侧;左拳向前冲出。目视前方。(见图 8-34)

要点:支撑腿可微屈,弹出的腿要有爆发力,力达脚尖。

图 8-33 弓步冲拳

图 8-34 弹腿冲拳

3. 马步冲拳(第 3 式)

右脚向前落步。脚尖里扣,上体左转。左拳收至腰侧,两腿下蹲成马步;右拳向前冲出。目视右拳。

要点:成马步时,大腿要平,两腿平行,脚跟外蹬,挺胸、塌腰。

二、初级长拳 4~6 式

1. 弓步冲拳(第 4 式)

(1) 上体右转 90°,右脚尖外撇向斜前方,成半马步。右臂屈肘向右格打,拳眼向后。目视右拳。

(2) 左腿蹬直成右弓步。右拳收至腰侧;左拳向前冲出。目视左拳。

要点:与第 1 式的“弓步冲拳”相同,唯左右相反。

2. 弹腿冲拳(第 5 式)

重心前移至右脚,左腿屈膝提起,脚面绷直,猛力向前弹出伸直,高与腰平。左拳收至腰侧,右拳向前冲出。目视前方。

要点:同第 2 式的“弹腿冲拳”。

3. 大跃步前穿(第 6 式)

(1) 左腿屈膝,右拳变掌内旋,以手背向下挂至左膝外侧,上体前倾。目视右手。(见图 8-35)

(2) 左脚向前落步,两腿微屈,右掌继续向后挂,左拳变掌,向后向下伸直。目视右掌。(见图 8-36)

(3) 右腿屈膝向前提起,左腿立即猛力蹬地向前跃出。两掌向前向上画弧摆起。目视左掌。(见图 8-37)

(4) 右腿落地全蹲,左腿随即落地向前铲出成仆步。右掌变拳抱于腰侧,左掌由上向右、向下画弧成立掌,停于右胸前。目视左脚。(见图 8-38)

图 8-35　大跃步前穿 1

图 8-36　大跃步前穿 2

图 8-37　大跃步前穿 3

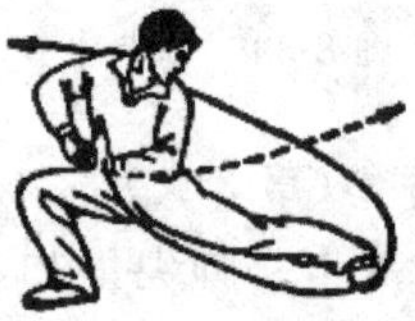

图 8-38　大跃步前穿 4

三、初级长拳 7～9 式

1. 弓步击掌(第 7 式)

右腿猛力蹬直成左弓步。左掌经左脚面向后划孤至身后成勾手，左臂伸直，勾尖向上；右拳由腰侧变掌向前推出，掌指向上，掌外侧向前。目视右掌。

2. 马步架掌(第 8 式)

(1) 重心移至两腿中间，左脚脚尖里扣成马步，上体右转。右臂向左侧平摆，稍屈肘；同时左勾手变掌由后经左腰侧从右臂内向前上穿出，掌心均朝上。目视左手。

(2) 右掌立于左胸前，左臂向左上屈肘抖腕亮掌于头部左上方。掌心向前。目右转视。(见图 8-39)

图 8-39　马步架掌

3. 虚步栽拳(第 9 式)

(1) 右脚蹬地，屈膝提起；左腿伸直，以前脚掌为轴向右后转体 180°。右掌由左胸前向下经右腿外侧向下画弧成勾手；左臂随体转动并外旋，使掌心朝右。目视右手。

(2) 右脚向右落地，重心移至右腿上，下蹲成左虚步。左掌变拳下落于左膝上，拳眼向里，拳心向后；右勾手变拳，屈肘向上架于头右上方，拳心向前。目视左方。

四、初级长拳 10～12 式

1. 提膝穿掌(第 10 式)

(1) 右腿稍伸直，右拳变掌收至腰侧、掌心向上；左拳变掌由下向左、向上画弧盖压于头上方，掌心向前。

(2) 右腿蹬直,左腿屈膝提起,脚尖内扣。右掌从腰侧经左臂内向右前上方穿出,掌心向上;左掌收至右胸前成立掌。目视右掌。

要点:支撑腿与右臂充分伸直。

2. 仆步穿掌(第 11 式)

右腿全蹲,左腿向左后方铲出成左仆步。右臂不动,左掌由右胸前向下经腿内侧,向左脚面穿出。目随左掌转视。

3. 虚步挑掌(第 12 式)

(1) 右腿蹬直,重心前移至左腿,成左弓步。右掌稍下降,左掌随重心前移向前挑起。(见图 8-40)

(2) 右脚向左前方上步,左腿半蹲,成右虚步。身体上步左转 180°。在右脚上步的同时,左掌由前向上向后画弧成立掌,右掌由后向下向前上挑起成立掌,指尖与眼平。目视右掌。(见图 8-41)

要点:上步要快,虚步要稳。

图 8-40　虚步挑掌 1

图 8-41　虚步挑掌 2

五、初级长拳 13～15 式

1. 马步击掌(第 13 式)

(1) 右脚落实,脚尖外撇,重心稍升高并右移。左掌变拳收至腰侧;右掌俯掌向外捋手。

(2) 左脚向前上一步,以右脚为轴向右后转体 180°,两腿下蹲成马步。左掌从右臂上成立掌向左侧击出;右掌变拳收至腰侧。目视左掌。

要点:右手做捋手时,先使臂稍内旋、腕伸直,手掌向下向外转,接着臂外旋,掌心经下向上翻转,同时抓握成掌。收拳和击掌动作要同时进行。

2. 叉步双摆掌(第 14 式)

(1) 重心稍右移,同时两掌向下向右摆,掌指均向上,目视右掌。

(2) 右脚向左腿后插步,前脚掌着地。两臂继续由右向上向左摆,停于身体左侧,均成立掌,右掌停于左肘窝处,目随双掌转视。

要点:两臂要画立圆,幅度要大,摆掌与后插步配合一致。

3. 弓步击掌(第 15 式)

(1) 两腿不动。左掌收至腰侧,掌心向上;右掌向上向右画弧,掌心向下。

(2) 左腿后撤一步,成右弓步。右掌向下向后伸宜摆动,成勾手,勾尖向上;左掌成立掌向前推出,目视左掌。

要点：退、搂、击、拧腰发力。

六、初级长拳 16～18 式

1. 转身踢腿马步盘肘(第 16 式)

(1) 两脚以前脚掌为轴向左后转体 180°。在转体的同时，左臂向上向前画半立圆，右臂向下向后画半立圆。

(2) 上动不停，两脚不动，右臂由后向上向前画半立圆，左臂由前向下向后画半立圆。

(3) 上动不停，右臂向下成反臂勾手，勾尖向上；左臂向上成亮掌，掌心向前上方。右腿伸直，脚尖勾起，向额前踢。

(4) 右脚向前落地，脚尖里扣。右手不动，左臂屈肘下落至胸前，左掌心向下，目视左掌。

(5) 上体左转 90°，两腿下蹲成马步。同时左掌向前向左平捋变拳收至腰侧，右勾手变拳，右臂伸直，由体后向右向前平摆，至体前时屈肘，肘尖向前。高与肩平，拳心向下。目视肘尖。

要点：两臂抡动时要画立圆，动作连贯。盘肘时要快速有力，右肩前顺，左肩后引。

2. 歇步抡砸拳(第 17 式)

(1) 重心稍升高，右脚尖外撇。右臂由胸前向上向右抡直；左拳向下向左，使臂抡直。目视右拳。

(2) 上动不停，两脚以前脚掌为轴，向右后转体 180°。右臂向下向后抡摆，左臂向上向前随身体转动。

(3) 紧接上动，两腿全蹲成歇步。左臂随身体下蹲向下平砸，拳心向上，臂部微屈；右臂伸直向上举起。目视左拳。

要点：抡臂动作要连贯完成，画成立圆。歇步要两腿交叉全蹲，左腿大、小腿靠紧，臀部贴于左小腿外侧，膝关节在右小腿外侧，脚跟提起；右脚尖外撇，全脚着地。

3. 仆步亮掌(第 18 式)

(1) 左脚由右腿后抽出，前上一步，左腿蹬直，右腿半蹲，成右弓步。上体微向右转。左拳收至腰侧，右拳变掌向下经胸前向右横击掌。目视右掌。

(2) 右脚蹬地屈膝提起，上体右转。左拳变掌从右掌上向前穿出，掌心向上；右掌平收至左肘下。

(3) 右脚向右落步，屈膝蹲，左腿伸直，成仆步。左掌向下向后画成勾手，勾尖向上；右掌向右向上画弧微屈，抖腕成亮掌，掌心向前。头随右手转动，至亮掌时，目视左方。

七、初级长拳 19～21 式

1. 弓步劈拳(第 19 式)

(1) 右腿蹬地立起；左腿收回并向左前方上步。右掌变拳收至腰侧，左勾手变掌由下向前上经胸前向左做捋手。

(2) 右腿经左腿前方向左绕上一步，左腿蹬直成右弓步。左手向左平捋后再向前挥摆，虎口朝前。

(3) 在左手平捋的同时，右掌向后平摆，然后再向前向上做抡劈拳，拳高与耳平，拳心向上，左掌外旋接扶右前臂。目视右拳。

要点：左、右脚上步稍带弧形。

2. 跳步弓步冲拳(第 20 式)

(1) 重心后移，右脚稍向后移动。右拳变掌、臂内旋背向下画弧挂至右膝内侧；左掌背贴靠右肘外侧，掌指向前。目视右掌。

(2) 右腿自然上抬，上体稍向左扭转。右掌挂至体左侧，左掌伸向右腋下。目随右掌转视。

(3) 右脚以全脚掌略微向下震跺，与此同时，左脚急速离地抬起。右手由左向上向前捋而后变拳收至腰侧；左掌伸直向下、向上、向前屈肘下按，掌心向下。上体右转，目视左掌。

(4) 左脚向前落步，右腿蹬直成左弓步。右拳向前冲出，拳高与肩平；左掌藏于右腋下，掌背贴靠腋窝。目视右拳。

3. 马步冲拳(第 21 式)

上体右转 90°，重心移至两腿中间，成马步。右拳收至腰侧，左掌变拳向左冲出，拳眼向上。目视左拳。(见图 8-42)

图 8-42　马步冲拳

八、初级长拳 22～24 式

1. 弓步下冲拳(第 22 式)

右脚蹬直，左腿弯曲，上体稍向左转，成左弓步。左拳变掌向下经体前向上架于头左上方，掌心向上；右拳自腰侧向左前斜下方冲出。目视右拳。(见图 8-43)

2. 叉步亮掌侧踹腿(第 23 式)

(1) 上体稍右转。左掌由头上下落于右手腕上，右拳变掌，两手交叉成十字。目视双手。

(2) 右脚蹬地并向左腿后插步，以前脚掌着地。左掌由体前向下向后画弧成勾手，勾尖向上；右掌由前方向右向上画弧抖腕亮掌，掌心向前。目视左侧。

(3) 重心移至右腿，左腿屈膝提起，向左上方猛力蹬出。上肢姿势不变，目视左侧。(见图8-44)

要点：插步时上体稍向右倾斜，腿、臂的动作要一致。侧踹高度不能低于腰，大腿内旋，着力点在脚跟。

图 8-43　弓步下冲拳

图 8-44　叉步亮掌侧踹腿

3. 虚步挑拳(第 24 式)

(1) 左脚在左侧落地。右掌变拳稍后移,左勾手变拳由体后向左上挑,拳背向上。

(2) 上体左转 180°,微含胸前俯。左拳继续向前臂画弧上挑,右拳向下向前画弧挂至右膝外侧,同时右膝提起。目视右拳。

(3) 右脚向左前方上步,脚尖点地,重心落于左脚,左腿下蹲成右虚步。左拳向后画弧收至腰侧,拳心向上;右拳向前屈臂挑出,拳眼斜向上,拳与肩同高。目视右拳。

九、初级长拳 25~27 式

1. 弓步顶肘(第 25 式)

(1) 重心升高,右脚踏实。右臂内旋向下直臂画弧以拳背下挂至右膝内侧,左拳不变。目视前下方。

(2) 左腿蹬直,右腿屈膝上抬。左拳变掌,右拳不变,两臂向前向上画弧摆起。目随右拳转视。

(3) 左脚蹬地起跳,身体腾空,两臂继续画弧至头上方。

(4) 右脚先落地,右腿屈膝,左脚向前落步,以前脚掌着地。同时两臂向右向下屈肘停于右胸前,右拳变掌,左掌变拳。右掌心贴靠左拳面。

(5) 左脚向左上一步,左腿屈膝,右腿蹬直成左弓步,右掌推左拳,以左肘尖向左顶出,高与肩平。目视前方。(见图 8-45)

要点:交换步时不要过高,但要快。两臂抡摆时要成圆弧。

图 8-45　弓步顶肘

图 8-46　转身左拍脚

图 8-47　右拍脚

2. 转身左拍脚(第 26 式)

(1) 以两脚前脚掌为轴向右后转体 180°。随着转体,右臂向上、向右、向下画弧抡摆,同时左拳变掌向下向后向前上抡摆。

(2) 左腿伸直向前向上踢起,脚面绷平,左掌变拳收至腰侧,右掌由体后向上向前拍击左脚面。(见图 8-46)

要点:右掌拍脚时手掌稍横过来,拍脚要准而响亮。

3. 右拍脚(第 27 式)

(1) 左脚向前落地,左拳变掌向下向后摆,右掌变拳收至腰侧。

(2) 右腿伸直向前上踢起,脚面绷平。左拳变掌由后向上向前拍击右脚面。(见图 8-47)

十、初级长拳 28～30 式

1. 腾空飞脚(第 28 式)

(1) 右脚落地

(2) 左脚向前摆起,右脚猛力蹬地跳起,左腿屈膝继续前上摆。同时右拳变掌向前向上摆起,左掌先上摆而后下降拍击右掌背。(见图 8-48)

(3) 右腿继续上摆,脚面绷平。右手拍击右脚面,左掌由体前向后上举。

要点:蹬地要向上,不要太向前冲,左膝尽量上提。击响要在腾空时完成,右臂伸直成水平。

2. 歇步下冲拳(第 29 式)

(1) 左、右脚先后落地,左掌变拳收至腰侧。

(2) 身体右转 90°,两腿全蹲成歇步。右掌抓握、外旋变拳收至腰侧;左拳由腰侧向前下方冲出,拳心向下。目视左拳。(见图 8-49)

3. 仆步抡劈拳(第 30 式)

(1) 重心升高,右臂由腰侧向体后伸直,左臂随身体重心升高向上摆起。

(2) 以右脚前脚掌为轴,左腿屈膝提起,上体左转 270°。左拳由前向后下画立圆一周;右拳由后向下向前上画立圆一周。

(3) 左腿向后落一步,屈膝全蹲,右腿伸直,脚尖里扣成右仆步。右拳由上向下抡劈,拳眼向上;左拳向后上举,拳眼向上。目视右拳。(见图 8-50)

图 8-48　腾空飞脚

图 8-49　歇步下冲拳

图 8-50　仆步抡劈拳

十一、初级长拳 31～32 式

1. 提膝挑掌(第 31 式)

(1) 重心前移成右弓步。同时右拳变掌由下向上抡摆,左拳变掌稍下落,右掌心向左,左掌心向右。(见图 8-51)

(2) 左、右臂在垂直面上由前向后各画立圆一周。右臂伸直停于头上,掌心向左,手指向上;左臂伸直停于身后成反勾手。同时右腿屈膝提起,左腿挺膝伸直独立。目视前方。

2. 提膝劈掌弓步冲拳(第 32 式)

(1) 下肢不动;右掌由上向下猛劈伸直,停于右小腿内侧,用力点在小指一侧;左勾手变掌,屈臂向前停于右上臂内侧,掌心向左。目视右掌。

(2) 右脚向右后落地,身体右转 90°。同时左掌变拳收至腰侧,右臂内旋向右画弧做劈掌。

(3) 左腿蹬直成右弓步。右手抓握变拳收至腰侧,左拳由腰侧向左前方冲出。目视左拳。(见图 8-52)

图 8-51　提膝挑掌

图 8-52　提膝劈掌,弓步冲拳

十二、结束动作

1. 虚步亮掌

(1) 右脚扣于左膝后,两拳变掌,两臂右上左下屈肘交叉于上体左前。目视右掌。

(2) 右脚向后落步,重心后移,右腿半蹲,上体稍右转,同时右掌向上、向右、向下画弧停于左腋下;左掌向左、向上画弧停于右臂上与左胸前,两掌心左下右上。目视左掌。

(3) 左脚尖稍向右移,右腿下蹲成左虚步。左臂伸直向左、向后画弧成反勾手;右臂伸直向下、向右、向上画弧抖腕亮掌,掌心向前。目视左方。(见图 8-53)

2. 并步对拳

(1) 左腿后撤一步,同时两掌从两腰侧向前穿出伸直,掌心向上。

(2) 右腿后撤一步,同时两臂分别向身体后下摆。(见图 8-54)

(3) 左脚后退半步向右脚并拢。两臂由后向上经体前屈臂下按,两掌变拳,停于腹前,拳心向下,拳面相对。目视左方。

3. 还原

两臂自然下垂,目视正前方。(见图 8-55)

要点:同预备式。

图 8-53　虚步亮掌

图 8-54　并步对拳

图 8-55　还原

第三节　武术高级学练

一、初级剑 1～3 式

预备姿势：身体正直，并步站立；左手持剑，手背朝前，右手握成剑指，手背朝上，两臂在体侧下垂，两肘微上提；眼向左平视。（见图 8-56）

要点：上身微挺胸，收腹，两膝挺直，持剑时前臂与剑身要紧贴并垂直于地面。

1. 弓步直刺（第 1 式）

右手接握左手之剑，左手握成剑指。左脚向前上半步、屈膝；右脚前脚掌碾地，脚跟外展，膝部挺直，成左弓步。同时，上身左转，右手持剑向身前平伸直刺，拇指一侧在上；左手剑指随之伸向身后平举，拇指一侧在上。目视剑尖。

要点：做弓步时，前腿屈膝蹲平，两脚的全脚掌全部着地。上身稍向前倾，腰要向左拧转、下塌，臀部不要凸起。两肩松沉，右肩前倾，左肩后引，剑尖稍高于肩。

2. 回身后劈（第 2 式）

左脚不动，膝部伸直；右脚向前上一步，膝略屈，上身右转。同时，右手持剑经上向后劈，剑高与肩平，拇指一侧在上；左手剑指随之由下向前上弧形绕环，在头顶上方屈肘侧举，拇指一侧在下，目视剑尖。（见图 8-57）

要点：上步、转身、平劈和剑指向上侧举必须协调一致。转身后，腰要向右拧转，左脚不要移动。剑身和持剑臂必须成直线。

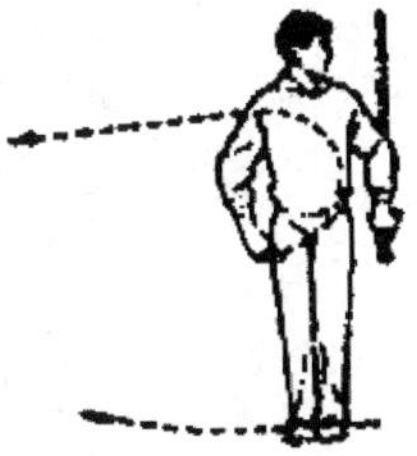

图 8-56　预备

图 8-57　回身后劈

3. 弓步平抹（第 3 式）

左脚向左前方上一步、屈膝；右腿在后，膝部挺直，脚尖里扣，成左弓步。同时，左手剑指由胸前下降，经左下向上弧形绕环，在头顶上方屈肘侧举，拇指一侧在下，右手持剑（手心转向上）随之向前平抹，剑尖稍向右斜。目视前方。

要点：抹剑时，手腕用力须柔和。

二、初级剑 4～6 式

1. 弓步左撩（第 4 式）

（1）上身左转，右腿屈膝在身前提起，脚尖下垂，脚背绷直。同时，右手持剑臂外旋使剑由前向上、向后画弧，至后方时，屈肘使手腕、前臂贴靠腹部，手心朝里；左手剑指随之由头顶上方下落，附于右手腕部（手心朝下）。目视剑身。

（2）右腿继续向右前方落步、屈膝；左腿在后蹬直，脚尖里扣，成右弓步。同时，右手持剑由后向下、向前反手撩起，小指一侧在上；左手剑指随右手运动，仍附于右手腕处。目视剑尖。

要点：剑由前向后和由后向前弧形撩起时，必须与提膝和向前落步的动作协调一致，握剑不可太紧。形成弓步后，上身略向前倾，直背、收臀，剑尖稍低于剑指。（见图 8-58）

2. 提膝平斩（第 5 式）

左脚向前上一步，右手手腕向左上翻转、屈肘，使剑向左平绕至头部前上方，右脚随之由后向身前屈膝提起。右手继续翻转手腕，使剑向右平绕至右后方（手心朝上），再用力向前平斩，左手剑指由下向左、向上弧形绕环，屈肘横举于头部左上方。目视前方。（见图 8-59）

要点：剑从左向后平绕时，上身必须后仰，使剑从脸部上方平绕而过，不可从头顶绕行。提膝时，左腿必须挺膝伸直站稳，右腿屈膝尽量上提，右脚贴护裆前，上身稍向前倾，挺胸、收腹。

3. 回身下刺（第 6 式）

右脚向前落步，脚尖外撇，膝略屈，上身右转。同时，右手持剑手腕反屈，使剑尖下垂，随之向后下方直刺，剑尖低于膝，拇指一侧在上；左手剑指先向身前的右手靠拢，然后在刺剑的同时，向前上方伸直，拇指一侧在上。目视剑尖。（见图 8-60）

要点：右手持剑要先屈肘收于身前，在右脚向前落步和上身右转的同时，使剑用力刺出。左腿伸直，右腿稍屈，腰向右拧转，剑指、两臂和剑身须成一直线。

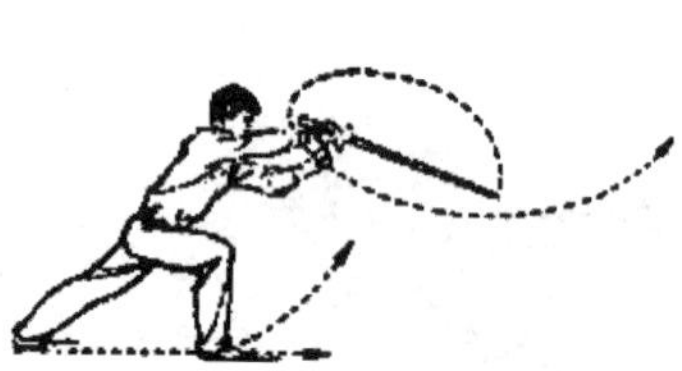

图 8-58　弓步左撩

图 8-59　提膝平斩

图 8-60　回身下刺

三、初级剑 7～9 式

1. 挂剑直刺（第 7 式）

（1）左脚向前上一步，屈膝略蹲，右臂内旋先使拇指一侧朝下成反手，然后翘腕、摆臂，使剑尖向左、向上抄挂，当持剑手抄至左肩时，再屈肘使剑平落于胸前，手心朝里；此时左腿伸直站立，右腿随之在身前屈膝提起，左手剑指屈肘附于右手腕处。

（2）接着，以左脚前脚掌碾地，上身右转，右手持剑使剑向下插，左手剑指仍附于右手腕处。目视剑尖。（见图 8-61）

（3）上动不停，仍以左脚前脚掌为轴碾地，右脚向身后跨一大步、屈膝，上身从右向后转；左腿在后蹬直，脚尖里扣，成右弓步。同时，右手持剑向前直刺，剑尖与肩同高，拇指一侧在上；左手剑指随之向后平伸，拇指一侧在上。目视剑尖。

要点：挂剑、下插、直刺三个分解动作必须连贯，他们与跨步、提膝、转身、弓步的动作要协调一致。弓步直刺后，两脚全脚掌均着地，上身稍向前倾，挺胸、塌腰。

2. 虚步架剑(第 8 式)

(1) 右手持剑先将剑尖由左向右搅一小圈，臂内旋使持剑手的拇指一侧朝下。同时，以左脚跟和左脚前脚掌为轴碾地，右脚尖外撇，上身从右向后转，左脚向前收拢半步，两膝均略屈成交叉步。

在转身的同时，右手持剑反手向后立方屈肘上架；左手剑指屈肘经左肩前附于右手腕处。目向左平视。(见图 8-62)

(2) 右腿屈膝不动。左脚向前进一步，膝盖稍屈，前脚掌虚着地面，重心落于右腿，成左虚步。在右手持剑略向后牵引的同时，左手剑指向前平伸指出，手心朝下。目视剑指。

要点：虚步必须虚实分明，右肘略屈使剑身成立剑架于额前上方，左臂伸直，剑指稍高过肩。

图 8-61　挂剑直刺

图 8-62　虚步架剑

3. 虚步平劈(第 9 式)

左脚脚跟外展，上身右转，重心移于左腿，右脚跟随之离地，成为前脚掌虚着地面的右虚步。

在转身的同时，右手持剑向下平劈，拇指一侧在上；左手剑指即向上屈肘，手心向左上方。目视剑尖。

要点：虚步必须虚实分明，劈剑时手腕要挺直。

四、初级剑 10～12 式

1. 弓步下劈(第 10 式)

右脚踏实，身体重心前移，左手剑指伸向右腋下，右手持剑臂内旋使手心朝下。左脚随即向左前方上步、屈膝；右腿在后蹬直，脚尖里扣，成左弓步。在左脚上步的同时，右手持剑屈腕向左平绕，画一小圈后向前下方劈剑，剑尖高与膝平；左手剑指随之由右腋下面向左、向上绕环，在头顶上方屈肘侧举，上身略前俯。目视剑尖。

要点：劈剑时，右肩前顺，左肩后引，剑尖与手、肩成一直线。

2. 带剑前点(第 11 式)

(1) 右脚向左脚靠拢，以前脚掌虚着地面，两腿均屈膝略蹲。右手持剑向上屈腕，使剑向右耳际带回。肘微屈；左手剑指随之由前下落，附于右手腕处。目向右前方平视。

(2) 上动不停，右脚向右前方跃一步，落地后即屈膝半蹲，全脚着地；左脚随之跟进，向右脚并步屈膝，以脚尖点地，成丁步。同时，右手持剑向前点击，拇指一侧在上；左手剑指即屈肘向头顶上方侧举，手心朝上。目视剑尖。

要点：向前点击时，右臂前伸、屈腕，力点在剑尖，手腕稍高于肩。剑尖略比手低。成丁步后，右腿大腿尽量蹲平，左脚脚背绷直，脚尖点在右脚脚弓处，两腿必须并拢。上身稍前倾，挺胸、直背、塌腰。

3. 提膝下截（第 12 式）

(1) 右腿伸直，左腿退步后屈膝，上身后仰。右臂外旋手心朝上，使剑向右、向后上方弧形绕环；左手剑指不动。

(2) 上动不停，右臂内旋使手心朝下，继续使剑向左、向前下方画弧下截，同时上身向前探倾，左腿屈膝提起。目视剑尖。

要点：剑从右向左的画弧下截是一个完整的动作，必须连贯起来做。左膝尽量高提，脚背绷直；右腿膝部挺直，站立要稳。右臂和剑身成一直线，剑身斜平。

五、初级剑 13～15 式

1. 提膝直刺（第 13 式）

(1) 右腿略屈膝；左脚向前落步，脚尖外撇。右臂外旋使手心朝上，并在左脚落步的同时向上屈肘，将剑柄收抱于胸前，手心朝里，剑尖高与肩平，左手剑指随之下落，屈肘按于剑柄上。此时两腿成为交叉步，目视剑尖。（见图 8-63）

(2) 右腿向身前屈膝提起，左腿伸直站立。右手持剑向前平直刺出，拇指一侧在上；同时左手剑指向后平伸指出，手心朝下。目视剑尖。

要点：抱剑于落步。直刺与提膝，必须协调一致。

2. 回身平崩（第 14 式）

(1) 右脚向前落步，脚尖外撇；左脚前脚掌碾地使脚跟外转，屈膝略蹲，同时上身向右后转，成交叉步。右手持剑臂外旋使手心朝上，屈肘向胸前收回，剑身与右前臂成水平直线；左手剑指随之直臂上举，经左耳侧屈肘前落，附于右手心上面。目视剑尖。

(2) 上身稍向右转，左腿挺膝伸直，右腿略屈膝。同时，右手持剑使剑的前端用力向右平崩，手心仍朝上；左手剑指屈肘向额部左上方侧举。目视剑尖。（见图 8-64）

要点：收剑和平崩两个动作必须连贯起来做。平崩时，用力点在剑的前端；平崩后，上身向右拧转，但左脚不得移动。

图 8-63　提膝直刺

图 8-64　回身平崩

3. 歇步下劈（第 15 式）

右脚蹬地起跳，左脚向左跃步横跨一步，落地后，右腿即向左腿后侧插步，继而两腿屈膝全蹲，成歇步。在跃步的同时，右手持剑向上举起，并在形成歇步时向左下劈，拇指一侧在上，剑尖与踝关节同高；左手剑指随着下劈动作，下按于右手腕上面。目视剑身。

六、初级剑 16～18 式

1. 提膝下点（第 16 式）

（1）右手持剑先使手心朝下成平剑，然后以两脚的前脚掌碾地。上身经右、向后转动，两腿边转边站立起来，右手持剑平绕一周。当剑绕至上身右侧时，上身稍向左后仰，同时剑身继续向外、向上弧形绕环，剑尖接近右耳侧；此时左手剑指离开右手腕向上屈肘侧举。目视前下方。

（2）上动不停，右腿伸直站立，左腿屈膝提起，上身向右侧下探俯，同时右手持剑向前下点击，拇指一侧在上。目视剑尖。（见图 8-65）

要点：仰身外绕剑与提膝下点两个动作必须连贯、同时完成。右腿独立时，膝部要挺直，左膝尽量上提。点剑时，右手腕要下屈，剑身、右臂、左臂和剑指要在同一个垂直面内。

2. 并步直刺（第 17 式）

（1）以右脚前脚掌为轴碾地，使上身向左后转。在转身的同时，右臂内旋并向拇指一侧屈腕，使剑尖指向转身后的身前；左手剑指随之由上经右肩前、腹前绕环，向正前方指出，手心朝下。目视剑指。

（2）左脚向前落步，右脚随之跟进并步，两腿均屈膝半蹲。同时，右手持剑向前平伸直刺，拇指一侧在上；左手剑指顺势附于右手腕处。目视剑尖。（见图 8-66）

要点：两腿半蹲时大腿要蹲平，两膝、两脚均须紧靠并拢。上身前倾，直背、落臀。两臂伸直，剑尖与肩相平。

3. 弓步上挑（第 18 式）

右脚上步屈膝，同时左脚脚跟稍内转，左腿挺膝伸直，成右弓步。右手持剑直臂向上挑举，剑尖向上，手心朝左；左手剑指仍向前平伸指出，手心朝下。上身稍微前倾，目视剑指。（见图 8-67）

要点：左臂伸直，左肩前顺，剑指路高过肩；右臂直上举，剑刃朝前后。上身挺胸、直背、塌腰。

图 8-65　提膝下点

图 8-66　并步直刺

图 8-67　弓步上挑

七、初级剑 19～21 式

1. 歇步下劈（第 19 式）

右腿伸直，左脚向前上步，脚尖外撇，随之两腿交叉屈膝全蹲，成歇步。同时，右手持剑向前下劈，拇指一侧在上，剑尖与踝关节同高；左手剑指屈肘附于右手腕里侧。上身稍前俯，目视剑身。

要点：成歇步时，左大腿盖压在右大腿上面，左脚全掌着地，右脚脚跟离地，臀部坐在右小腿上。劈剑时，右臂尽量向前下方伸直，剑身与地面平行。劈剑与跃步成歇步动作须同时完成。

2. 右截腕（第 20 式）

两脚以前脚掌碾地，并且两腿稍伸直立起，使上身右转，右腿屈膝半蹲，左腿稍屈膝，左脚前脚掌虚着地面，成左虚步。右臂内旋使拇指一侧朝下，用剑的前端下刃向前上方画弧翻转，随着上身起立成虚步，右手持剑再向右后上方托起，左手剑指仍附于右手腕，两肘均微屈。目视剑的前端。

要点：两腿虚实必须分明，上身稍向前倾，剑身平横于右额前上方，剑尖稍高于剑柄。

3. 左截腕（第 21 式）

左脚向前上半步，并以前脚掌碾地使上身向左后转，右脚随之向前上一步，前脚掌着地，两腿均屈膝，成左实右虚之右虚步。在右脚进步的同时，右臂外旋，使剑身的前端向左前上方画弧翻转。手心朝上，剑身与地面平行；左手剑指随之离开右手腕，屈肘向上侧举。目视剑的前端。

要点：同上述右截腕。

八、初级剑 22～24 式

1. 跃步上挑（第 22 式）

（1）左脚经身前向前上一步，右脚随之在身后离地，小腿后弯。同时，右臂外旋手心朝里，使剑由右向上、向左屈肘画弧，剑至上身左侧时，右手靠近左胯旁，拇指一侧在上并向上屈腕；左手剑指在右手向左下落时附于右手腕上。目视剑尖。

（2）左脚蹬地，右脚向右侧跃步，落地后屈膝略低左脚随之离地屈膝从身后伸向右侧方，形成望月式平衡。上身向左侧倾俯。在右脚跃步的同时，右手持剑由左胯旁向下、向右画弧，当剑到达右侧方时，臂外旋并向拇指一侧屈腕，使剑向上挑击；左手剑指即向左上方屈肘横举，拇指一侧在下。目视右侧方。（见图 8-68）

要点：跃步和上挑动作必须协调一致，迅速进行。挑剑时，腕部要猛然用力上屈。形成平衡动作后，右腿略屈膝站稳，左小腿尽量向上抬起。上身向右拧转，剑身斜举于右侧上方，持剑手略松，便于手腕上屈。

2. 仆步下压（第 23 式）

（1）右手持剑使剑尖从头上经过，继而自身后、向右弧形平绕，当剑绕到右侧时，即屈肘将剑柄收抱于胸部前下方，手心朝上。同时，右膝伸直。上身立起，左腿屈膝提于身前，左手剑指仍横举于左额前上方。

（2）上动不停，左手剑指经身前下落，按在右手腕上。左脚随之向左侧落步，屈膝全蹲；右腿在右侧平铺伸直，脚尖里扣，成右仆步。同时，右手持剑用剑身平面向下带压，剑尖斜向右上方。上身前探，目向右平视。（见图 8-69）

要点：做仆步时，左腿要全蹲，臀部紧靠脚跟，不要凸起，两脚全脚掌均着地。上身前探时要挺胸，两肘略屈环抱于身前。

3. 提膝直刺(第 24 式)

两腿直立站起,左腿屈膝提于身前,右腿挺直站立。同时,右手持剑向身前平伸直刺,拇指一侧在上;左手剑指屈肘在左侧上举,拇指一侧在下。目视剑尖。(见图 8-70)

要点:右腿独立须挺膝站稳,左膝尽量上提,脚背绷直,脚尖下垂。上身稍右倾,右肩、右臂和剑身要成一直线,左臂屈成半圆形。

图 8-68　跃步上挑

图 8-69　仆步下压

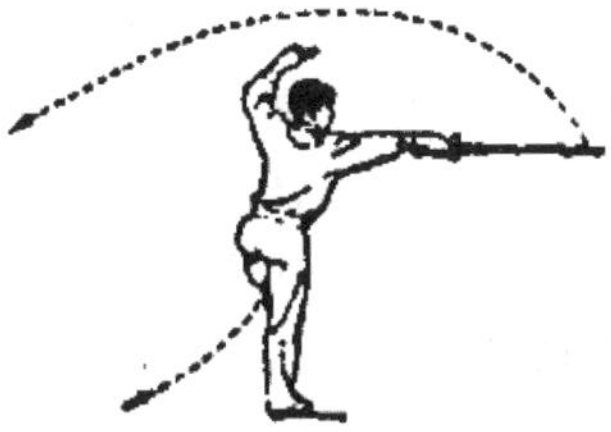

图 8-70　提膝直刺

九、初级剑 25～27 式

1. 弓步平劈(第 25 式)

右臂外旋,先使手心朝向背后、剑的下刃转翻向上,继而上身左转,同时左脚向左后侧落一大步、屈膝;右脚以前脚掌为轴碾地,脚跟稍外转,右腿挺膝伸直,成左弓步。左手剑指随着持剑臂的运行而向右、向下、向左、向上圆形绕环,仍屈肘举于头部左侧上方;同时,右手持剑向身前平劈,拇指一侧在上,臂要伸直,剑尖略高于肩。目视剑尖。

要点:向前劈剑和剑指绕环这两个动作必须协调一致、同时完成,两肩要放松。

2. 回身后撩(第 26 式)

右脚向前上一步,膝微屈;左脚随之离地,小腿向上弯曲;上身前俯,腰向右拧转。右手持剑随右脚上步而向后反撩,剑尖斜向下方,拇指一侧在下;左手剑指前伸成侧上举,拇指一侧在下。目视剑尖。(见图 8-71)

要点:右脚站立要稳,左脚脚背绷直,上身挺胸,两肩放松。

3. 歇步上崩(第 27 式)

(1) 右脚蹬地,左脚向前跃步,上身随之向右后转;左脚落地,脚尖稍外撇,右腿摆向身后。在上身转动的同时,右臂外旋,使拇指一侧朝上;左手剑指在身后平伸,手心朝下。目视剑尖。

(2) 上动不停,右脚在身后落步,两腿均屈膝全蹲,左大腿盖压在右大腿上,臀部坐在右小腿上,成歇步。同时,右手持剑直臂下压,手腕向拇指一侧上屈,使剑尖上崩;左手剑指随之屈肘在头部左上方侧举,拇指一侧在下。目视剑身。(见图 8-72)

图 8-71　回身后撩

图 8-72　歇步上崩

要点：向前跃步、歇步和剑尖上崩三个动作要连贯协调。跃步要远，落地要轻(前脚掌先着地)。上崩时腕部要猛然用力上屈，剑尖高与眉平。歇步时上身前俯，胸须内含。

十、初级剑28～30式

1. 弓步斜削(第28式)

(1) 左脚脚尖里扣，上身右转，右脚随之向前上步、屈膝，左腿在身后挺膝伸直，成右弓步。右手持剑臂外旋使手心朝上，在转身的同时。屈肘向左肋前收回，左手剑指随之从身前下落，按在剑柄上。上身向右前倾，目视前方。

(2) 上动不停，右手持剑由后向前，上方斜面弧形上削，手心斜向上方。手腕稍向掌心一侧弯曲；同时，左手剑指伸向后方，拇指一侧在上。目视剑尖。

要点：斜削时，右臂稍低于肩，剑尖斜向脸前右上方，略高于头；左臂在身后侧平举，剑指指尖略高于肩部。

2. 进步左撩(第29式)

(1) 右腿伸直，上身向左转，左腿稍屈膝。同时，右手持剑使手心朝里经脸前边转身边向左画弧，剑至体前时，左手剑指附于右手腕里侧。目视剑尖。(见图8-73)

(2) 以右脚跟为轴碾地，脚尖外撇，上身向右后转；左脚随之向前上步，以前脚掌虚着地面。同时，右手持剑反手向下、向前、向上继续画弧撩起，剑至前上方时，肘部略屈，拇指一侧在下。剑尖高与肩平；左手剑指随右手动作，仍附于右手腕上。目视剑尖。

要点：上述两个剑身的画弧动作，必须连贯成一个完整的绕环动作。撩剑后，右腿微屈，左腿伸直，身体重心落于右腿，剑尖稍微朝下。

3. 进步右撩(第30式)

(1) 右手持剑直臂向上、向右后方画弧，左手剑指随势收于右肩前，手心朝右。目视剑尖。

(2) 左脚踏实后以脚跟为轴碾地，脚尖外撇，右脚随之向左脚前上一步，前脚掌虚着地面。同时，右手持剑由右向下、向前画弧抡臂撩起，剑至前方时，肘微屈，手心朝上，剑尖高与头平；左手剑指随之由右肩前向下、向前、向后上方绕环，屈肘侧举于头部左上方，目视剑尖。(见图8-74)

要点：同上述进步左撩，唯左右相反。

图8-73　进步左撩

图8-74　进步右撩

十一、初级剑31～32式

1. 坐盘反撩(第31式)

右脚踏实后向前上一小步，随即左脚从右腿后向右侧插一步，两腿屈膝下坐，成坐盘式。在左脚插步的同时，右手持剑向上、向左、向下、再向右上方反手绕环斜上撩，剑尖高过头顶;左手剑指随之经体前向下、向后上方画弧,屈肘横举于左耳侧,拇指一侧在下。上身向左前倾俯,目视剑尖。

要点:坐盘必须与反撩剑动作协调进行。坐盘时,左腿盘坐地面,左脚背外侧着地;右腿盘落于左腿上,全脚掌着地,脚尖朝身前。上身倾俯时胸要内含,剑尖与右臂、左肘、左肩成一直线。

2. 转身云剑(第32式)

(1)右脚蹬地,两腿伸直站起,并以两脚的前脚掌碾地,使上身向左后转;转身之后,右腿屈膝略蹲:右脚踏实,左膝微屈,前脚掌虚着地面,身体重心落于右腿。同时,右手持剑随身体转动一周后屈肘使剑平举,拇指一侧在下;此时左手剑指附于右手腕处。目视剑尖。

(2)上动不停,上身后仰,右手持剑向左、向后、向右、向前圆形云绕一周,剑至身前时,右手手心朝上、松把,使剑尖下垂;左手剑指放开,拇指一侧朝上,准备接握右手之剑。此时重心前移,左脚踏实,右腿伸直,上身前倾。目视左手。(见图8-75)

要点:转身和云剑动作必须连贯,云剑要平、要快,腕关节放松使之灵活。

十二、结束动作

右手将剑柄交于左手后即握成剑指,左手接剑后反握住剑柄向身体左侧下垂。此时右脚向右前方上步,脚尖里扣,屈膝略蹲,上身随之左转;左脚随之向前移步,以前脚掌虚着地面,膝微屈。在上身左转的同时,右手剑指随之由身后向上屈肘侧举于头部右上方,手心朝上。目向左平视。(见图8-76)

图8-75 转身云剑

图8-76 结束动作

要点:重心落于右腿,上身前倾,挺胸、塌腰,两肩松沉,左肘略上提,剑身紧贴前臂后侧,并与地面垂直。

右腿伸直,右脚向左脚靠拢,并步站立。右手剑指下落于身体右侧、手心朝下,恢复成预备式。目向正前方平视。

要点:同预备式。

(扫一扫,观看视频课程)

第九章 跆拳道运动进阶

第一节 跆拳道初级学练

一、认识跆拳道

跆拳道是一项利用拳和脚进行搏击的对抗性运动。跆拳道也称“跆跟”“花郎道”，1955年后正式被称为“跆拳道”。

中国的跆拳道项目起步较晚，1992年10月7日，中国跆拳道筹备小组成立，这标志着我国跆拳道运动的正式开始。但是，跆拳道运动在我国发展很快，在1999年加拿大举行的世界跆拳道锦标赛上，我国女运动员王朔战胜多名世界强手，获得女子55公斤级冠军，这是我国运动员获得的第一个跆拳道世界冠军。在2000年悉尼奥运会上，陈中获得女子67公斤以上级冠军。2007年，吴静钰获世界跆拳道锦标赛冠军。2008年，吴静钰获北京奥运会跆拳道冠军。2017年赵帅夺得世界跆拳道锦标赛男子63公斤级冠军。（见图9-1）

图9-1 跆拳道运动

1. 步型

在跆拳道品势练习中，步型是指站立位置的姿势和脚步的形状。

(1) 开立步。两脚左右开立,两脚距离与肩膀同宽,脚内侧平行,两膝关节伸直。

(2) 并步。两脚并拢,两脚内侧贴紧,身体直立,目视前方。

(3) 弓步。前后脚相距四个半脚长距离,左右相距一拳距离,前脚膝关节弯曲,低头看时,膝关节与脚尖在一条直线上,后脚膝关节伸直,身体中正,重心 2/3 在前腿。

(4) 行走步。两脚前后开立,姿态与平时走路相似,两膝盖微内扣,两脚之间的距离约为本人脚长的 1～1.5 倍,重心在两腿之间。左脚在前为左行走步,右脚在前为右行走步。

(5) 马步。两腿左右开立,距离略大于肩宽,两脚尖向前,膝盖正向前弯曲,重心落于两腿之间。

(6) 三七步。两脚左右开立,距离为本人脚长的 3.5～4 倍,后脚脚尖外展约 90°,两膝微屈,前脚尖向前,身体重心 70%在后腿,30%在前腿。左脚在前称为左三七步,右脚在前称为右三七步。

(7) 虎步。两脚前后开立,两膝微屈,前脚掌轻轻点地,身体重心置于后腿,前腿膝关节与前脚尖在一条直线上。

(8) 独立步。一腿提起,另一腿支撑身体。

(9) 交叉步。交叉步有两种形式,一脚向另一脚的后面插步,脚掌着地,两膝关节交叉称为后交叉步,相反称为前交叉步。

2. 步法

(1) 上步。目的在于逼迫对方后撤,或左右移动,或引诱对方进攻,而自己可利用相应的进攻技术攻击对方。

(2) 刺步。常用于快速接近对方,从标准姿势开始,以后脚的前脚掌为轴,前脚稍稍抬起,后脚快速蹬起,两脚同时向前移动。

(3) 后退步。由标准的实战姿势开始,前脚掌用力蹬地,后脚先退后一步,前脚随即后退,两腿之间距离与姿势保持原状。

(4) 后撤步。从实战姿势开始,以前脚的前脚掌为轴,后脚轻轻抬起,前脚的前脚掌向后蹬起,两脚同时向后移动,姿势与开始时保持不变。

(5) 侧移步。由实战姿势开始,两脚前脚掌同时向左(右)侧蹬地,使身体向右(左)侧移动,这种步法多用于移到对方侧面,准备进攻。

(6) 弧形步。前脚的前脚掌原地蹬住地面,后脚向左(右)蹬地后右(左)跨移一步,与原来的姿势成为不同方向的姿势。

(7) 变向步。前脚的后脚跟与后脚的后脚跟贴进的同时,后脚快速踏向前脚的脚尖部位。

(8) 前进步。

① 前脚掌移动。这种步法是以攻击型为主,对方向后撤退时以左脚的前脚掌为轴、以后脚小弧形步的动作,重心是从前脚往后脚移动的同时上体为进攻的形态,这是左脚轮踢或下劈动作经常使用的技术。

② 两脚同时移动步法。一、二步前进的步法是以攻击对方为主,对方后退时两脚利用两脚的前脚掌迅速前后移动一步或是两步。主要使用技术为(右)摆踢、(右)下劈、(右)后旋等。

③ 两脚交叉移动步法。这步法是对方向中后移动时前脚快速向后退半步,后脚向前迈

一大步的同时利用左脚向对方进攻的技术，有(右)摆踢、(右)下劈、(左)侧踢等。

④ 后脚跟进的步法。后脚向前跟进的同时，抬起前脚向对方攻击，这时身体重心瞬间移动到后脚，并可运用前脚摆踢、下劈、侧踢等技术动作。

(9) 后撤步。

① 以后脚的前脚掌为轴移动的步法。以后脚前掌为轴，前脚迅速向左或向右弧形移动，这时可以利用左脚下劈、摆踢或右脚摆踢、下劈、侧踢等技术动作。

② 两脚同时向后移动步法。利用前脚的前脚掌蹬地的同时，身体迅速向后撤一步或两步，这时可使用右脚的摆踢、下劈或左脚的摆踢、前踢等动作。

③ 两脚变向移动步法。对手利用近距离攻击时，右脚向前迈一小步的同时左脚迅速以弧形步撤一大步，这时身体重心还是原先形态或上身可稍稍靠后，这时使用技术为脚下劈、摆踢、后旋等动作。

(10) 连续步。

① 前移。前脚为轴，后脚向前弧形步移动一步，以后两脚同时利用前脚掌做刺步动作一步至两步，使用技术为左脚前踢、下劈、后踢、后旋、侧踢等动作。

② 后撤。这种步法为对方连续攻击时以后脚的前脚掌为轴，前脚向后退一步后，两脚同时各后撤一步或两步，攻击技术为(左)摆踢、后踢、后旋等，而右脚为摆踢、下劈等动作最为有益。

③ 侧后移步。这种步法是前脚向后脚的45°移一大步的同时两脚向左侧快速移半步，常用于防守反击，攻击技术为左脚摆踢、下劈，右脚可与前脚做同样的攻击技术。

④ 原地移动变相法。后脚向前脚的方向旋踢360°以后，前脚向后脚的后脚跟并拢的同时后脚向前迈一步，这时身体重心稍向前，使用技术为左脚摆踢、侧踢等技术动作。

3. 手型

(1) 正拳。五指分开，除拇指之外四指卷握，拇指紧压于食、中指第2指骨上，这是跆拳道中最基本的拳式握法。运动中使用拳的正面为正拳攻击；使用小拇指侧及掌缘的软肉部分攻击为铁锤攻击；利用食指和中指突出的骨头攻击为里拳攻击。

(2) 平拳。手指第2指关节弯曲，使指尖贴靠手掌，拇指扣于虎口。运动中使用中指第2指关节冲击对手上唇或颈部，食指和无名指作为辅助部位协同攻击。

4. 手法

两腿左右开立，与肩同宽；两手握拳收于腰间，拳心朝上，右脚向前上步成左弓步；同时右拳由腰间向前臂内旋平冲。右冲拳时，左脚在前为逆攻，右脚在前为顺攻。此外，还有侧冲、下冲等方法。

5. 实战姿势

(1) 标准实战姿势。

左脚在前叫左势，右脚在前叫右势。

两脚前后开立与肩同宽，前脚尖45°斜向右前方，后脚跟抬起，膝关节弯曲，重心在两脚之间上身自然直立，45°斜向右前方，双手握拳，拳心相对两臂弯曲置于胸前，头部直立向前，目视正前方。

(2) 侧向实战姿势。

身体完全侧向，前后脚在一条直线上，其他部位同标准姿势。

（3）低位实战姿势。

身体姿势同标准实战姿势，只是双膝弯曲加大，重心降低。这种姿势重心低、不易失去重心，但移动速度相对较慢。

6. 实战站位

（1）开式站位。

开式站位指和对方体前相对应，即自己的身体前面相对对方的身体前面，包括左势对右势和右势对左势两种形式。

（2）闭式站位。

闭式站位指和对方的体前侧不相对应的站位，即自己的体前对应对方的体后，包括左势对左势和右势对右势两种站位形式。

7. 前踢

实战姿势开始，右脚蹬地髋关节向左旋转，双手握拳置于体侧。同时，右腿以髋关节为轴屈膝上提。当大腿抬至水平或稍高时，关节向前送、向前顶，小腿以膝关节为轴快速向前上方踢出，力达腿尖，整条腿绷直。踢击后迅速放松，右腿沿原路线弹回，将右脚放置在左脚前面仍成实战姿势。

主要攻击部位有面部、下颏、腹部和裆部。前踢也可用于防守，用于防守时将前踢发力部位由脚尖改换为脚跟，前踢动作变为前蹬动作，其他动作方法与进攻时相同。

二、品势:太极一章

从八卦的卦序乾、兑、离、震、巽、坎、艮、坤可知，乾和坤是八卦的始终，其他六卦均由乾坤生出。所以乾坤是父母，由父母生出三阴三阳。太极一章表示八卦中的“乾”。乾是八卦序之首，表示自然的“天”，方位属西北。因此，也就成为跆拳道姿势的根源。它的演武线是以乾的符号“☰”来表示(图 9-2)。本章是以高前屈立势和前屈立势为主要姿势，结合中、下段的攻防等动作组成品势的内容。全套共 18 个动作。

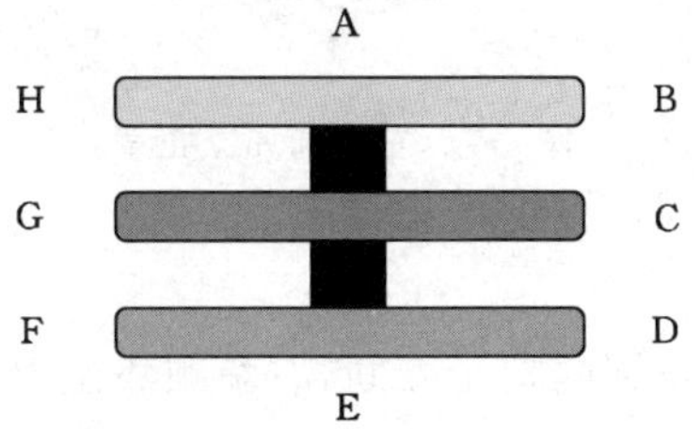

图 9-2　太极一章演武路线图

1. 预备势

两脚开立同肩宽，两膝微屈，屈肘，两手握拳于腹前，拳眼斜相对。(见图 9-3)

2. 左高前屈立下挡

身体向左转，左脚转向演武路线 B 方向，呈左高前屈立，左拳屈肘收于右肩位置，然后用力下格，右拳拳心向上抱于腰间，成左下段阻挡姿势，并在动作完成同时发声“啊”。(见图 9-4)

3. 右高前屈立正拳

右脚向 B 方向走一步成右高前屈立，左拳回收至腰间，右拳向前击做中段正拳攻击。

（见图 9-5）

图 9-3　太极一章预备势

图 9-4　左高前屈立下挡

图 9-5　右高前屈立正拳

4. 右高前屈立下挡

以左脚为轴，身体向右转体 180°，右拳于转身时回收至左肩前；右脚向前一步对 H 方向呈右前屈立，右拳在右脚跨步同时向下用力做下段阻挡，左拳收于腰间。（见图 9-6）

5. 左高前屈立正拳

左脚向前迈一步，呈左前屈立，左拳前击做中段正拳，拳高齐胸，右拳收抱于腰间。（见图 9-7）

6. 左前屈立下挡

身体左转 90°，左拳屈肘收回至右肩前，左脚前跨一步呈左前屈立，左拳同时向下做左下阻挡，右拳收抱腰间。（见图 9-8）

图 9-6　右高前屈立下挡

图 9-7　左高前屈立正拳

图 9-8　左前屈立下挡

7. 左前屈立正拳

身体与脚步姿势不变，左拳回收抱于腰间，右拳顺势做中段正拳攻击。（见图 9-9）

8. 右高前屈立中挡

左脚不动，右脚向 G 方向迈一步，呈右高前屈立，右拳回收抱于腰间，左手做中段格挡。（见图 9-10）

9. 左高前屈立正拳

左脚向 B 方向迈一步呈高前屈立，右拳做中段正拳攻击，左拳收回抱于腰间。（见图 9-11）

10. 左高前屈立中挡

左脚后退一步，以右脚为轴，转身 180°，面向 C 方向呈高前屈立。右手做中段阻挡，左掌回收抱于腰间。（见图 9-12）

图 9-9　左前屈立正拳

图 9-10　右高前屈立中挡

图 9-11　左高前屈立正拳

11. 右高前屈立正拳

右脚向前一步呈右高前屈立，右拳收回腰间，左拳顺势做中段正拳攻击。（见图 9-13）

12. 右前屈立低阻挡

以左脚跟为轴身体右转 90°，右脚向正方向前跨一步，呈右前屈立，右手随转身同时回收至左肩前方，然后用力下格，做单臂低阻动作。（见图 9-14）

图 9-12　左高前屈立中挡

图 9-13　右高前屈立正拳

图 9-14　右前屈立低阻挡

13. 右前屈立正拳

身体姿势不变，右拳收回腰间，左拳用正拳做中段攻击。（见图 9-15）

14. 左高前屈立上挡

右脚不动，身体重心移至右脚上，身体左转 90°，左脚向 D 方向跨一步呈左高前屈立，用拳做上段单臂防守。（见图 9-16）

15. 右前踢接右高前屈立正常

左脚支撑，右脚由屈到伸向前上方蹬踢，两拳置于体侧。（见图 9-17）

图 9-15　右前屈立正拳

图 9-16　左高前屈立上挡

图 9-17　右脚由屈到伸向前上方蹬踢

右脚顺势向前落，呈右高前屈立姿势，右拳同时做中段正拳攻击，左拳收回抱于腰间。(见图 9-18)

16. 右高前屈立上挡

以左脚为轴，身体向左转 180°，右脚向 F 方向迈一步，呈右高前屈立，右拳在转身同时收抱腰间，在转身完后迅速做右上段格挡。(见图 9-19)

17. 左前踢接左高前屈立正拳

右脚支撑，左脚由屈到伸向前上方蹬踢，两拳置于体侧。(见图 9-20)

图 9-18 右拳正拳攻击，左拳收回腰间

图 9-19 右高前屈立上挡

图 9-20 左脚由屈到伸向前上方蹬踢

左脚向前落，成左高前屈立站立，左拳接做中段正拳攻击，右拳收抱腰间。(见图 9-21)

图 9-21 左拳接做中段正拳攻击，右拳收抱腰间

18. 左前屈立低阻挡

以右脚为轴，身体右转 90°，转向 A 方向，左脚上跨一步，呈左前屈立姿势，左手在转身时屈肘回收至右肩前方，随后做左下段阻挡动作，右拳不动抱于腰间。(见图 9-22)

图 9-22 左前屈立低阻挡

19. 右前屈立正拳

右脚向前一步呈右前屈立，右拳用正拳顺攻中段，左拳收抱腰间，同时发声“啊”以示动作结束。（见图 9-23）

20. 收势

以右脚为轴，身体左转 180°，左脚后撤与右脚平行，与肩同宽站立，两拳拳心向上屈肘收至胸前，然后两拳内旋下沉置于一腹前，恢复预备姿势。（见图 9-24）

图 9-23　右前屈立正拳

图 9-24　收势

第二节　跆拳道中级学练

一、横踢技术

横踢是跆拳道比赛中运用率最高的腿法。横踢技术动作简单实用，技术变化多样，是跆拳道技术中重要的腿法。为了便于大家掌握，我们把横踢技术分解为提膝、转体和弹腿三个部分。

实战姿势站立：右脚蹬地，身体重心移至左腿；同时，右腿小腿夹紧向上前方提起；以左脚前脚掌为轴，脚跟内旋，身体向左侧旋转，转体时，右脚小腿与地面接近水平，大腿与上体成一条斜线，上体微侧倾；右腿以膝关节为轴迅速伸膝向左侧方弹出，脚面绷直，以脚背为力点，踢击对方的头部或躯干；动作完成后小腿放松沿出腿路线收回，成右实战姿势站立。

二、双飞技术

双飞踢是在跆拳道实战中，将两次或多次的横踢动作在腾空状态下的快速组合。双飞踢有动作突然、得分率高的特点，按动作完成的先后顺序可以分为前腿双飞踢和后腿双飞踢两种，下面分别介绍。

1. 前双飞踢

实战姿势站立；右脚向前垫步；同时，左腿向前做前腿横踢动作；在左腿动作即将完成之际右腿向前起跳做横踢动作；动作完成后，两腿放松成实战姿势站立。

2. 后双飞踢

双飞踢动作要连贯，一般情况下，第一次击打要比第二次击打力量小，这样有利于双腿的连贯发力；击打时，髋关节应充分前送，膝关节和小腿要放松，上体要随之转动，小腿犹如鞭子一样向前摆击；双飞踢动作方向应是向前而不是向上；完整练习时，身体要放松，动作启动要快。

三、旋风踢技术

实战姿势站立，以左脚脚前掌为轴，脚跟外旋，重心移至左腿，身体右后转约一周右腿也随着向后转动；身体稍后仰，右腿下落的同时左脚蹬地使用左腿横踢；击打后右、左脚依次落地成实战姿势。

四、下劈腿

劈踢是跆拳道技术中杀伤力较大的腿法之一，也常作为跆拳道的招牌腿法动作，比赛中得分率较高，主要用于攻击对方的头部、面部、肩部。比赛中，运用得当会给对方造成重创。

实战姿势站立；右脚蹬地，身体重心前移至左脚，以左脚支撑，右腿屈膝抬起；右脚快速上举过头顶，左髋关节上送，右膝伸直贴近上体，随即，右腿迅速向前下方劈落，力点达脚跟或前脚掌；动作完成后小腿放松下落成实战姿势站立。

五、太极四章

太极四章是以八卦中的“震”为代表，意思是具有警惕性、权威性和虔诚的态度。本章套路中包括了贯手、中段外腕侧防、侧踹、手刀的防御与进攻等多种技法，需要细心揣摩，才能熟练掌握。太极四章演武路线图如图 9-25 所示。

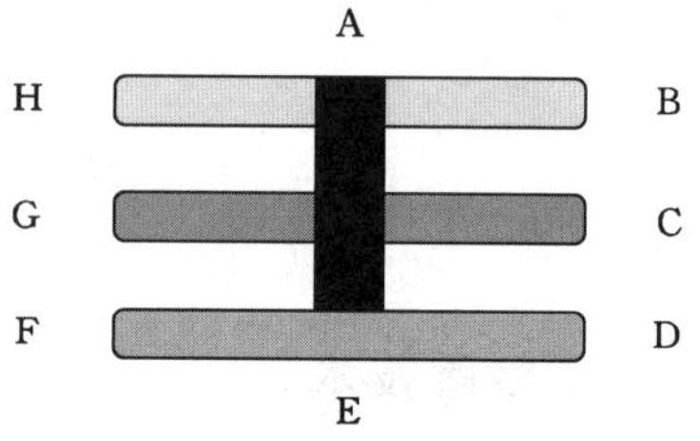

图 9-25　太极四章演武路线图

1. 预备势

同太极一章。(见图 9-26)

2. 左转身外截图

身体左转，左脚向 B 方向移步成后屈立；两拳变为手刀，左手刀向左侧横截，与肩同高；右手刀置于上腹前，手心向上，同时发声“啊”。(见图 9-27)

3. 前屈立贯手

右脚朝 B 方向上一步，成右前屈立；左手臂内旋，屈肘下按；右手刀成贯手前插击，指尖朝前。(见图 9-28)

图 9-26　预备势

图 9-27　左转身外截图

图 9-28　前屈立贯手

4. 右转身外截

以左脚为轴，身体右转，右脚向 H 方向移步成后屈立；右手刀向左侧横截，与肩同高；左手刀置于上腹前，手心向上。（见图 9-29）

5. 右前屈立贯手

右脚朝 H 方向上一步，成右前屈立；右手臂内旋，屈肘下按；左手刀成贯手前插击，指尖朝前。（见图 9-30）

6. 转身架砍

以右脚为轴，身体左转，左脚向正方向移步成前屈立；右手刀由外向里横砍，掌心向上；左臂屈肘上架，置于额前。（见图 9-31）

图 9-29 右转身外截

图 9-30 右前屈立贯手

图 9-31 转身架砍

7. 右前踢正拳

左脚支撑，右腿由屈到伸向前上方蹬踢，两拳置于体侧。（见图 9-32）

右脚前落，成右前屈立，两手刀变拳，左拳向前做中段正拳攻击，右拳收抱腰间。（见图 9-33）

8. 左侧踢

右脚支撑，左腿屈膝高抬，脚尖自然勾起；上体稍侧倒，小腿向上翻起，脚掌对准攻击目标，然后猛然转髋拧胯，腿部同时发力，用脚掌沿直线向 E 方向蹬踹。（见图 9-34）

图 9-32 右腿由屈到伸向前上方蹬踢

图 9-33 两手刀变拳，左拳向前做中段正拳攻击

图 9-34 左侧踢

9. 右侧踢

左脚前落，右脚接做右侧踢，要求同左侧踢。（见图 9-35）

10. 后屈立外截

右脚下落成后屈立，两拳变为手刀，左手刀向左侧横截，与肩同高；右手刀置于上腹前，手心向上。（见图 9-36）

11. 转身左外截

以右脚为轴，身体左后转，左脚向 F 方向移步成后屈立；左拳由里向外横截，拳心向前；右手刀变拳收抱腰间。（见图 9-37）

图 9-35　右侧踢

图 9-36　后屈立外截

图 9-37　转身左外截

12. 右前踢中挡

左脚支撑，右腿由屈到伸向前上方蹬踢，两拳置于体侧。（见图 9-38）

右脚前落，成后屈立；右臂屈肘做中段格挡，左拳收抱腰间。（见图 9-39）

13. 转身右外截

以左脚为轴，身体右转 180°，右脚向 D 方向移步成后屈立；右拳由里向外横截，拳心向前；左拳收抱腰间。（见图 9-40）

图 9-38　右腿由屈到伸向前上方蹬踢

图 9-39　右臂屈肘做中段格挡，左拳收抱腰间

图 9-40　转身右外截

14. 左前踢中挡

右脚支撑，左脚由屈到伸向前上方蹬踢，两拳置于体侧。（见图 9-41）

左脚前落，成后屈立；左臂屈肘做中段格挡，右拳收抱腰间。（见图 9-42）

15. 转身架砍

以右脚为轴，身体左转 90°，左脚向 A 方向移步成前屈立；右手刀由外向里横砍，掌心向上；左臂屈肘上架，置于额前。（见图 9-43）

图 9-41　左脚由屈到伸向前上方蹬踢

图 9-42　左臂屈肘做中段格挡，右拳收抱腰间

图 9-43　转身架砍

16. 右前踢中挡

左脚支撑，右腿由屈到伸向前上方蹬踢，两拳置于体侧右脚前落，成前屈立；右臂屈肘做中段格挡，左拳收抱腰间。（见图 9-44）

图 9-44　右前踢中挡

17. 左转身中挡正拳

以右脚为轴，身体左转 90°，左脚向 C 方向移步成高前屈立；左臂屈肘做中段格挡，右拳收抱腰间；步法不变，右拳向前做中段正拳攻击，左拳收抱腰间。（见图 9-45）

18. 右转身中挡正拳

身体右后转 180°，面向 C 方向移步成高前屈立；右臂屈肘做中段格挡，左拳收抱腰间；步法不功，左拳向前做中段正拳攻击，右拳收抱腰间。（见图 9-46）

图 9-45　左转身中挡正拳

图 9-46　右转身中挡正拳

19. 左前屈立中挡接连环正拳

以右脚为轴，身体左转 90°，左脚向 A 方向上步成前屈立；左臂屈肘做中段格挡，右拳收抱腰间；步法不变，右拳向前做中段正拳攻击，左拳收抱腰间；步法不变，左拳向前做中段正

拳攻击,右拳收抱腰间。(见图 9-47)

图 9-47　左前屈立中挡接连环正拳

20. 右前屈立中挡接连环正拳

右脚向 A 方向上步成前屈立;右臂屈肘做中段格挡,左拳收抱腰间;步法不变,左拳向前做中段正拳攻击,右拳收抱腰间;步法不变,右拳向前做中段正拳攻击,左拳收抱腰间;步法不变,左拳向前做中段正拳攻击,右拳收抱腰间,同时发声“啊”。(见图 9-48)

图 9-48　右前屈立中挡接连环正拳

21. 收势

同太极一章。(见图 9-49)

图 9-49　收势

第三节　跆拳道高级学练

一、侧踢技术

实战姿势开始;右脚蹬地右腿以髋关节为轴屈膝提起,两手握拳置于体侧;随即左脚以前脚掌为轴外旋 180°,髋关节向左旋转,右腿以膝关节为轴向前蹬伸,右脚快速向右前上方直线踢出,力点在脚跟。发力后沿起腿路线收腿、放松,重心落下(原处或向前均可),再次回到实战姿势。侧踢动作的主要攻击部位有膝部、腹部、肋部、胸部和头面部。

二、后踢技术

实战姿势开始;转身后腿后撤背对对方,重心后移至左脚,右脚蹬地后屈膝提起,右脚贴近左大腿,两手握拳置于胸前;随即左脚蹬地伸直,右脚自左大腿内侧向后方直线踢出,力达脚跟;踢击后右脚按原路线快速收回,成实战姿势。

三、后旋踢技术

实战姿势开始,两脚以两脚掌为轴内旋约 180°,身体随之右转约 90°,两拳置于胸前;上体右转,与双腿拧成一定角度,右脚蹬地将蹬地的力量与上体拧转的力量合在一起,将后腿向后上以髋关节为轴直腿摆起,右腿继续向后旋摆鞭打,同时上体右转,带动右腿弧形摆至身体右侧,右腿屈膝回收落地。

四、组合技术

组合技术,就是根据比赛中攻防情况的变化,将两个以上的动作组合在一起的连接技术。由于跆拳道比赛日趋激烈,运动员的技术水平越来越接近,可能运动员在进攻的同时就要防守,或是在防守的同时就要反击。使用单个的技术,往往会被有经验的选手化解或反击。为了战胜对手,就必须在熟练掌握单个基本技术的基础上,掌握一些组合技术,使对手在短时间内很难适应。当然这些组合技术也不是一成不变的,运动员在比赛中要根据场上的具体情况,灵活多变地运用组合技术,使得对手摸不清自己技术动作的规律,以达到出奇制胜的目的。

美体运动篇

第十章　健美操进阶

第一节　健美操初级学练

一、认识健美操

健美操融体操、舞蹈、音乐于一体，是通过徒手和使用健美器械的身体练习，达到健身、健美和健心的目的，是一种新兴体育项目。

健美操的动作内容，成套编排原理，教学训练的原则、方法等，与体操有许多雷同之处。但它又在动作的表现形式和节奏变化上，在成套的身体各环节的组合序列上，及对身体机能和肌肉弹性的锻炼等方面与传统的徒手操和持轻器械又有较大的区别。

1992 年 9 月，中国健美操协会成立，这标志着我国此项运动进入了一个有序发展、科学指导的新阶段。随后，健美操运动在全国如火如荼地开展起来。（见图 10-1）

在第九届世界健美操锦标赛上，中国选手获得六人操冠军，同时获得团体第二名。2006 年健美操世界杯系列赛于 11 月 1 日至 6 日在泰国举行，中国队获得三人操、六人操冠军，女单、混双亚军。中国竞技健美操近年来表现卓越，在国际舞台上产生了很大影响力。

图 10-1　健美操运动

二、健美操基本手型、上肢基本动作

1. 基本手型

健美操基本手型见图 10-2。

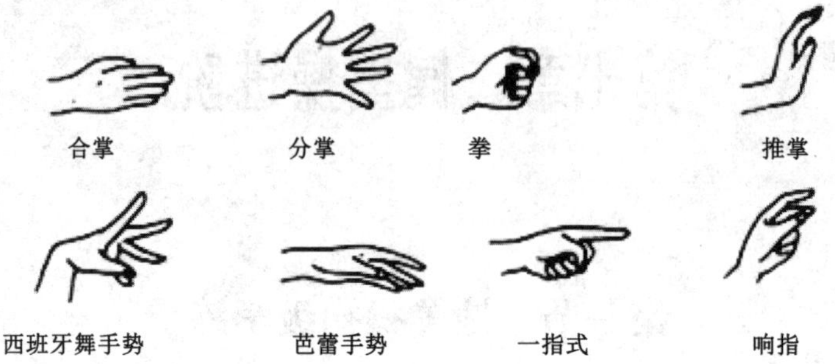

图 10-2 基本手型

(1) 合掌。五指并拢伸直。

(2) 分掌。五指用力分开,手腕保持一定的紧张程度。

(3) 拳。五指弯曲紧握,大拇指压在食指弯曲部位。

(4) 推掌。手掌用力上翘,五指自然弯曲。

(5) 西班牙舞手势。五指用力,小指、无名指、中指自掌指关节处依次弯曲,拇指稍内扣。

(6) 芭蕾手势。五指微屈,后三指并拢,稍内收,拇指内扣。

(7) 一指式。握拳,食指伸直或拇指伸直。

(8) 响指。拇指与中指摩擦与食指打响,无名指、小指弯曲至握。

2. 上肢基本动作

(1) 举:以肩关节为中心,手臂进行活动。

注意要点:动作到位,有力度。

动作变化:前举、后举、侧举、侧上举、侧下举、上举。

(2) 屈:肘关节由弯曲到伸直或由伸直到弯曲的动作。

注意要点:关节做有弹性的屈伸。

动作变化:胸前平屈、肩侧屈、肩侧上屈、肩侧下屈、胸前上屈、头后屈。

(3) 绕、绕环:两臂或单臂以肩为轴做弧线运动。

注意要点:路线清晰,起始和结束动作位置明确。

动作变化:两臂或单臂向内、外、前、后绕或环绕。

三、健美操下肢基本步伐

健美操的基本步伐练习是健美操训练的主要练习手段之一,在进行步伐练习时,要求膝关节和踝关节松弛和协调,并富有节奏和弹性,这样才能更好地体现健美操的特点和风格。

健美操的基本步伐有以下七种:

(1) 踏步:健美操的最基本步伐,要求膝盖向前抬起,脚大约离地面 15 厘米左右,踝关节自然下垂,身体保持正直,两臂前后摆动。踏步练习可以有原地踏步,踏步向左、右、前、后移动，踏步转体，侧点步，侧并步，交叉步，V 字步，Membo 步等变化。

(2) 吸腿跳：要求主力腿有弹性、有节奏地跳跃，动力腿大腿向上抬至水平，踝关节自然下垂，身体保持正直。吸腿跳练习可以有向前吸腿跳，向侧吸腿跳，吸腿跳转体，吸腿跳向左、右、前、后移动等变化。

(3) 踢腿跳：要求主力腿有弹性、有节奏地跳跃，摆动腿直膝向上摆起，身体保持正直。踢腿跳练习可以有向前踢腿跳、向后踢腿跳、向侧踢腿跳、踢腿跳转体等变化。

(4) 后踢腿跳：要求主力腿有弹性、有节奏地跳跃，后踢腿跳脚面绷直，小腿尽量向大腿折叠，身体保持正直。后踢腿跳练习可以有原地后踢腿跳，后踢腿跳向左、右、前、后移动，后踢腿跳转体等变化。

(5) 弹踢腿跳：要求主力腿有弹性、有节奏地跳跃，摆动腿经屈膝向上踢出，脚尖绷直，身体保持正直。弹踢腿跳练习可以有向前弹踢腿跳，向后弹踢腿跳，向侧弹踢腿跳，转体弹踢腿跳，弹踢腿跳向左、右、前、后移动等变化。

(6) 开合跳：要求膝关节、踝关节有弹性、有节奏地跳跃，跳起两脚分开略比肩宽，脚尖外开约 120°左右，两膝外开对准脚尖方向，身体保持正直。开合跳练习可以有原地开合跳、开合跳转体、开合跳向左、右、前、后移动等变化。

(7) 弓步跳：要求膝关节、踝关节有弹性、有节奏地跳跃，跳起两脚分开成弓步，身体保持正直。弓步跳练习可以有向前弓步跳，向侧弓步跳，向后弓步跳，弓步跳转体，弓步跳向左、右、前、后移动等变化。

四、大众健美操锻炼标准初级套路第一组动作

初级套路的健美操动作编排新颖、内容丰富、简单易学，音乐节奏为 22～24 拍/10 秒，运动心率为 130～140 次/分。初级套路为有氧健身操的基础，可为进一步学习中级套路打下良好基础。第一组动作为 8×8 拍，动作说明如下：

(1) 第 1 个 8 拍。

步法：

1～4　右脚开始向前走 4 步。

5～8　右脚开始依次做并步 1 次。

手臂：

1～4　两臂依次侧上举、胸前交叉、侧平举，还原到体侧，1 拍 1 动。

5～8　两臂上举，然后还原到体侧，1 拍 1 动。

手型：五指分开，掌心向前。

(2) 第 2 个 8 拍。

步法：

1～4　右、左脚依次向右后方、左后方做并步。

5～8　右脚做后弓步 2 次。

手臂：

1～4　两臂直臂侧提拉，还原，1 拍 1 动。

5～8　前臂前摆至平举，还原至腰间，1 拍 1 动。

手型：拳，拳心向下。

(3) 第 3 个 8 拍。

步法:

1～4　右脚开始依次做并步,1 拍 1 动。

5～8　右脚向右做并步 1 次,右脚向侧做分腿半蹲 1 次。

手臂:

1～2　两臂肩侧屈,还原,1 拍 1 动。

3～4　两臂侧上举,还原,1 拍 1 动。

5～8　两臂向内大绕环,半蹲时扶膝,再还原。

手型:掌,五指并拢。

(4) 第 4 个 8 拍。

步法:

1～4　右脚向前上一步,左腿提膝 2 次,1 拍 1 动。

5～6　左脚开始依次做脚跟前点地跳 1 次。

7～8　开合跳 1 次。

手臂:

1～4　两臂前摆至平举,然后收于腰间,1 拍 1 动。

5～6　两臂前平举,交叉,1 拍 1 动。

7～8　左手叉腰,右臂肩侧屈,然后还原。

手型:第 1～4 拍,拳,拳心向下;第 5～8 拍,屈指掌。

(5) 第 5～8 个 8 拍动作同第 1～4 个 8 拍,但方向相反。

五、大众健美操锻炼标准初级套路第二组动作

(1) 第 1 个 8 拍。

步法:

1～4　右、左脚依次做弹踢腿跳 1 次。

5～8　右、左脚依次做侧步半蹲,还原。

手臂:

1～4　弹踢腿跳时,左、右臂依次前平举,2 拍 1 动。

5～8　两臂经前平举交叉摆至侧平举 2 次。

手型:屈指掌。

(2) 第 2 个 8 拍。

步法:

1～2　右脚上步,左腿提膝。

3～4　左脚向左小跳,同时右腿侧摆,然后跳成并立。

5～8　开合跳 2 次。

手臂:

1～2　两臂前举,然后收于腰间。

3～4　左臂侧屈,右臂侧举,然后还原。

5～6　左臂侧举,右臂肩侧举屈,然后还原。

7～8　动作同 5～6，但方向相反。

手型：第 1～2 拍，拳；第 3～8 拍，掌，五指分开，掌心向下。

(3) 第 3 个 8 拍。

步法：

1～4　右、左脚依次做后踢腿跳，2 拍 1 动。

5～8　继续依次后踢腿跳，1 拍 1 动。

手臂：

1～4　前臂向前绕环。

5～8　左、右臂依次经侧向上、下摆动，1 拍 1 动。

手型：拳。

(4) 第 4 个 8 拍。

步法：

1～4　右腿开始后踢腿跑，1 拍 1 动。

5～8　右腿连续弹踢腿跳 2 次。

手臂：

1～4　两臂依次右臂侧上举、左臂侧上举、头上击掌、肩侧屈。

5～8　两臂上推，还原至肩侧屈，1 拍 1 动。

手型：第 1～3 拍，掌，五指并拢；第 4～8 拍，拳，拳心相对。

(5) 第 5～8 个 8 拍动作同第 1～4 个 8 拍动作，但方向相反。

六、健美操的编排原则和方法

在掌握基本姿态与基本动作和成套组合练习的基础上，根据不同对象的年龄、性别、素质水平以及所要达到的目的，可编制不同难度、不同风格的徒手与轻器械健美操。

1. 编排原则

(1) 体现出健美操的特点。动作幅度要大，节奏变化显明，动作要连贯，运动量适宜，以便达到应有的效果。

(2) 体现出健美操的风格。每套动作有不同的风格，但每一套动作的风格要统一。切忌在一套动作中出现各种风格，使人感到不伦不类。

(3) 成套动作应努力做到具有针对性、全面性和多样性。因为健美操是使身体得到全面锻炼的运动项目，所以在一套动作中，应尽量做到使身体的各部位活动与各类型动作做合理安排，如对颈、肩，胸、腰、髋、四肢等部位的系统安排。

(4) 器械与动作应合理配合。轻器械的使用，必须和身体动作相结合，要发挥轻器械本身的特点。通过持轻器械能够扩大动作幅度和活动范围，增大负荷量，但必须注意合理运用器械运动所产生惯性和动作的协调配合。应以发挥身体动作为主，同时注意充分发挥轻器械的特点，两者必须密切结合，才会达到持轻器械健美操所能达到的作用。

(5) 动作必须和音乐配合。健美操的特点和风格，是通过音乐的协调配合而表现出来的，因而音乐是动作节奏的基础，而动作又是音乐中感情的体现，因此音乐的旋律和风格，必须和动作的形象与风格融为一体，否则就失掉了健美操的艺术性。因此在编排动作的同时，就要选好音乐。当然，应以先选择音乐后编动作为好，但先编动作后选音乐也可以。不管谁先谁后，但二者配合必须是和谐一致的，这样才能发挥健美操的魅力。

2. 编排方法

健美操应按一定的编排程序进行编排，要明确创编前提，如目的、对象、特点、水平、风格、形式、音乐选择等。

(1) 确定目的和任务。即要明确为了解决什么问题，是健身还是矫形，是减肥还是保健等。

(2) 明确对象、性别、年龄、特点、水平等，以便设计动作的难易、幅度和节奏。

(3) 确定风格。根据目的、任务及对象情况，确定成套动作风格。如少年儿童健身操，可多用仿生动作，既能提高儿童的情趣，又能达到锻炼身体的目的。

(4) 选择音乐。以上三个方面确定后，就可着手选择音乐。播放音乐的时间、节奏、旋律和风格，一定要与以上三者和谐一致。

(5) 多实践不断修改。为了使某一套健美操达到良好的效果，并有吸引力，应在实践中不断地进行实验，反复修改，做到有的放矢，使其能在较长时间内，发挥良好作用。

第二节　健美操中级学练

一、大众健美操锻炼标准中级套路第一组动作

达到健美操中级水平要求，要能熟练完成健美操中级套路，能在 24～25 拍/10 秒的音乐速度伴奏下完成健美操。在此基础上进行动作与队形编排，注意动作、方向与路线的准确性。在完成健美操动作中身体姿态固定、准确，能很好地控制身体重心，防止腰部松懈，保持动作的稳定与平衡，使动作更有韵味。

(1) 第 1 个 8 拍。

步法：

1～4　右、左脚依次做并步 2 次。

5～8　开合跳 2 次。

手臂：

1～4　两臂体侧低摆。

5～8　两臂经前举、上举、侧举至下举还原，1 拍 1 动。

手型：第 1～4 拍，拳；第 5～8 拍，掌。

(2) 第 2 个 8 拍。

步法：

1～3　右脚开始向前走 3 步。

4～8　左、右腿依次做 3 次吸腿跳，同时右转 360°。

手臂：

1～3　两臂体侧低摆。

4～8　每次吸腿跳时击掌。

手型：自然。

(3) 第 3 个 8 拍。

步法:

1～8　左脚开始分别向左后方、右后方做 2 次侧交叉步接后屈腿,走出“>”形。

手臂:

1～8　两臂经前举向后拉,1 拍 1 动。

手型:前举时为掌,后拉时为拳。

(4) 第 4 个 8 拍。

步法:

1～8　左脚开始依次做 4 次侧步后屈腿。

手臂:

1～8　两臂经胸前屈臂交叉向后拉,1 拍 1 动。

手型:胸前臂交叉时为掌,后拉时为拳。

(5) 第 5～8 个 8 拍动作同第 1～4 个 8 拍,但方向相反。

二、大众健美操锻炼标准中级套路第二组动作

(1) 第 1 个 8 拍。

步法:

1～4　右脚开始做 1 个 V 字步。

5～8　右脚再做 1 个 V 字步,同时右转 90°。

手臂:

1～8　两臂体侧屈肘自然摆动。

手型:拳。

(2) 第 2 个 8 拍。

步法:

1～4　右脚向侧做 1 个侧并步跳接 1 个后点地的漫步。

5～8　左脚上步踏跳接右脚上步吸腿跳。

手臂:

1～4　两臂自然侧摆动,内收。

5～8　踏跳时左臂上举,右臂侧举;吸腿跳时右臂前举,左臂侧举。

手型:放松或舞蹈手型。

(3) 第 3 个 8 拍。

步法:

1～8　左脚开始依次做 4 个小马跳,同时左转 360°。

手臂:

1～8　两臂经侧举上、下摆动,2 拍 1 动。

手型:每单拍时打响指。

躯干:随手臂摆动稍有侧屈。

(4) 第 4 个 8 拍。

步法:

1～4　2个开合跳，第4拍时跳成右弓步，同时右转90°。

5～8　右脚站立，左腿重复吸腿2次，第8拍时左转90°还原成立正姿势。

手臂：

1～4　两臂体侧直臂提拉。

5～8　两臂依次前后摆动。

手型：拳。

(5) 第5～8个8拍动作同第1～4个8拍，但方向相反。

三、大众健美操锻炼标准中级套路第三组动作

(1) 第1个8拍。

步法：

1～8　右、左脚依次向右前方、左前方做4次并步跳。

手臂：

1～8　随每次并步跳两臂屈肘摆至胸前击掌。

手型：自然。

(2) 第2个8拍。

步法：

1～8　右、左脚依次做1个上步吸腿，还原。

手臂：

1～4　第1拍两臂胸前交叉；第2拍左臂侧举，右臂胸前平屈；第3拍两臂胸前交叉，第4拍还原至体侧。

手型：拳。

(3) 第3个8拍。

步法：

1～4　右脚向右后方做一个侧交叉步。

5～8　右腿抬起吸腿跳1次接右弓步跳1次。

手臂：

1～4　第1拍右臂侧平举，左臂胸前平屈；第2拍右臂胸前平屈，左臂侧平举；第3拍同1拍动作；第4拍胸前击掌互握。

5～8　吸腿跳时双手互握上举，还原；弓步时双手互握向右侧平伸，还原。

手型：第1～3拍，掌；第4～8拍，双手互握。

躯干：第7拍身体右转90°。

(4) 第4个8拍。

步法：

1～4　左脚向左后方做一个侧交叉步。

5～8　左、右脚依次做弓步跳。

手臂：

1～4　第1拍两臂经体前交叉绕至侧上举；第2拍胸前屈臂交叉；第3拍侧平举，第4拍还原成直立。

5～8　第5拍右臂前下举，左臂上举；第6拍胸前屈臂交叉；第7～8拍动作同第5～6拍，但方向相反。

手型：掌。

躯干：第5拍上体左转90°，第7拍身体右转90°。

(5) 第5～8个8拍动作同第1～4个8拍，但方向相反。

四、大众健美操锻炼标准中级套路第四组动作

(1) 第1个8拍。

步法：

1～4　右脚开始后踢腿跑4步。

5～8　右脚向侧做侧并步跳接侧步吸腿跳。

手臂：

1～4　两臂经胸前竖屈、上举、侧举至体侧还原。

5～8　两臂体前向内绕环1周。

手型：第1拍时为拳，第2～8拍时为掌。

(2) 第2个8拍。

步法：

1～4　左脚做2次漫步转身180°。

5～8　分腿站立左右摆髋跳，1拍1动，第8拍时左腿后屈抬起。

手臂：

1～8　两臂体侧自然摆动。

手型：自然。

(3) 第3个8拍。

步法：

1～6　左脚开始依次做3次前弹踢腿跳。

7～8　右脚向侧1步做侧摆腿跳，还原成直立。

手臂：

1～6　两臂经肩侧屈推至上举，还原，1拍1动，第6拍两臂弯曲交叉于胸前。

7～8　两臂经前打开至侧举。

手型：立掌。

(4) 第4个8拍。

步法：

1～4　右脚做吸腿跳2次，第2拍时右脚落在左脚前。

5～8　左脚开始，向右后方弧形跑1圈。

手臂：

1～4　右臂经侧举向上绕至身体左前方下举，然后反方向还原。

5～8　两臂体侧自然摆动。

手型：第1～4拍，掌；第5～8拍，自然。

(5) 第5～8个8拍动作同第1～4个8拍，但方向相反。

五、大众健美操锻炼标准中级动作自编

1. 以“32拍”为单位

健美操的动作编排要符合健美操音乐的规律，表现为以“32拍”为单位，也就是说“4个8拍”动作为一组，非常有规律，和音乐的结构完全一样。

2. 基本步法的拍节

每一个健美操基本步法都其有相应的拍节，健美操动作的编排实际上就是把这些基本步法按照相应的拍节有规律地排列在“32拍”的空间内，并保持“32拍”的完整性。

3. 动作的组合方式

在一个“32拍”的组合中可以包含不同数量的基本步法，步法越多，可能的组合方式也就越多。但需要注意的是，如果在一个组合里编排的步法太多，变化太快，会使教学很困难，同时也容易使学生跟不上，失去锻炼的信心，从而影响锻炼的效果。

4. 正反组合的对称法

根据健美操应全面和协调发展身体素质的要求，在编排中所有的动作组合都应正反对称才能更好地发展左右侧身体的协调平衡能力。一般来说，一个组合的第1拍出哪个脚就是哪个方向的组合，在编排中要专门设计一个“换腿动作”来进行转换，这个“换腿动作”可出现在组合的任何阶段。常用的基本方法有：

① “single single double(单、单、双)”；

② 自然换腿法；

③ 双脚法。

5. 变化因素

在健美操动作的编排中，可以在基本动作的基础上加入更多的变化，使动作更丰富。常用的变化因素有：

① 方向变化；

② 节奏变化；

③ 动作重复次数的变化；

④ 动作移动的变化；

⑤ 动作杠杆的变化；

⑥ 单、双侧动作的变化；

⑦ 动作模式的改变；

⑧ 动作平面的改变。

第三节　健美操高级学练

一、大众健美操锻炼标准高级套路第一组动作

大众健美操锻炼标准的高级套路是保持中高强度的有氧练习。在前几级的基础上增加了更多角度和方向的变化，同时设计了双脚起跳的跳跃动作。在韵律方面也更丰富，其

中有2拍1动和1拍2动的节奏变化。第一组动作如下(4×8×2):

(1) 第1个8拍。

1～2 右腿向侧做侧并步接左腿后屈腿,同时身体向右转90°。第1拍右臂前平举,左臂上举,双手开掌,右手掌心向左,左手掌心向右;第2拍双臂拉回至腰间,双手握拳。

3～4 左腿向侧做侧并步接右腿后屈腿。第3拍左臂前平举,右臂上举,双手开掌,左手掌心向右,右手掌心向左;第4拍双臂拉回至腰间,双手握拳。

5～8 右腿向右弧形走180°。双臂贴于体侧。

(2) 第2个8拍。

1～4 右腿向侧迈一步,右髋与踝同时转动两次。第1、3拍右臂上举,右手开掌,掌心朝前;第2拍右臂屈肘,右手握拳,拳与肩同高;第4拍还原至体侧。

5～8 右腿向前做V字步,第7拍身体向右转90°面对前方,第8拍左腿跳跃同时右腿做后屈腿。第5拍右臂侧上举,右手呈西班牙舞手型;第6拍左臂侧上举,左手呈西班牙舞手型;第7拍双臂胸前交叉,双拳搭在双肩上;第8拍双臂还原至体侧。

(3) 第3个8拍。

1～2 左腿小跳,右腿向前点地。双臂前平举,双手握拳,拳心向下。

3～4 左腿小跳,右腿向侧点地。双臂均右下举,双手握拳,拳眼朝前。

5～8 右腿向左前方做漫步接左腿向后交叉。第5～6拍左臂上举,右臂前平举,双手握拳;第7～8拍右手掌心贴于后脑勺,左手掌心贴于右腰侧。

(4) 第4个8拍。

1～3 左腿向左走3步,身体向左转360°。双手搭在双肩上。

4 右腿向侧迈一步成左弓步。右臂向前冲拳,左手握拳收于腰间。

5 右腿并于左腿。双手握拳收于腰间。

6 左腿向侧迈一步成右弓步。左臂向前冲拳,右手握拳收于腰间。

7～8 半蹲,还原。第7拍双手按在两大腿中部,指尖相对;第8拍双手握拳收于腰间。

(5) 第5个8拍。

1～2 左腿向侧做侧并步接右腿后屈腿,同时身体向左转90°。第1拍左臂前平举,右臂上举,双手开掌,左手掌心向右,右手掌心向左;第2拍双臂拉回至腰间,双手握拳。

3～4 右腿向侧做侧并步接左腿后屈腿。第3拍右臂前平举,左臂上举,双手开掌,右手掌心向左,左手掌心向右;第4拍双臂拉回至腰间,双手握拳。

5～8 左腿向左弧形走180°。双臂贴于体侧。

(6) 第6个8拍。

1～4 左腿向侧迈一步,左髋与踝同时转动两次。第1、3拍左臂上举,左手开掌,掌心朝前;第2拍左臂屈肘,左手握拳,拳与肩同高;第4拍还原至体侧。

5～8 左腿向前做V字步,第7拍身体向左转90°面对前方,第8拍左腿跳跃同时左腿做后屈腿。第5拍左臂侧上举,左手呈西班牙舞手型;第6拍右臂侧上举,右手呈西班牙舞手型;第7拍双臂胸前交叉,双拳搭在双肩上;第8拍双臂还原至体侧。

(7) 第7个8拍。

1～2 右腿小跳,左腿向前点地。双臂前平举,双手握拳,拳心向下。

3～4 右腿小跳,左腿向侧点地。双臂均左下举,双手握拳,拳眼朝前。

5～8　左腿向右前方做漫步接右腿向后交叉。第5～6拍右臂上举，左臂前平举，双手握拳；第7～8拍左手掌心贴于后脑勺，右手掌心贴于右腰侧。

(8) 第8个8拍。

1～3　右腿向右走3步，身体向右转360°。双手搭在双肩上。

4　左腿向侧迈一步成右弓步。左臂向前冲拳，右手握拳收于腰间。

5　左腿并于右腿。双手握拳收于腰间。

6　右腿向侧迈一步成左弓步。右臂向前冲拳，左手握拳收于腰间。

7～8　半蹲，还原。第7拍双手按在两大腿中部，指尖相对；第8拍双手握拳收于腰间。

二、大众健美操锻炼标准高级套路第二组动作

(1) 第1个8拍。

1～4　右腿向前上步接左腿踢腿，依次还原。第1、3拍双臂体侧屈肘前后自然摆动；第2拍右臂前举，右手呈西班牙舞手型，左手握拳收于腰间；第4拍双臂还原于体侧。

5～6　左腿向左跳转270°，右腿侧控腿。左臂上举，右臂侧举，双手呈西班牙舞手型，右手掌心向上。

7　右腿向左侧做前交叉，双手握拳收于腰间，拳心向下。

8　左腿向侧迈一步成右弓步，双臂前举。

(2) 第2个8拍。

1～2　右腿向左侧做后交叉步。第1拍双臂经前举拉回至腰间，双手握拳，拳心向下；第2拍右臂前举，左臂侧举，双手并掌，掌心向下。

3～4　向左侧做恰恰步。右臂前举，左臂侧举，双手并掌，掌心向下。

5～6　身体向右转270°面对前方。双臂贴于体侧。

7～8　左腿向前一步成前弓步，还原。双臂前举，双手呈西班牙舞手型，掌心向上。

(3) 第3个8拍。

1～4　小分腿跳。第1～2拍双手按在两大腿的中部；第3拍双臂侧上举，手指并拢成掌，掌心朝下；第4拍双臂还原至体侧。

5～6　身体向左转90°，左腿开始的后踢腿跑。双臂贴于体侧。

7～8　左腿向前弹踢腿一次。双臂由下经前至前平举，双手握拳，拳心向下。

(4) 第4个8拍。

1　右腿后伸。双臂经胸前平屈下压。

2　左腿吸腿，同时身体向右转270°。双臂胸前交叉，两拳搭在两肩上。

3　左腿向侧踢腿一次。双臂侧平举，拳心向下。

4～6　左腿开始向前走3步。双臂贴于体侧。

7～8　右腿吸腿跳，同时身体向右转180°面对前方。双臂体前屈肘，两拳正对两肩。

(5) 第5个8拍。

1～4　左腿向前上步接右腿踢腿，依次还原。第1、3、4拍双臂体侧屈肘前后自然摆动；第2拍左臂前举，左手呈西班牙舞手型，右手握拳收于腰间。

5～6　右腿向右跳转270°，左腿侧控腿。右臂上举，左臂侧举，双手呈西班牙舞手型，左手掌心向上。

7　左腿向右侧做前交叉，双手握拳收于腰间，拳心向下。

8　右腿向侧迈一步成左弓步，双臂前举。

(6) 第 6 个 8 拍。

1～2　左腿向右侧做后交叉步。第 1 拍双臂经前举拉回至腰间，双手握拳，拳心向下；第 2 拍左臂前举，右臂侧举，双手并掌，掌心向下。

3～4　向右侧做恰恰步。左臂前举，右臂侧举，双手并掌，掌心向下。

5～6　身体向左转 270°面对前方。双臂贴于体侧。

7～8　右腿向前一步成前弓步，还原。双臂前举，双手呈西班牙舞手型，掌心向上。

(7) 第 7 个 8 拍。

1～4　小分腿跳。第 1～2 拍双手按在两大腿的中部；第 3 拍双臂侧上举，双手并掌，掌心向下；第 4 拍双臂还原至体侧。

5～6　身体向右转 90°，右腿开始后踢腿跑。双臂贴于体侧。

7～8　右腿向前弹踢腿一次。双臂由下经前至前平举，双手握拳，拳心向下。

(8) 第 8 个 8 拍。

1　左腿后伸。双臂经胸前平屈下压。

2　右腿吸腿，同时身体向左转 270°。双臂胸前交叉，两拳搭在两肩上。

3　右腿向侧踢腿一次。双臂侧平举，拳心向下。

4～6　右腿开始向前走 3 步。双臂贴于体侧。

7～8　左腿吸腿跳，同时身体向左转 180°面对前方。双臂体前屈肘，两拳正对两肩。

三、大众健美操锻炼标准高级套路第三组动作

(1) 第 1 个 8 拍。

1～2　右腿向前 1/2 漫步，第 2 拍身体向左转 180°。右臂前平举，左臂后举，双手并掌，掌心向下。

3～4　右腿向前做弹踢腿跳。右臂侧平举，左臂前平举，双手并掌，掌心向下。

5～6　左腿向左前方并步跳一次。双手在胸前击掌一次。

7～8　右腿向右前方并步跳一次。双手在胸前击掌一次。

(2) 第 2 个 8 拍。

1～4　左腿吸腿跳交叉点地两次，第 3 拍身体向左转 180°面对前方。第 1～2 拍双臂经侧上举至胸前平屈，双手并掌，掌心向下；第 3～4 拍双臂经侧上举还原至体侧。

5～6　左腿跳两次，右腿向外向内摆动。第 5 拍双臂侧平举，双手并掌，掌心向下；第 6 拍左臂侧下举，右臂侧上举。

7～8　右腿向左侧落地成半蹲，右腿并于左腿还原成直立。双臂侧下举，双手握拳，拳眼朝前。

(3) 第 3 个 8 拍。

1～4　向右的交叉碎步，第 4 拍右腿吸腿一次。第 1、3 拍右臂侧平举，左臂胸前平屈，双手握拳，拳心向下；第 2 拍左臂侧平举，右臂胸前平屈；第 4 拍双臂胸前平屈。

5～6　左腿向前做 1/2 漫步。双臂侧上举，双手开掌。

7～8　身体向右转 270°。双臂贴于体侧。

(4) 第4个8拍。

1～2　右腿跳起，左腿向上踢起。第1拍双臂体侧屈肘，双手握拳，拳眼向后；第2拍双臂经前至下举。

3～6　右腿开始向左弧形走225°。双臂体侧屈肘前后自然摆动。

7～8　右腿吸腿跳一次。双臂前平举，双手呈西班牙舞手型。

(5) 第5个8拍。

1～2　左腿向前1/2漫步，第2拍身体向右转180°。左臂前平举，右臂后举，双手并掌，掌心向下。

3～4　左腿向前做弹踢腿跳。左臂侧平举，右臂前平举，双手并掌，掌心向下。

5～6　右腿向右前方并步跳一次。双手在胸前击掌一次。

7～8　左腿向左前方并步跳一次。双手在胸前击掌一次。

(6) 第6个8拍。

1～4　右腿吸腿跳交叉点地两次，第3拍身体向右转180°面对前方。第1～2拍双臂经侧上举至胸前平屈，双手并掌，掌心向下；第3～4拍双臂经侧上举还原至体侧。

5～6　右腿跳两次，左腿向外向内摆动。第5拍双臂侧平举，双手并掌，掌心向下；第6拍右臂侧下举，左臂侧上举。

7～8　左腿向右侧落地成半蹲，左腿并与右腿还原成直立。双臂侧下举，双手握拳，拳眼朝前。

(7) 第7个8拍。

1～4　向左的交叉碎步，第4拍左腿吸腿一次。第1、3拍左臂侧平举，右臂胸前平屈，双手握拳，拳心向下；第2拍右臂侧平举，左臂胸前平屈；第4拍双臂胸前平屈。

5～6　右腿向前做1/2漫步。

7～8　身体向左转270°。双臂贴于体侧。

(8) 第8个8拍。

1～2　左腿跳起，右腿向上踢起。第1拍双臂体侧屈肘，双手握拳，拳眼向后；第2拍双臂经前至下举。

3～6　左腿开始向右弧形走225°。双臂体侧屈肘前后自然摆动。

7～8　左腿吸腿跳一次。双臂前平举，双手呈西班牙舞手型。

四、大众健美操锻炼标准高级套路第四组动作

(1) 第1个8拍。

1～2　右腿向前迈一步，左腿吸腿一次。双臂经体前向左绕环收于左腰侧，双手由开掌变成拳。

3～4　左腿向前迈一步，右腿吸腿一次。双臂经体前向右绕环收于右腰侧，双手由开掌变成拳。

5～6　身体向右转180°，右腿做小马跳。右臂下举，左臂上举，双手并掌。右手掌心朝左，左手掌心向右。

7～8　身体继续向右转180°面对前方，左腿做小马跳。左臂下举，右臂上举，双手并掌，左手掌心向右，右手掌心向左。

(2) 第 2 个 8 拍

1～2　右腿向侧迈一步,第 2 拍身体向左跳转 180°成直立。双手按在两大腿中部,指尖相对。

3～4　左腿向侧迈一步,第 4 拍身体向右跳转 180°面对前方成直立。双手按在两大腿中部,指尖相对。

5～6　开合跳一次。第 5 拍双手按在两大腿中部,指尖相对;第 6 拍双手在胸前击掌一次。

7～8　同 5～6。

(3) 第 3 个 8 拍。

1～2　右腿向右前方迈一步成右弓步,第 2 拍左腿并于右腿,同时身体面对前方。左臂由右侧经前至左侧收于左腰侧,左手由并掌变成拳。

3～4　左腿向左前方迈一步成左弓步,第 4 拍右腿并于左腿,同时身体面对前方。左手握拳收于腰间,右臂由左侧经前至右侧收于腰间。

5　身体向右转 90°,同时右腿向前迈一步成前弓步。双臂上举,双手合掌。

6　身体向左转 90°面对前方,同时双腿成半蹲。双手按在两大腿中部,指尖相对。

7～8　上体前屈,右肩前顶,还原成直立。双手按在两大腿中部,指尖相对,还原至体侧。

(4) 第 4 个 8 拍。

1～4　右腿向侧做交叉步,第 4 拍左腿前交叉。两臂体侧屈肘同时前后摆动。

5　身体向右转 90°,右腿向前迈一步。右臂上举,左臂前举,双手呈西班牙舞手型,右手掌心朝前,左手掌心向后。

6　身体向左转 90°面对前方,左腿向前迈一步。双臂屈肘拉回至腰间,双手握拳。

7～8　右腿向左前方做恰恰步。右臂前平举,左臂上举,双手呈西班牙舞手型,右手掌心向下,左手掌心向左侧。

(5) 第 5 个 8 拍。

1～2　左腿向前迈一步,右腿吸腿一次。双臂经体前向右绕环收于右腰侧,双手由开掌变成拳。

3～4　右腿向前迈一步,左腿吸腿一次。双臂经体前向左绕环收于左腰侧,双手由开掌变成拳。

5～6　身体向左转 180°,左腿做小马跳。左臂下举,右臂上举,双手并掌,左手掌心朝右,右手掌心向左。

7～8　身体继续向左转 180°面对前方,右腿做小马跳。右臂下举,左臂上举,双手并掌,右手掌心向左,左手掌心向右。

(6) 第 6 个 8 拍。

1～2　左腿向侧迈一步,第 2 拍身体向右跳转 180°成直立。双手按在两大腿中部,指尖相对。

3～4　右腿向侧迈一步,第 4 拍身体向左跳转 180°而对前方成直立。双手按在两大腿中部,指尖相对。

5～6　开合跳一次。第 5 拍双手按在两大腿中部,指尖相对;第 6 拍双手在胸前击掌一次。

7～8　同 5～6。

(7) 第 7 个 8 拍。

1～2　左腿向左前方迈一步成左弓步，第 2 拍右腿并于左腿，同时身体面对前方。右臂由左侧经前至右侧收于右腰侧，右手由并掌变成拳。

3～4　右腿向右前方迈一步成右弓步，第 4 拍左腿并于右腿，同时身体面对前方。右手握拳收于腰间，左臂由右侧经前至左侧收于腰间。

5　身体向左转 90°，同时左腿向前迈一步成前弓步。双臂上举，双手合掌。

6　身体向右转转 90°面对前方，同时双腿成半蹲。双手按在两大腿中部，指尖相对。

7～8　上体前屈，左肩前顶，还原成直立。双手按在两大腿中部，指尖相对，还原至体侧。

(8) 第 8 个 8 拍。

1～4　左腿向侧做交叉步，第 4 拍右腿前交叉。两臂体侧屈肘同时前后摆动。

5　身体向侧左转 90°，左腿向前迈一步。左臂上举，右臂前举，双手呈西班牙舞手型，左手掌心朝前，右手掌心向后。

6　身体向右转 90°面对前方，右腿向前迈一步。双臂屈肘拉回至腰间，双手握拳。

7～8　左腿向右前方做恰恰步。左臂前平举，右臂上举，双手呈西班牙舞手型，左手掌心向下，右手掌心向右侧。

（扫一扫，观看视频课程）

第十一章　瑜伽运动进阶

第一节　瑜伽初级学练

一、认识瑜伽

瑜伽起源于印度，距今有五千多年的历史，被人们称为“世界的瑰宝”。在印度北部的喜马拉雅山麓地带，古印度瑜伽修行者在大自然中修炼身心时，无意中发现各种动物与植物天生具有治疗、放松、睡眠或保持清醒的方法。于是古印度瑜伽修行者根据动物的姿势观察、模仿并亲自体验，创立出一系列有益身心的锻炼系统，也就是体位法。这些姿势历经五千多年的锤炼，让世世代代的人从中获益。在数千年前的印度，高僧们为追求进入天人合一的最高境界，经常僻居原始森林，静坐冥想。在长时间单纯生活之后，高僧们从观察生物中体悟了不少大自然法则，再从生物的生存法则验证到人的身上，逐步地去感应身体内部的微妙变化，于是人类懂得了和自己的身体对话，从而知道探索自己的身体，开始进行健康的维护和调理，以及对疾病创痛的医治本能。几千年的钻研归纳下来，逐步衍化出一套理论完整、确切实用的养身健身体系，这就是瑜伽。（见图 11-1）

图 11-1　瑜伽

二、基础呼吸法

1. 胸式呼吸

以自己最舒服的姿势坐定，腰背挺直，脊柱向上拔高。把两手放在胸两旁的肋骨处，以帮助自己感受呼吸时胸部的隆起和收缩。深深吸气，感觉胸部的隆起(肋骨向外、向上扩张)，然后缓缓呼气，向内、向下放松肋骨。这样重复做几次，熟练了之后可以把手放下来练习。

2. 腹式呼吸

腹式呼吸又叫横隔呼吸。横隔是把肺和腹腔器官分开的强有力的膜状肌，吸气时横隔运动越向下，吸入肺脏的空气就越多。

以自我感觉最舒服的坐姿坐定，腰背挺直，脊柱向上拔高。一手放在肚脐下方小腹的位置，来帮助感受呼吸时腹部的收缩，一手放在鼻子的前面，帮助感受气体的呼出。先随着呼气把腹部收紧，然后深深吸气，手随腹部隆起而上升，胸部不要扩张。缓缓呼气，腹部向脊柱方向用力收紧，于是最大量的空气将从肺部驱出。

3. 完全呼吸

采用一种放松的坐姿、卧姿或站姿，宽衣松带，脊柱和头部保持垂直地面，双臂自然下垂或放在腿上，全身放松。

呼气阶段：开始时缓慢呼气，用收缩腹部的方法把气体赶出腹腔，当腹腔完全凹进体内时，开始缓慢地收缩肋骨，将体内剩余的气体赶出胸腔，直到气体呼尽为止。这个过程约 5 秒钟。

屏息阶段：在腹腔和胸腔完全凹陷时停止呼吸，保持大约 2～3 秒钟。

吸气阶段：吸气阶段与呼气是完全相反的过程，我们先放松肋骨，让气体缓慢充满胸腔，尽量吸气最大限度地扩张胸膛，然后轻轻吸气，缓缓放松腹部，使腹部渐渐鼓起，吸气耗时约 5 秒钟，至此完成一组完全瑜伽呼吸。

三、经典体式

1. 束角式

简易坐在垫上，双膝外展，脚心相对，双手十指交叉，握住脚掌外侧，髋关节放松脚跟抵向会阴，吸气，甚至双臂向上延展脊柱。呼气，弯曲肘关节，同时向前、向下屈体，缓慢将额头落于脚掌上。保持顺畅的 5 次呼吸后回到简易坐。

2. 广角式

直腿坐于垫上，双腿向两侧打开，脚尖和膝盖朝上。大腿肌肉向内旋，髋部肌肉向后侧转以打开骨盆。双手十指分开支撑于大腿内侧的地面上。吸气，伸展上体。呼气，双臂带动上体充分向前屈。手臂、肩背平整。胸椎、脖颈充分前伸。下颚轻触地面，面颊放松。保持顺畅的 5 次呼吸后回到直腿坐。

3. 下犬式

身体呈四肢支撑状，双手自然置于肩部正下方。均匀地张开手指，使手掌及各手指紧贴地面。双脚分开与髋同款，双膝、双腿小腿前侧和脚背自然落地支撑。吸气，提臂向上，逐渐伸直腿部，通过脊柱和臀部拉伸背部。呼气，脚掌和脚跟踩实地面，充分伸展腿部后侧和大臂、后背部。面部朝下，眼睛看双膝。吸气，将双腿打开略比髋宽。呼气，充分伸展手臂向前、向下支撑，努力将额头触地。眼睛看双脚之间的地面。保持顺畅的 5 次呼吸后回到大拜式放松。

4. 山式伸展

双脚平行站立，双膝朝前，向内、向上收紧腿部和臀部肌肉。脊柱向上延展，后背挺直。双手经体侧至胸口合十。吸气，双手经过面颊缓慢向上至头顶上方合十，面颊和眼睛跟随手掌一起向上抬起，眼睛看掌跟。呼气，放松双肩、双臂。保持顺畅自然的呼吸5次后回到山式合十礼。

5. 站立体前屈

山式站立，吸气，双臂经体侧至上举，掌心相对。呼气，保持身体直立。吸气，手指引领上体伸展。呼气，上体由上向下充分前屈，手臂由上至下落至脚趾前端，掌心贴地面。脖颈自然下垂。吸气，双手经地面向后移至小腿后侧，抱住脚踝。呼气，将面部努力贴靠小腿前侧。保持顺畅的5次呼吸后回到山式。

6. 俯卧支撑后弯

俯卧于垫上，手肘立于胸部两侧，下巴着地。吸气，手指竖起，撑于肩部两侧。呼气，放松腹部贴实地面。吸气，手指向下用力，手肘立起，缓慢抬起脖颈，下巴离开地面。呼吸，放松腹部和下肢。吸气，手指继续向下用力，逐渐抬起胸椎。呼气，放松肩部和腹部。吸气，将手臂充分伸直，将胸椎和脖颈抬至最高。呼气，推腹部下沉找地面，脚背、小腿、膝部和大腿前侧充分贴地面，面部朝上，眼睛看眉心。吸气，停留5次顺畅的呼吸。呼气，慢慢将上体放松下来，两手叠加，将一侧的太阳穴放在叠加的手臂上放松。

四、基础坐姿

1. 简易坐

坐下来，脊柱拉直向上，双腿交叉，胸膛挺起，膝盖放松就可以了。可以根据自己的情况，调整两腿交换位置。

简易坐是瑜伽练习者最常用的坐姿，能让大脑平静、注意力集中。

2. 莲花坐

坐在垫子上，双腿向前并拢伸直，双手自然放在身体两侧。左腿伸直不动，弯曲右腿，将右脚放在左大腿根部之上，脚跟抵住左小腹。弯曲左腿，将左脚放在右大腿根部之上，左脚跟抵住右侧小腹，双手扶住两膝盖。

3. 至善坐

坐在垫上，两腿向前伸展，双脚自然放松，慢慢弯曲左膝，双手抓住左脚踝将左脚掌心向上贴在右大腿根部，左脚跟顶住会阴部位。慢慢弯曲右膝，双手抓住右脚踝将右脚放在左腿的大、小腿夹缝中间夹住，两脚跟自然地重叠在一起。手掌心向上放落在双膝上，两手呈智慧手印（食指指尖抵住大拇指内侧）。尽量地放松双膝、肩膀，保持脊柱和颈部挺直。

五、基础卧姿

1. 躺卧式

平躺在垫子上，伸展脊椎，双臂放在身体两旁。双脚蹬直稍稍打开，脚跟向前，脚尖向上。右腿屈膝，用右手握住右脚大脚趾，左腿不离开地面。吸气，右脚尽量往上伸展，慢慢把右腿绷直，使脚跟向上，脚趾朝向脸。保持这个姿势约20秒。调整呼吸，慢慢放下右腿，双手放于身体两侧，全身放松，再换另一侧腿继续练习。

2. 仰卧扭腰式

仰卧于垫子上，双手自然地放于身体两侧。两膝弯曲，脚跟靠近臀部，两手向两边打开伸直，与身体呈 90°。

保持上半身不动，两腿倒向左侧，使左膝碰垫面。头部慢慢转向右侧，望着右手指的方向。保持这个姿势，轻轻吸气、呼气，头和双膝慢慢恢复到原来的位置，然后将双膝慢慢倒向右侧地面，头向左转看左手。动作完成后，双手放回身体两侧，双腿伸直，慢慢放松全身。

六、基础跪姿

1. 骆驼式

半跪在垫上，双脚分开与肩同宽。双手掌跟托住髋部，吸气，轻轻将脊柱向后弯曲，肋骨延展，伸展到大腿肌肉。呼气，双手分别放于双脚跟上，保持两腿垂直于地面，将头后仰。臀部收紧，进一步延展背部脊柱和尾骨区域，颈部向后延展，保持这个姿势 30 秒，呼吸正常。以此把手扶在髋部，慢慢起身还原，然后坐在垫上，放松。

2. 猫伸展

曲四肢着地准备。吸气，下巴带动脖颈、胸椎、脊柱向前延展，抬头，眼睛看眉心。呼气，低头，含胸，腹部内收，后背充分向上拱起，眼睛看肚脐。保持顺畅的吸气和呼气动作，进行 10 次重复练习。

3. 门闩式

跪在垫上，双脚并拢。右腿向右方伸直，脚背朝上，右脚与左膝在一条直线上。吸气，双手侧平举与肩平。呼气，躯干和右臂向下伸展腿移动，右手放于右脚踝处，左手手臂举过头，左臂贴左耳，保持姿势 30～60 秒，正常呼吸。吸气还原，重复另一侧，保持相同时间。

七、基础站姿

1. 山式

双脚并拢，挺直腰背，双手自然垂放于身体两侧，感觉重心往下压。

2. 飞鸟式

山式站立，双手自然垂于体侧，挺直脊柱，眼睛平视前方，调整呼吸。吸气，双腿并拢不动，双臂向后身体两侧打开，与肩同高，双手五指尽量张开。呼气，双臂带动肩、背部微微向后仰，感受胸部不断向外扩张，想象自己像飞鸟一样在天空翱翔，保持姿势 20 秒。

八、促进柔韧素质提高的基础体式

1. 弓式

俯卧，双臂置于体侧，掌心贴在垫子上。双腿自然分开，弯曲双膝，双手抓住脚踝，膝盖间距与胯部等宽。吸气，抬头，双脚远离臀部，同时拉动膝盖离地，双腿抬高，胸部离地，手臂、肩膀伸展，眼睛向前看，使整个身体看起来像一张拉紧的弓，保持均匀呼吸。呼气，还原，放松全身。

2. 前臂旋转式

取雷电坐姿，双眼正视前方，保持平稳的呼吸。向前伸直双臂掌心向外，大拇指向下。将左臂放在右臂上，双手合掌，十指相交。吸气，以双肘为轴，双手沿着由下向内向上的顺序，做 360°旋转，最大限度向前伸直，感觉到手肘被拉伸，保持此姿势约 10 秒后，放松。

3. 战士一式

下犬支撑于垫上。吸气，将左腿向后上方抬起。呼气，放松身心。吸气，将左腿向前跨越一大步成左弓步，双臂由下向上举，掌心相对。呼气，右脚脚尖外传，右脚膝盖绷直，将胯关节转正，眼睛看掌跟。保持 5 次呼吸后回到下犬式。稍作休息后换另一侧练习。

4. 战士二式

可以从战士一式过渡：吸气，双臂充分向上伸直。呼气，双臂带动上体向右前方转动。双手呈侧平举，眼睛看左手前方。保持身体稳定。保持 5 次呼吸后收回姿势，进行另一侧重复练习。

5. 猫式

跪立，两腿分开与肩同宽，小腿及脚背贴地，双手十指分开，撑于地面，背部与地面平行。深呼吸几次，吸气，向下塌腰，使背部向下凹，向上抬高头部，后脑勺尽量靠近脊柱，胸部和臀部也相应抬高。呼气，向上弓起背部，向下放低头部、胸部和臀部，眼睛望向自己的肚脐方向，保持姿势 30 秒，俯卧在地面，放松全身。

九、促进力量素质提高的基础体式

1. 平板式

俯卧在垫子上，双手肘部弯曲，掌心向下撑于垫面，两腿向后伸直再并拢，身体与地面保持平行。将重心移到两个手臂，将力量均匀分散在整个手掌上，收紧胸、背、腹、臀部的肌肉，使身体成为一条直线，保持这个姿势 30 秒左右，然后恢复到初始姿势，再重复上述步骤 3～5 次。

2. 顶峰式

跪坐在垫子上，双目平视。双腿分开，与肩同宽，大腿与小腿垂直，双手撑在垫子上，身体与地面保持水平。吸气，双腿向后伸直，脚跟踩在垫子上，臀部向上抬高。尽量用额头去触碰地面，眼睛看双脚，保持均匀的呼吸，然后恢复到初始姿势，再重复上述步骤 3～5 次。

十、促进平衡素质提高的基础体式

1. 幻椅

山式站立于垫上，吸气，两手经侧至上举，两掌心相对或合十，眼睛看眉心。呼气，臀部向后，屈膝半蹲，向上延展脊柱，头保持正直，下颌稍内收，眼睛看掌跟，双肩放松。保持顺畅的 5 次呼吸后回到山式站立。

2. 单腿站立手拉脚趾式

山式站立于垫上，吸气，提右膝，右手食指和大拇指扣住右脚大脚趾，髋关节下压，左手叉腰保持身体平衡，眼睛平视前方。呼气，右脚缓慢向前蹬直，伸直右手，脊柱保持向上延展。吸气，缓慢将右脚、右手经前向右侧打开。在身体平衡的基础上，将左手向左侧打开至侧平举，眼看左手指。保持 5 次呼吸后换另一侧练习。

3. 单腿半莲花体前屈

山式站立于垫上，吸气，屈右膝并外展，右脚上提，脚心向上，左手握住右脚背外侧；呼气，膝盖向下成半莲花式。吸气，向上延展脊柱，右手经前至上举，掌心向前。呼气，上体由手臂带动经前向下屈体，双手落于右脚两侧，后背直立，缓慢将胸椎紧贴大腿。保持 5 次呼吸停留后换另一侧练习。

十一、增进脊柱健康的基础体式

半脊柱扭转式：坐在垫子上，双腿向前并拢伸直，保持腰背挺直，双手手掌放在身体两侧，掌心触地，目视前方。吸气，右脚跨过左膝平放在地上，脚跟收近左臀处。呼气，将左脚脚后跟收至右臀处。左手放在右脚上，吸气，挺直脊柱。呼气，右手带动身体向右后侧扭转，右肩向后打开，右手放在左大腿上，头转向右后侧，保持 3 次呼吸，换另一侧练习。

十二、促进血液循环的基础体式

1. 肩倒立式

仰卧在垫子上，两腿并拢向前伸直，两臂分别放在身体两侧，掌心朝下。吸气，双手按住垫面，双腿慢慢向上抬高与地面呈 90°，注意双腿要伸直，不要弯曲膝盖。呼气，腰背部和臀部向上抬高，双腿伸向头部后方，直到脚尖点地。吸气，双手托腰，上臂紧贴垫子，支撑身体，抬高臀部，双腿向上举高，与上身呈一条直线，垂直于地面，保持自然呼吸。保持 30 秒，放松全身。

2. 摇篮式

俯卧在垫子上，双手放在身体两侧，掌心向上，双腿绷直，眼睛向前，下巴点地。呼气，弯曲双膝，同时举起双臂，分别从身体两侧抱住双脚。深呼吸几次，然后呼气时，用力收缩双腿和双臂的距离，从而使胸部离开地面，让腹部承担身体的整个重量。头部尽量上仰，保持此动作约 15 秒，然后像钟摆那样左右滚动身体。滚动时，动作要慢，且注意调整呼吸。左右滚动各约 3 次，然后吸气，恢复原始俯卧姿势，放松全身。

3. 轮式

仰卧在垫子上，打开双腿，与肩同宽，双手靠在身体两侧。弯曲双膝，用双手将两个脚后跟拉近臀部。弯曲双手手肘，将双手放于头部两侧，掌心贴在垫子上，指尖指向双脚方向，手肘指向天空。双手用力撑住垫面，吸气，慢慢向上抬高臀部和腰背部，头顶贴在垫子上。慢慢调息，双手逐渐伸直，使头顶离开地面，身体呈轮式。保持此姿势 10 秒，然后慢慢放松全身，恢复仰卧姿势。

第二节　瑜伽中级学练

一、促进柔韧素质提高的中级体式

1. 骆驼式

跪立在地面上，双膝分开与胯部等宽，大腿和地面垂直，脚背贴地。双手放在臀部，吸气，打开肩膀，脊柱后弯，肋骨延展。呼气，胯部前推，身体后弯，右手放在右脚脚掌上。左手放在左脚脚掌上，头部后仰，颈部向后伸展，保持30～45秒。还原时，吸气，向上抬起身体，颈部还原。

2. 眼镜蛇扭转式

俯卧于垫子上，双腿并拢伸直，双臂放在身体两侧，手心向下。吸气，由头、颈、肩、胸、腹依次向上抬起，让脊椎一节一节地舒展，双手撑地，充分锻炼背部肌肉。呼气，腰部以上部位慢慢向右侧转动，头部右转，双眼望着右脚的方向。保持此姿势10秒，然后，身体恢复原位，头部慢慢转向另一侧。

二、促进力量素质提高的中级体式

鹤禅式：下蹲，让大腿根贴着脚踝，双脚分开，略呈外“八”字形；双手自然置于膝盖上，两肘置于两腿外侧。保持蹲姿，踮起脚跟，用脚尖撑地，尽量抬高身体。将两手平放在地上，双手五指分开，指尖向前；弯曲两膝，使两膝的内侧尽量靠近腋窝。吸气，以双手支撑在地面上，向前缓慢地弯曲身体，使两脚离开地面，双肘呈弯曲状态，两膝内侧压在两肘上部。尽量长久地保持此姿势，缓慢地呼吸3～6次，并重复此式2次。两腿往下收，小腿着地，大腿根部贴脚跟；双手握拳并重叠置于地面上，将前额靠在拳眼上，全身放松，做6～10次深呼吸。

三、促进平衡素质提高的中级体式

1. 鸟王式

自然站立在垫子上，双腿并拢，目视前方。向上抬起双臂，左手臂从上方压过右手臂，肘关节重叠，双手掌心相对，双手合十。弯曲双膝，抬起左小腿，跨过右膝，以左脚尖点地，将身体重心放在两腿之间，右脚趾牢牢抓紧垫面。深深吸气，左脚从后面勾住右小腿，同时挺直背部慢慢向下蹲，上身尽量向前倾，让腹部靠近大腿，用心去体会腰背部的拉伸。

2. 三角伸展式

吸气，延展手臂向前。呼气，将左臂屈肘落于左膝上。吸气，将右臂呈上举。呼气，将右臂沿着右耳远方延展，掌心向下，眼睛看手掌。保持5次呼吸后收回姿势，进行另一侧重复练习。

四、强化核心肌肉群的中级体式

1. 半鱼王式

坐在垫子上，腰背挺直，双腿向前并拢伸直，双手放在身体两侧，眼睛平视前方，均匀呼吸。弯曲右膝，将右脚放在左腿外侧的地面上，左腿伸直不边。吸气，弯曲左膝，左小腿贴放在右大腿下方的地面上。上半身向右转90°，左大臂抵住右大腿外侧。双手胸前合十，眼睛看向前方，保持姿势20秒，然后换另一侧重复动作。

2. 单腿站立伸展式

山式站立。吸气，右腿向前伸直，和地面平行。左手放在胯部左侧，弯曲右膝，右手抓住右脚大脚趾。呼气，右腿向外打开，让右脚与肩膀齐平，左臂侧平举，掌心向下，肩膀手臂连成一条直线，注视前方，保持30～45秒。还原时，吸气，右腿收回前方。呼气，放松右脚，回到山式。换另一侧练习同样步骤。

3. 头碰脚式

山式站立。双脚打开105～120厘米。吸气，手臂侧平举，掌心向下，右脚外转90°，左脚内扣成60°。呼气，转身向右侧，双手背后并且十指交叉相扣。吸气，伸直手臂，伸展背部，打开肩膀胸腔。呼气，缓慢前屈，前额放在大脚趾上，保持手臂伸直，保持30～45秒。吸气，抬头，身体直立，右腿伸直。转向左侧，换另一侧练习同样步骤。

4. 简易鸽子式

双膝跪地，上身打直，双手叉腰。左脚往前伸，身体自然前倾，右脚向后伸直。双手顺着身体自然前倾，平方左脚两侧贴地。将弯曲的左脚下压，脚尖点地，右脚伸直。将全身上下压着地，挺直上身，双手往后顺着身体延展，提胸，往后捉住抬高的右脚脚尖。

五、增进脊柱健康的中级体式

1. 头碰膝扭转前曲伸展坐式

棍棒式坐立，双腿自然分开。弯曲左膝，左脚跟贴向会阴，脚掌贴在右大腿内侧。左膝尽量向外打开，双腿呈钝角。右手腕向外侧翻转，抓住右脚内侧。吸气，左臂上举。呼气，身体前屈，左手抓住右脚外侧，右手肘在右膝内侧，贴地。保持手肘弯曲，尽量打开而使躯干充分扭转。头后部靠向膝盖，注视天花板方向，保持30～45秒。还原时，吸气，抬起左臂，直立身体。呼气，回到棍棒式，放松。换另一侧练习同样步骤。

2. 巴拉瓦伽二式

棍棒式坐立。弯曲右膝，右脚向后置于臀部外侧，小腿后侧紧贴大腿。弯曲左膝，左脚放在右大腿根上方。双膝贴地。左臂从腰后侧绕过抓住左脚。吸气，右臂上举。呼气，扭转躯干，右手放在左膝下侧，掌心贴地，指尖向右，转头向左，沿左肩方向向后看，保持30～45秒。还原时，吸气，头部回正，抬起右臂。呼气，右臂落回体侧，双腿伸直。换另一侧练习同样步骤。

六、促进血液循环的中级体式

1. 头倒立一

跪坐。双手十指相扣，前臂放在垫子上，形成一个正三角形，双肘间距与肩同宽，掌心朝向自己的方向，不要向上摊开。把头顶放在垫子上，双手抵住头后方，头不要压住手指或者手掌。脚尖点地，吸气，抬起膝盖，双脚向前移动靠近手肘。保持背部挺直，此时，从侧面看身体像一个倒V形。呼气，弯曲膝盖，双脚离地，大腿贴向腹部，收紧腹部。吸气，保持弯曲膝，抬高双腿。双肩打开，不要耸肩，稳定支撑，吸气，慢慢向上伸直双腿，让身体和地面成一条垂直的直线，保持1～3分钟。还原时，呼气，缓慢弯曲膝盖，大腿靠向腹部，双脚慢慢落地。双手握拳上下重叠，前额放在拳头上，呈兔子式放松。

2. 鱼式

取莲花坐姿，双手放于两侧膝盖上，双眼正视前方，保持平稳呼吸。吸气，慢慢向后放低上身，以头部百会穴着地，双手轻轻抓住脚尖；呼气，身体尽量向上抬高胸部。保持5秒后，身体慢慢放松。然后恢复到初始姿势。

3. 扭背双腿伸展式

坐在垫子上，两腿向前伸直，两腿的膝盖、脚跟、脚踝和大脚趾都并拢。深呼吸一次，呼气时，左手伸向右脚，握住右脚外侧；右手伸向左脚，握住左脚外侧。弯曲双肘并将它们向两侧撑开，慢慢将上半身转向右侧，头部在两臂之间，尽量转动头部向上看。保持以上姿势30秒，转动上半身回到初始姿势，换另一侧继续练习。

七、清凉调息

清凉调息是一种用嘴巴吸气、鼻子呼气的呼吸方法。当清凉的空气进入体内时，会给整个身体带来清凉感。夏天要多做，冬天要少做。它可以放松身体的各个肌肉群，强化肝脏和脾脏功能，洁净血液，促进生命之气在体内流通。

选择一种舒适的瑜伽坐姿坐好，腰背挺直，下巴微收，双手放在双膝上，掌心朝上。

张开嘴，将舌尖略伸出唇外，卷成管状。

通过舌尖吸入空气，感觉清凉的空气经过舌头，沿着气管向下运行。吸满空气后，合上嘴巴，收下巴抵锁骨，悬息。

悬息4秒钟以上，抬头，通过鼻孔慢慢地呼出气体，然后重复练习25～50次。

第三节　瑜伽高级学练

一、促进柔韧素质提高的高级体式

1. 前伸展式

挺直腰背坐于垫子上，双腿向前并拢伸直，双手放在身体两侧的垫子上。吸气，弯曲双膝，脚掌着地，上半身慢慢向后方倾，双手手掌跟着向后移动，十指指向两脚。呼气，慢慢将臀部抬离地面，两脚向前滑动，双腿绷直。用力伸直双臂，使胸部向上扩展，全身重量落在两臂、双脚上，头部自然向后仰。保持此姿势10～30秒，然后放松全身。

2. 蛇击式

取金刚坐姿坐在垫子上，身体向前俯，手臂向前伸展，手心触地。双臂弯曲，抬头，塌腰，胸部贴近垫面，同时臀部离开脚跟，向上抬起，大腿与小腿接近垂直，脚尖点地。保持平稳的呼吸，身体缓缓地沿地面向前移动，双臂慢慢伸直，将上半身支撑起来，腹部以下全部靠在垫子上，头部向后仰，眼睛向上看，成眼镜蛇式。调整呼吸，身体慢慢向后移动，双臂弯曲，按照相反的顺序，恢复到第二步的状态。保持此姿势20秒，臀部慢慢回坐，落在双脚跟上，胸部、腹部靠近大腿，额头、双手贴在垫子上，闭上眼睛放松。

二、促进力量素质提高的高级体式

1. 海豚式

取跪姿，臀部紧贴脚跟，上身向前倾至放落在大腿上，额头贴地，双臂自然垂于体侧，掌心向上。十指交叉，掌心自然地挡在头顶前。呼气，同时踮起脚跟，臀部向上、向前移动，顺势将头部稍向前滚动，试着将双脚跟着地。

2. 乌鸦式

跪在地板上，双膝并拢，两脚分开，臀部置于两脚之间的地面上，自然呼吸。

臀部上抬，以脚尖着地，臀部落坐于脚后跟部位。膝盖向上提起，脚后跟着地，手掌心于两脚外侧贴地。自然呼吸，尽量长久地保持这个姿势。缓缓恢复预备姿势，充分休息。

三、促进平衡素质的高级体式

1. 敬礼式

站立在垫子上，双脚分开，稍微比肩宽一点，两脚脚尖朝向外侧，双手于胸前合掌。深吸气，呼气时，慢慢向下蹲，直到大小腿完全靠拢，上身始终保持直立。双肘贴近大腿内侧，尽量向两侧撑开双膝。吸气，抬头，眼睛上看，充分拉伸颈部前侧。顺畅地呼吸，保持此姿势10秒。呼气，向下低头，用下巴去靠近前胸。双手保持合掌，双臂向前伸直，同时身体向前推，双手指尖触地。双手收回，抬头，双手轻轻拍打大腿两侧，放松全身。

2. 风车式

站立在垫子上，双腿分开大约两肩宽的距离，双手放于髋关节处。吸气，向上伸展双臂。呼气，右手落于垫面两腿中线处，右手手掌撑地，左臂向上伸展，左手指向天空。头部转向左侧，眼睛看向左手指的方向，保持此姿势30秒。慢慢恢复到初始姿势，开始另一侧的练习。

3. 站立前屈式

站立在垫子上，双腿并拢，双手贴在身体两侧，均匀地呼吸。深深吸气，呼气时，从髋关节处开始向前弯曲身体，让胸部和腹部贴在双腿上，头部放在双膝之间，双手抱住小腿肚。保持以上姿势，调整呼吸，双手触垫，身体慢慢向上抬起，抬头。

四、调息法

1. 冷却调息法

采取一种舒适的坐姿，双手放在双膝上，上体、脊柱、头部、颈部始终保持平直，双目闭合，全身放松。

舌头前伸触及牙齿内侧，嘴唇微微张开，上、下齿间留有缝隙，空气可从缝隙间进入口中，用嘴吸气，感觉空气进入整个舌体。在不用力的情况下尽可能多地吸入空气。接下来，用两个鼻孔慢慢呼气，直至呼完所有吸入的空气。这是一个完整的过程，至少练习10遍。

这个方法可使肌肉放松，血液净化，对整个人体和神经系统具有镇定和放松的作用。它还能促进周身元气运行流畅，抑制心情忧郁精神紧张。

高血压患者做此练习时，每次练习只限于10个回合。有心脏病的人不应该练习此法。

2. 蜂鸣调息法

取一种舒适的瑜伽坐姿，脊柱挺直。

闭上双眼，放松全身片刻。

嘴巴在整个练习过程中都是闭紧的，通过两只鼻孔慢慢地吸气，蓄气不呼，进行收颔收束法和会阴收束法，坚持几秒钟，然后恢复正常呼吸。

将两手的食指轻柔地推进两外耳道，塞住两只耳朵。嘴巴继续闭紧，上下牙齿分开，然后缓缓呼气，产生一种如同蜜蜂一样的连绵不断的嗡嗡声。呼气应缓慢而有节律，将意识完全集中于声音的振动上面。

蜂鸣调息法可缓解紧张、焦虑和易怒的情绪,有助于降低血压,维持平和的心态,它还能消除咽喉不适,对嗓子非常有益。

3. 风箱调息法

取一种舒适的坐姿坐定,头和脊柱保持挺直,闭上双眼,放松全身。

(1) 第一阶段。

右手放在脸部前面,食指和中指放在前额,拇指在右鼻孔旁、无名指在左鼻孔旁,小指直。左手放在左膝上。

以拇指压住鼻旁,闭住右鼻孔。腹部快速而有节奏地扩张、收缩,气体经由左鼻孔快速地被吸入和呼出20次。

深吸一口气,用拇指、无名指从鼻两旁压迫,进行收颌收束法和会阴收束法,保持几秒钟,然后呼气,并恢复正常呼吸。

用无名指闭住左鼻孔,腹部快速而有节奏地扩张、收缩,气体经由右鼻孔快速地被吸入和呼出20次。

再次深吸一口气,重复进行练习。这是一个回合,一次做3个回合。

(2) 第二阶段。

按第一阶段同样的坐姿坐定,双手放在双膝上,同时通过两只鼻孔快速呼吸20次,接着深深地吸气,屏息,进行收颌收束法和会阴收束法,保持几秒钟,呼气,恢复正常呼吸。

这是1个回合,共做3个回合。

风箱调息法有助于冷化肺部,排出多余气体,对缓解哮喘、肺结核等病症有一定效果。它还能消除喉部炎症,使人思维清晰,心态平静。

4. 圣光调息法

任选一种舒适的瑜伽坐姿打坐,合上双眼,放松全身。

与风箱调息法一样进行腹式呼吸,重点放在呼气上。与风箱调息法不同的是,应让吸气慢慢地、自发地进行,只是微微地用力呼气,每次呼完之后稍做悬息,然后轻轻吸气。呼气50次,然后深深呼气,做收颌收束法、收腹收束法和会阴收束法,意识集中于眉心,感到空虚和宁静。接下来解除三种收束法,缓缓吸气,放松全身。

圣光调息法给予大脑充分的休息,并让心情在空虚的状态中重获活力。这个功法有助于缓解脑血栓的形成。

如果悬息时间增加,效果会更好,但也不宜太长,以感到舒适为限。

五、冥想

冥想是通过将心集中在身体的灵性意识中或某种事物上,形成意识流获得深度的宁静状态,从而增强自我意识,使身心达到一种良好的状态。凝神、入定、三摩地是冥想的三个阶段,并且它们是一气呵成没有停顿的。瑜伽冥想主要有语音冥想、烛光冥想、睡眠冥想等。

1. 冥想坐姿

要想进入冥想状态就必须采取一个舒适的坐姿以便能够保持静止不动。只有身体保持一段时间的淡定静止,才有可能体验到冥想状态。冥想时可考虑采取的坐姿为:简易坐、至善坐、半莲花坐与莲花坐。

从中选择一种舒适的能让脊柱保持挺直的状态，但身体其他部位不会感到紧张的姿势。在练习初期，可以尝试坐在软垫或瑜伽砖上。只有当背部肌肉锻炼得比较有力时，才能做到在没有支撑的情况下保持较长时间的坐立姿势。如果上述坐姿不够舒服，那么可以尝试坐在椅子上练习。

2. 语音冥想

语音冥想中最常用的一种语音是“噢姆”。在所有的瑜伽语音体系里，“OM”语音是最有效、最简单的冥想方法，能够把人的心灵引向宁静、平和。

以任意一种冥想坐姿坐立，闭上双眼，深呼吸。专注于自己的呼吸，每次呼气时用深沉的声音诵念“噢姆”语音。把语音延长诵念出来，与呼气的过程一样长。进入状态后，每次吸气时可以在心里歌念“噢姆”，每次呼气时出声诵念。此练习做多少次并无限制，注意掌握自己的呼吸。

3. 烛光冥想

取一支点燃的蜡烛，将其放置距离一手臂远的正面的桌子上，与目光水平线高度一致，闭上双眼消除杂念。进入沉静状态后，双眼微张，凝视烛心 1～3 分钟，眼泪会慢慢渗出。闭上双眼，继续凝视烛心。反复 3～5 次。

烛光冥想能有效消除眼部的疲劳，使双目纯净，提高视力，使大脑得到平静，通过长期的练习，可以获得深邃的目光。

4. 睡眠冥想

睡眠冥想能帮助人在短时间内身体和大脑进入极度放松的状态。练习一段时间后，能够保障自如地进入深层睡眠。

仰卧在地上，让全身各部位保持放松状态。闭上双眼，思想从脚趾到头顶掠过，越慢越好，然后再掠过整个背部。重复 10 次。

（扫一扫，观看视频课程）

第十二章 体育舞蹈进阶

第一节 体育舞蹈初级学练

一、认识体育舞蹈

体育舞蹈也称国际标准交谊舞，简称国标舞(图 12-1)。体育舞蹈是由社交舞(交谊舞、舞厅舞)演变而来的。社交舞的来源可追溯到原始时期，那时人类就有带有自娱性、观赏性、表演性的舞蹈活动。男女对舞，最早出现在非洲黑人民间土风舞中，他们多在农闲或者节日，成群结队地在草地或者广场上跳乡村土风舞。因而体育舞蹈是由世界各国最早的民间舞蹈演变而来的，其发源地多为欧洲、非洲、南美洲、北美洲黑人群体聚居地，经历了对舞、圈舞、行列舞、集体舞等舞蹈形式的演变过程。

图 12-1　体育舞蹈(国标舞)

体育舞蹈以人体为舞蹈表现工具，在音乐伴奏下，通过有艺术化的规范性动作，来表现特定舞蹈技术特征并展现一定艺术的运动项目。作为一项特殊的运动，它既有体育运动的竞技特征，又有浓郁的舞蹈风格，是集合了不同国家、地域和民族特色的国际型舞蹈。体育舞蹈通过身体的各种形态技术动作表达出音乐意境，并展示舞者内心的向往，使人陶醉在高尚的精神境界之中从而获得美的享受，起源于西方的它有着悠久的历史和广袤的文化底蕴。

体育舞蹈按其对社会的作用分为大众体育舞蹈和竞技体育舞蹈两大类。

大众体育舞蹈又称交谊舞，或称舞厅舞、古代社交舞、社交舞或舞会舞，包括时下流行与时尚的舞种。

竞技体育舞蹈又分为摩登舞与拉丁舞。摩登舞包括华尔兹、探戈、狐步、快步、维也纳华尔兹。拉丁舞包括伦巴、恰恰恰、桑巴、牛仔、斗牛士。

体育舞蹈运动是一项新型的体育项目，是体育与舞蹈的结合，具有运动与艺术的双重性。因此体育舞蹈极富时代气息，具有健身价值、欣赏价值和社会价值。

二、音乐及节奏练习

在学习舞步前，首先清楚基本舞步与音乐特点，然后口头上数清音乐节拍，再进入舞步动作教学。

在学习舞步初始阶段要学会口令节奏，帮助学生掌握动作节奏。基本掌握舞步后及时配乐，促进动作和音乐结合，感受舞蹈与音乐结合的韵律美。在音乐伴奏的初期，口令节奏提示动作是非常重要的一环。

动听的音乐提供舞蹈节奏，可以振奋精神、欢悦心境。体育舞蹈的各种舞都有相对固定的音乐节拍、速度和基本节奏。

华尔兹 3/4 拍，每小节 3 拍，每分钟 31～32 小节。基本节奏：华尔兹循环 1、2、3 三拍。第 1 拍是重拍，第 2 拍、第 3 拍是弱拍。

探戈 2/4 拍，每小节 2 拍，每分钟约 33 小节。基本节奏：慢、慢、快、快、慢。每小节 2 拍都是重拍，每个慢步占音乐 1 拍，快步占 1/2 拍。

伦巴 4/4 拍，每小节 4 拍，每分钟 28～31 小节。基本节奏：快、快、慢。每个快步占 1 拍，慢步占 2 拍。伦巴的前进步和后退步都踩在每小节的第 2 拍（弱拍）上，所以，基本节奏数拍为 2、3、4、1。第 1 拍为身体律动找重心，第 2 拍起步。

恰恰恰 4/4 拍，每小节 4 拍，每分钟 30～32 小节。基本节奏：慢、慢、快、快、慢。恰恰恰音乐富有切分音，在每拍之间可以听到一种确定的音乐节奏联系，其拍子值为 1、1、1/2、1/2、1，也可用慢、慢、快、快、慢来表示。舞者 4 拍里脚步有 5 个动作，恰恰恰起步与伦巴相同，都在节奏 2 起步。

三、站姿

站立时通过脚的位置变化和腿形变化可形成各种姿势。要点是：头正直，两肩下沉，背部挺直，收腹立腰，臀部和两腿肌肉收紧，眼睛平视前方。

1. 脚的基本位置（图 12-2）

站立姿势：前脚跟在后脚弓处站立，两脚尖向斜前方呈“丁”字形。

开立：两脚前后分开（同肩宽）站立或左右站立。

自然站立（小八字步）：两脚跟靠拢，两脚尖向斜前方呈“八”字形。

并步（正步）：两脚并拢，脚尖向前。

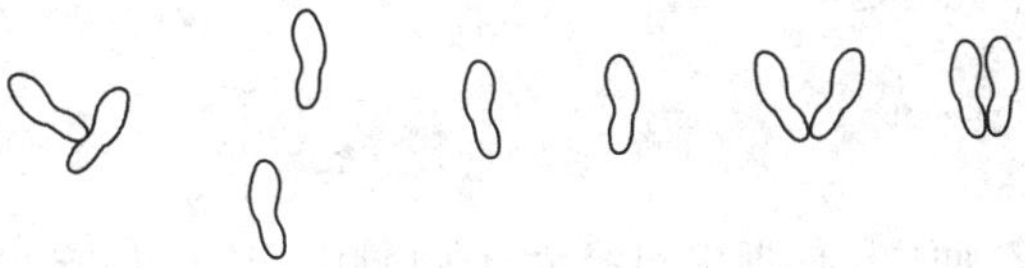

图 12-2　脚的基本位置

2. 站立姿势

直立：两腿伸直并拢，全脚掌着地，重心在两脚间。（见图 12-3）

起踵立：以前脚掌支撑地面，脚跟向上抬起，使脚面与小腿在一条垂线上。（见图 12-4）

点地立：一腿直立或稍屈膝，另一腿脚面绷直或勾脚在前（侧、后）方以脚尖或脚跟点地，重心在支撑上。（见图 12-5）

蹲立：屈膝站立，半蹲，全蹲。脚跟踏实，屈膝下蹲。

弓步：一腿屈膝，另一腿伸直的姿势，有前弓步、侧弓步、后弓步。

动作要领：

第一，站立时两脚位置准确，两腿和臀部肌肉向身体方向收紧，收腹提臀，提胸夹背，立腰，两肩下沉，头要正，保持稳定的重心和挺拔姿势。

第二，起踵立时前脚掌支撑，脚拇趾用力向下踩地，内踝顶直，使脚跟高起。

第三，点地立重心在支撑脚上，腿外旋，脚面绷直，以脚尖或脚跟点地。

第四，蹲立膝部和臀部肌肉收紧。

第五，弓步时，重心在两腿间偏屈膝腿一侧，保持一腿屈，另一腿伸直的姿势。

图 12-3　直立

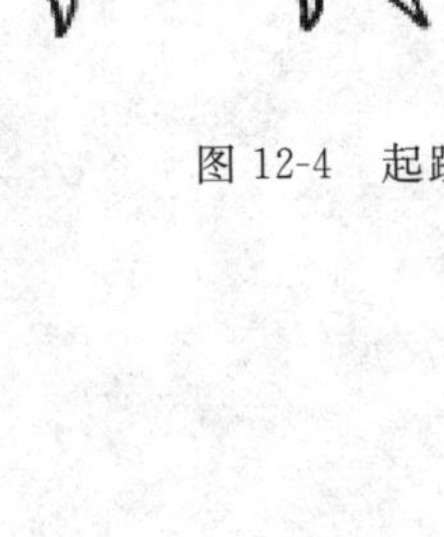

图 12-4　起踵立

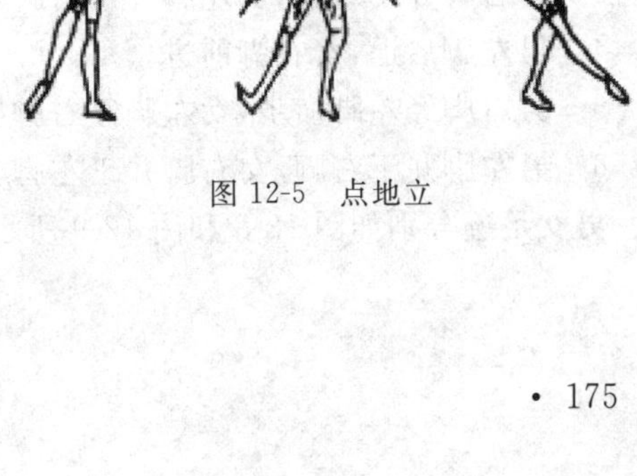

图 12-5　点地立

四、扶抱

1. 华尔兹扶抱方式

男士并脚与女士相对而立，右脚尖对准女士两脚中间，头左转25°，平视。

女士站立同男士，偏向男士右方1/3的位置，头左转45°，上体后倒25°。

扶抱时的五个接触点：

1　男、女舞伴右横膈膜以下，膝以上，轻贴。

2　男右手五指并拢，放在女士左肩胛骨下方。

3　女左手虎口张开，拇指与中指扶住男士右肩三角肌中部。

4　男左手抬平，手肘略低于肩，肘关节内屈135°左右，手掌与女士右手掌相握，耳部平行。

5　男右肘上方与女左手臂下方轻贴。

2. 探戈扶抱方式

跳探戈舞时，扶抱的几点不同：

1　相对而立，脚都是左前、右后并拢，右脚尖与左脚尖平行。

2　男右手，轻轻扶抱女士腰背部。

3　女左手虎口张开，拇指朝下，其余四指并拢，虎口卡住男士大臂下方。

4　男左手、女右手相握持时，手臂抬平，手肘往内弯曲90°。

5　男女重心下降3～5厘米，膝部松弛微屈，男士上身左转45°，女士随之。

五、华尔兹基本步伐

1. 左脚前进并换步接右脚前进并换步

1　男左脚前进，女右脚后退。

2　男右脚经左脚横步，女左脚经右脚横步。

3　男左脚并于右脚，女右脚并于左脚。

4　男右脚前进，女左脚后退。

5　男左脚经右脚横步，女右脚经左脚横步。

6　男右脚并于左脚，女左脚并于右脚。

男女足迹分别如图12-6和图12-7所示。

2. 右脚后退并换步接左脚后退并换步

1　男右脚后退，女左脚前进。

2　男左脚经右脚横步，女右脚经左脚横步。

3　男右脚并于左脚，女左脚并于右脚。

4　男左脚后退，女右脚前进。

5　男右脚经左脚横步，女左脚经右脚横步。

6　男左脚并于右脚，女右脚并于左脚。

男女足迹分别如图12-8和图12-9所示。

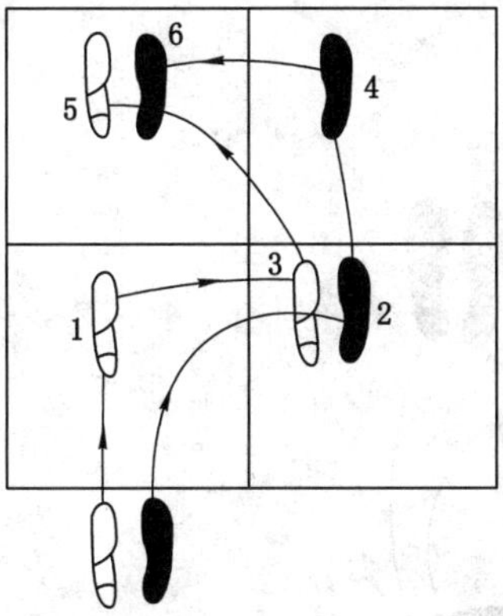

图 12-6　男士足迹

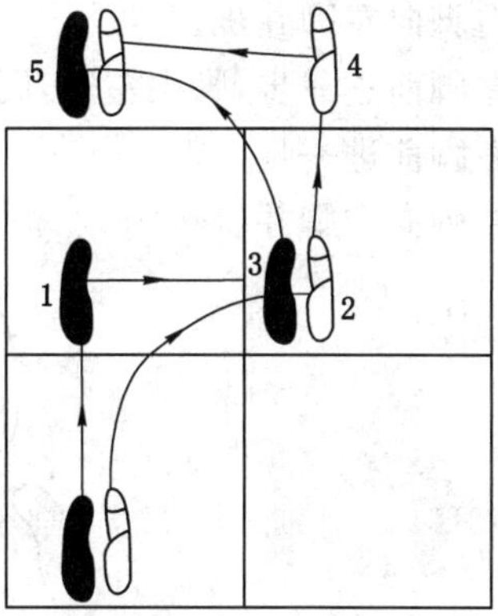

图 12-7　女士足迹

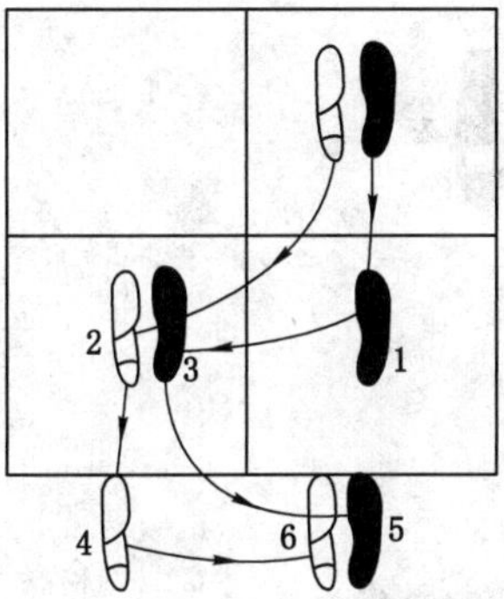

图 12-8　男士足迹

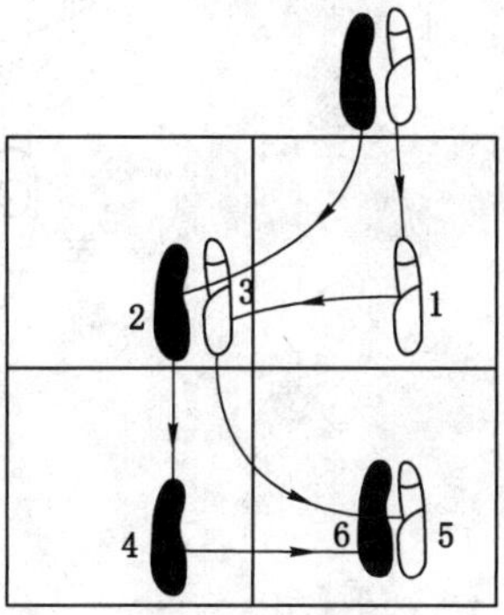

图 12-9　女士足迹

六、双人基本步伐

1. 左转步

(1)左转 90°(图 12-10)。

① 男舞步：

1　左脚前进一步，脚尖左转，同时身体向左转。

2　右脚前进一步，脚尖左转。

3　左脚向右脚并步。

4　右脚后退一步，脚跟右转，同时身体向左转 90°。

5　左脚后退一步。

6　右脚向左脚并步。

② 女舞步：

1　右脚后退一步，脚跟右转，同时身体向左转。

2　左脚后退一步。

3 右脚向左脚并步。

4 左脚前进一步，脚尖左转，同时身体向左转 90°。

5 右脚前进一步。

6 左脚向右脚并步。

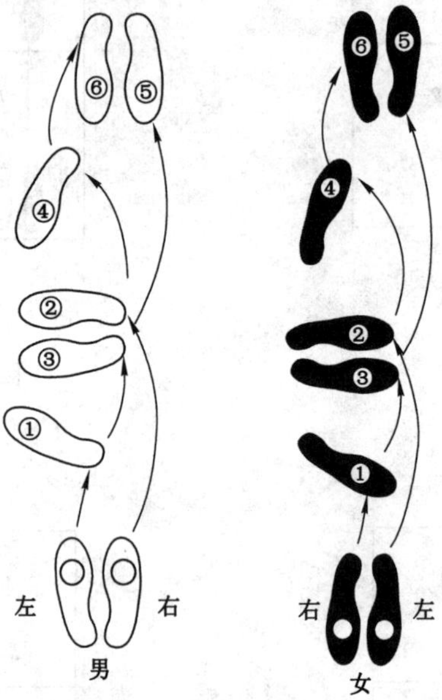

图 12-10 左转 90°

(2) 左转 180°(图 12-11)。

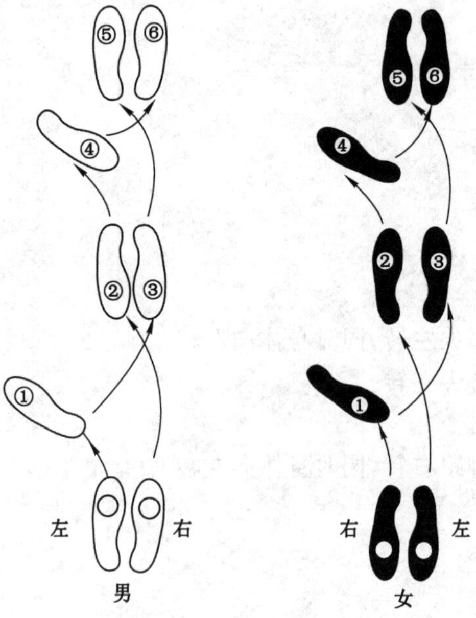

图 12-11 左转 180°

① 男舞步：

1　左脚前进一步，脚尖左转，同时身体向左转 90°。

2　右脚前进一步，脚尖左转，同时身体向左转 90°。

3　左脚向右脚并步。

4　右脚后退一步，脚尖右转，同时身体向左转 90°。

5　左脚后退一步，脚尖左转，同时身体向左转 90°。

6　右脚向左脚并步。

② 女舞步：

1　右脚后退一步，脚跟右转，同时身体向左转 9°。

2　左脚后退一步，脚尖左转，同时身体向左转 90°。

3　右脚向左脚并步。

4　左脚前进一步，脚尖左转，同时身体向左转 90°。

5　右脚前进一步，脚尖左转，同时身体向左转 90°。

6　左脚向右脚并步。

2. 右转步

(1) 右转 90°(图 12-12)。

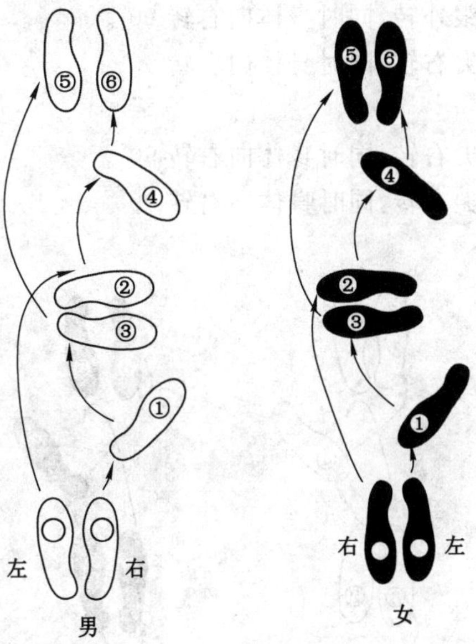

图 12-12　右转 90°

① 男舞步：

1　右脚前进一步，脚尖右转，同时身体向右转 90°。

2　左脚前进一步。

3　右脚向左脚并步。

4　左脚后退一步，脚跟左转，同时身体向右转 90°。

5　右脚后退一步。

6　左脚向右脚并步。

② 女舞步：

1　左脚后退一步，脚跟左转，同时身体向右转 90°。

2　右脚后退一步。

3　左脚向右脚并步。

4　右脚前进一步，脚尖右转，同时身体向右转 90°。

5　左脚前进一步。

6　右脚向左脚并步。

(2) 右转 180°(图 12-13)。

① 男舞步：

1　右脚前进一步，脚尖右转，同时身体向右转 90°。

2　左脚前进一步，脚尖右转，同时身体向右转 90°。

3　右脚向左脚并步。

4　左脚后退一步，脚尖右转，同时身体向右转 90°。

5　右脚后退一步，脚尖右转，同时身体向右转 90°。

6　左脚向右脚并步。

② 女舞步：

1　左脚后退一步，脚跟外转，同时身体向右转 90°。

2　右脚后退一步，脚尖右转，同时身体向右转 90°。

3　左脚向右脚并步。

4　右脚前进一步，脚尖右转，同时身体向右转 90°。

5　左脚前进一步，脚尖右转，同时身体向右转 90°。

6　右脚向左脚并步。

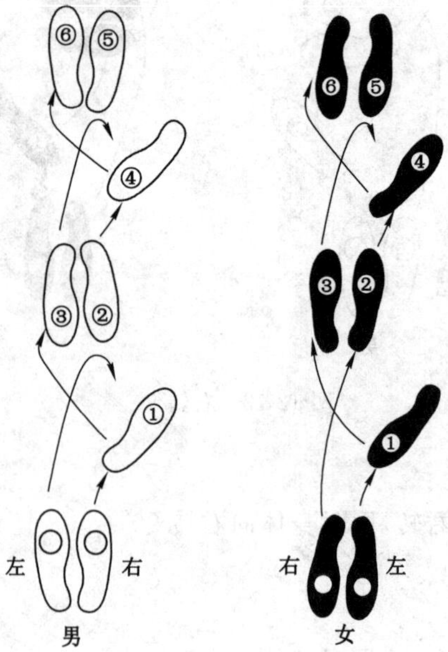

图 12-13　右转 180°

七、左右并换步

1. 前进左换右

1　男左脚前进，女右脚后退。

2　男右脚经左脚横步，女左脚经右脚横步。

3　男左脚并右脚，女右脚并左脚。

男女足迹分别如图 12-14 和图 12-15 所示。

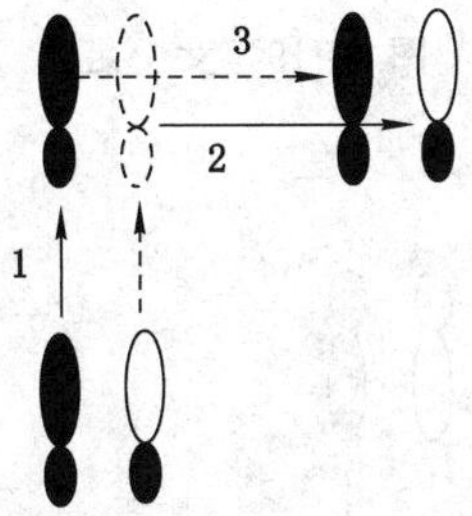

图 12-14　男士足迹

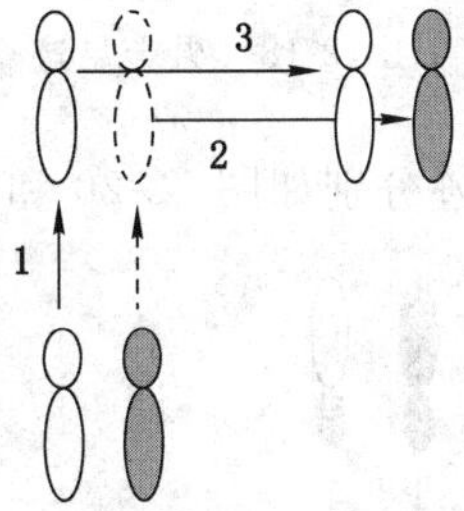

图 12-15　女士足迹

2. 前进右换左

1　男右脚前进，女左脚后退。

2　男左脚经右脚横步，女右脚经左脚横步。

3　男右脚并左脚，女左脚并右脚。

男女足迹分别如图 12-16 和图 12-17 所示。

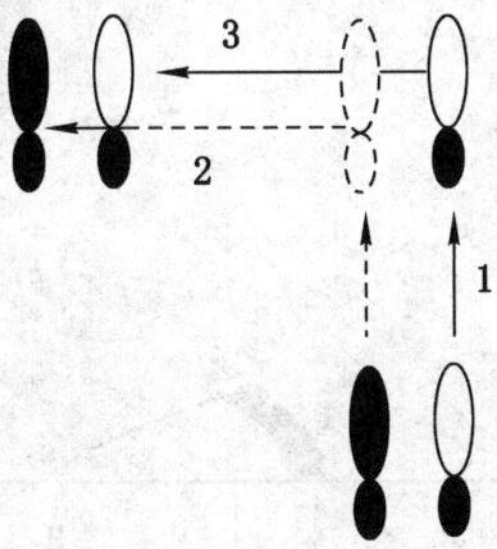

图 12-16　男士足迹

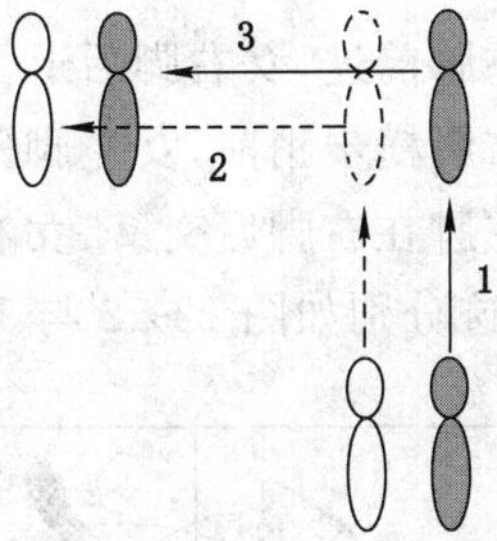

图 12-17　女士足迹

3. 后退左换右

1　男右脚后退，女左脚前进。

2　男左脚经右脚横步，女右脚经左脚横步。

3　男右脚并左脚，女左脚并右脚。

男女足迹分别如图 12-18 和图 12-19 所示。

4. 后退右换左

1　男左脚后退，女右脚前进。

2　男右脚经左脚横步，女左脚经右脚横步。

3　男左脚并右脚，女右脚并左脚。

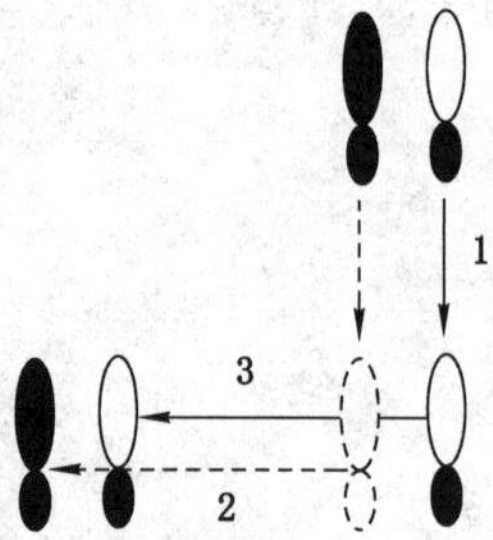

图 12-18　男士足迹

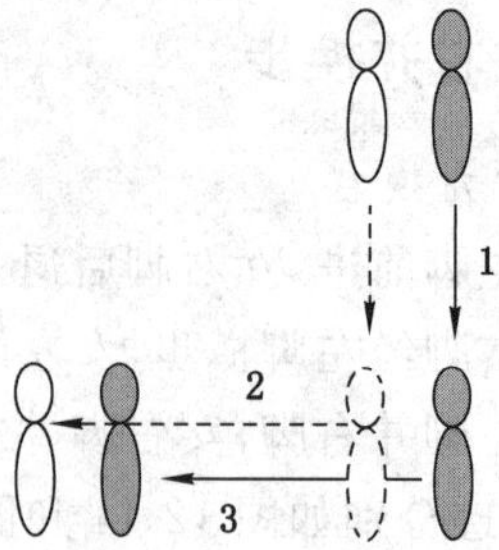

图 12-19　女士足迹

男女足迹分别如图 12-20 和图 12-21 所示。

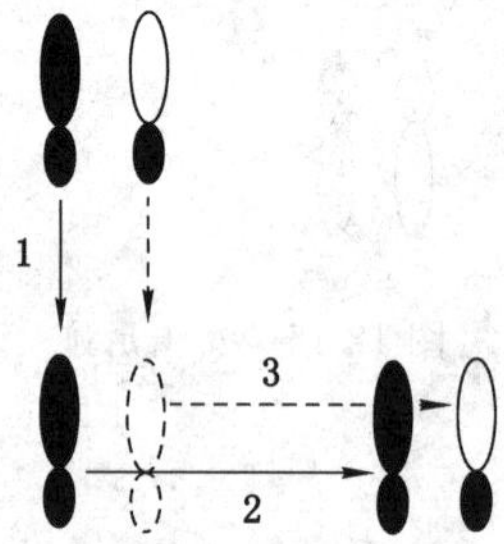

图 12-20　男士足迹

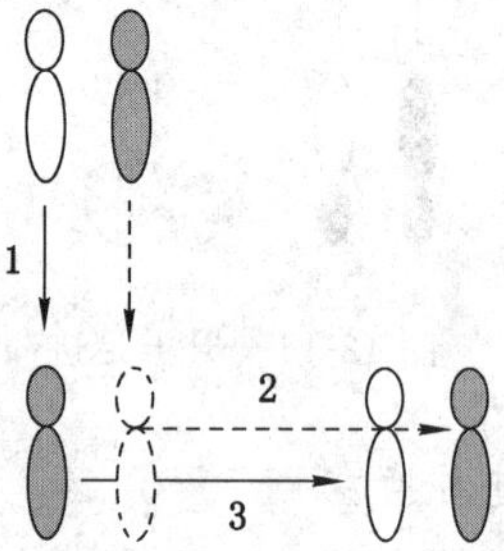

图 12-21　女士足迹

八、前后交叉步

1　男左脚前进，女右脚后退。

2　男右脚横步稍前，女左脚斜后退。

3　男左脚在右脚后交叉，女右脚在左脚后交叉。

男女足迹分别如图 12-22 与 12-23 所示。

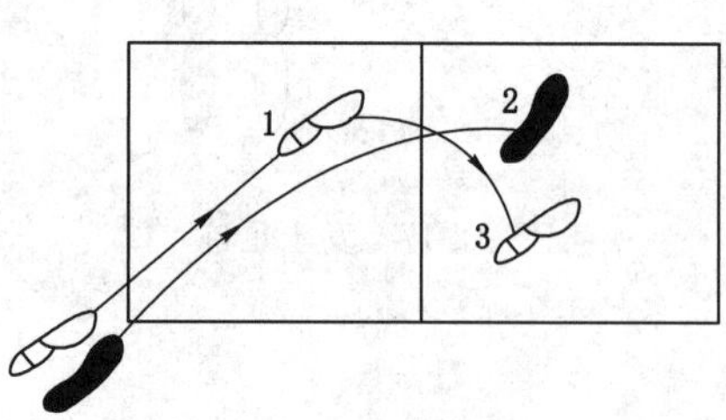

图 12-22　男士足迹

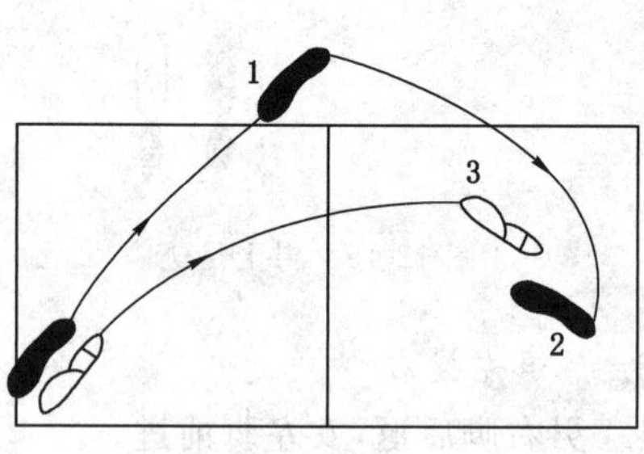

图 12-23　女士足迹

九、前后左右交叉步(闭式位)变开式位

1　男左脚前进，女右脚后退。

2　女右脚前进，身体右转(反身动作)，女左脚后退，身体右转(反身动作)。

3　男左脚横步成开位，女右脚横步。

男女足迹分别如图 12-24 与图 12-25 所示。

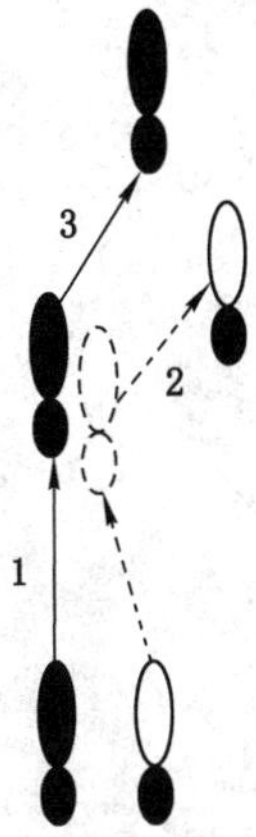

图 12-24　男士足迹

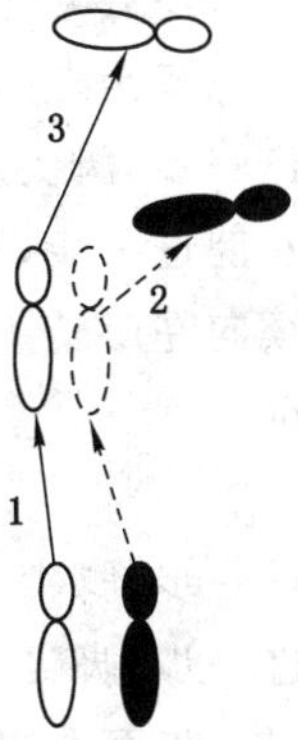

图 12-25　女士足迹

十、前后交叉 360°转

(1) 左转 360°(图 12-26)。

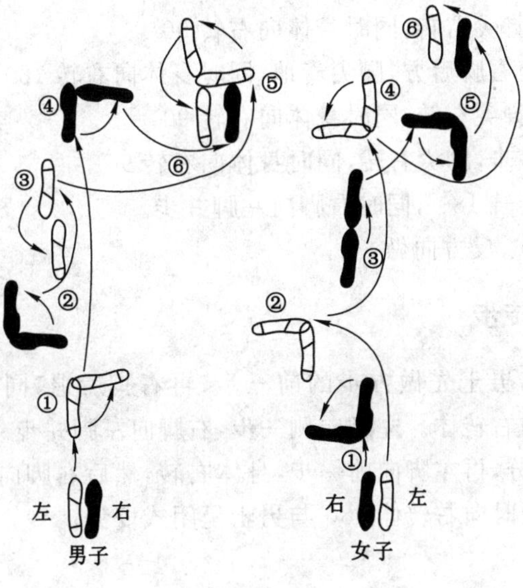

图 12-26　左转 360°

① 男舞步：

1　左脚前进一步,脚尖左转,同时身体向左转 90°。

2　右脚前进一步,脚尖左转,同时身体向左转 90°。

3　左脚后退一步至右脚后方,脚尖着地,同时身体向左转 180°。

4　右脚前进一步,脚尖左转,同时身体向左转 90°。

5　左脚向左脚右后方退一步,脚尖着地,同时身体向左转 90°。

6　身体继续向左旋转 180°,同时右脚向左脚并步。

② 女舞步：

1　右脚前进一步，脚尖右转，同时身体向左转 90°。

2　左脚前进一步，脚尖左转，同时身体向左转 90°。

3　右脚后退一步至左脚后方，脚尖着地，同时身体向左转 180°。

4　左脚前进一步，脚尖左转，同时身体向左转 90°。

5　右脚向左前进一步，脚尖左转，同时身体向左转 90°。

6　身体继续向左旋转 180°，同时左脚向右脚并步。

(2) 右转 360°。

① 男舞步：

1　右脚前进一步，脚尖右转，同时身体向右转 90°。

2　左脚前进一步，脚尖右转，同时身体向右转 90°。

3　右脚后退一步至左脚后方，脚尖着地，同时身体向右转 180°。

4　右脚前进一步，脚尖左转，同时身体向右转 90°。

5　右脚向左脚右后方退一步，脚尖着地，同时身体向右转 90°。

6　身体继续向右旋转 180°，同时左脚向右脚并步。

② 女舞步：

1　左脚前进一步，脚尖右转，同时身体向右转 90°。

2　右脚前进一步，脚尖右转，同时身体向右转 90°。

3　左脚后退一步至右脚后方，脚尖着地，同时身体向右转 180°。

4　右脚前进一步，脚尖右转，同时身体向右转 90°。

5　左脚向右前进一步，脚尖右转，同时身体向右转 90°。

6　身体继续向右旋转 180°，同时右脚向左脚并步。

右转 360°见图 12-26，反方向做。

十一、臂下左右转步

以臂下右转步为例，男士先做方步的前三步，再右脚后退，同时左手臂领女士右手抬起，用右手暗示女士做向右转体。左脚向侧一步，右脚向左脚并步。

女士先做方步后部分，再左脚向前一步，身体右转，然后右脚向前一步，向右转体 180°，接着左脚向右脚并步，同时向右转体 180°与男士呈闭式姿势。

十二、基础组合

① 左脚前进方步—左转 1/8(8 小节)—左转 1/4(4 小节)—左换右(前进换步)—右转 1/8(8 小节)—右转 1/4(4 小节)—右换步(前进换步)。

② 左转 1/8(8 小节)—左脚前进方步—左转 1/4(4 小节)—左换右(前进换步)—右转 1/8(8 小节)—右转(4 小节)—右换左(前进换步)。

③ 左转 1/4(4 小节)—左转 1/8(8 小节)—左脚前进方步—左换右(前进换步)—右转 1/4(4 小节)—右转 1/8(8 小节)—右脚前进方步—右换左(前进换步)。

④ 左换右(前进换步)—右转 1/8(8 小节)—右转 1/4(4 小节)—右脚前进方步—右换左(前进换步)。

⑤ 右脚前进方步—右转 1/8(8 小节)—右转 1/4(4 小节)—右换左(前进换步)—左转 1/8(8 小节)—左转 1/4(4 小节)—基本步—左换右(前进换步)。

⑥ 右转 1/8(8 小节)—右脚前进方步—右转 1/4(4 小节)—右换左(前进换步)—左转 1/8(8 小节)—左转 1/8(8 小节)—左转 1/4(4 小节)—左换右(前进换步)。

⑦ 右转 1/4(4 小节)—右转 1/8(8 小节)—右脚前进方步—右换左(前进换步)—左转 1/4(4 小节)—左转 1/8(8 小节)—左脚前进方步—左换右(前进换步)。

⑧ 右换左(前进换步)—左转 1/8(8 小节)—左转 1/4(4 小节)—左脚前进方步。

第二节　体育舞蹈中级学练

一、伦巴的基本站位、扶抱、握法

1. 基本站位

(1) 两腿自然并拢站立,脚跟靠拢,脚掌分开,双腿伸直并拢,挺胸抬头,收平腹股沟,脊椎骨直立。这是最基本的站位。

(2) 主力腿伸直,动力腿弯曲,脚掌内侧着地,脚跟立起,膝盖向内,尽量靠近主力腿的膝盖。

(3) 动力腿向一侧打开,重心完全在主力腿上,膝盖向后锁紧。

(4) 动力腿向后打开,重心完全在主力腿上,动力腿的脚尖完全绷直,大脚拇指内侧点地,胯位完全打开。

良好的姿态是舞步的基础,在练习站立时,要注意身体的姿态和脚尖的方向,切记不要出现内“八”字脚。

2. 扶抱、握法

(1) 闭式握姿。

站位:男女相距大约 15 厘米,女士稍在男士的右侧,任意一脚向侧打开,重心完全放在另一只脚上,女士重心与男士相反。

身体姿态:男女挺胸、收腹、立腰、沉肩、收平腹股沟、两腿强直,非重心脚脚尖绷直。

手臂位置:男士右手沿女士后背,托着女士的左肩胛下半部,男士右手臂柔和、微屈,手肘高度约与胸水平;女士左臂顺此曲线轻轻置于男士右手臂上方。男士左手上半部手臂抬起,手腕伸直,手掌大约在鼻子的高度,男士左手轻握女士的右手,其相握位置在两个人身体相距的中心点。

(2) 分式握姿。

男女相对站立,相距约一个手臂的距离,重心可在任意一脚。两手相握或单手相握,手臂弯曲置于腰间,男士用拇指和食指轻握女士手背,男士手掌虎口与女士手掌外侧相接,手腕自然伸直。

(3) 扇形握姿。

女士在男士左侧微前相隔一手臂距离,身体呈直角形,男士重心在右脚,女士重心在左脚,女士右脚延长线距男士身体 15 厘米。

二、基本步

(1) 向前走步。

第一步,保持右脚弯曲的站立姿态向前出脚(右脚),重心在两脚之间;第二步,左脚向前推动,重心上前完全到右腿;第三步,重心继续前移,并做胯位的转动。将左腿收于身体下方。

(2) 向后走步。

第一步,保持重心在左腿、右腿弯曲的站立姿态,右腿向后迈出,脚掌内侧着地;第二步,左腿推动正心向后完全到右脚,胯位仍保持向前;第三步,向右转动胯并收回左腿。

(3) 方步。

伦巴舞的方步由两小节构成。预备步,先把重心放在右腿,左腿向旁打开站立预备。第一小节第一步(2 拍);左腿经过主力脚向前到达重心;第二步(3 拍),经胯部运动重心回到右腿;第三步(4 拍和 1 拍),左腿经主力腿向旁到达重心。第二小节第一步(2 拍),右腿经主力脚向后到达重心;第二步(3 拍),经胯部运动重心回到左腿;第三步(4 拍和 1 拍)右腿经主力腿向旁到达重心。

三、时间步

预备姿势:两腿并拢,脚尖微微打开,重心放于右腿,左脚脚掌着地。

第一小节:2 拍左脚脚跟落地同时重心移到左腿,髋向左后转动,右脚掌着地;3 拍同 2 拍动作相同,方向相反。4&1 拍右腿蹬地,左脚横跨,重心落在左腿上,髋部向左侧后转动。

第二小节同第一小节动作方向相反。

要点:不要有起伏,注意躯干部位的延伸。

四、延迟步

跳走步时,舞者改变上身和脚部的速度,用来凸显旋律的美感,这类的走步动作被称为延迟步。

延迟步有屈膝式的延迟前进走步、屈膝式的延迟后退走步与直膝式的延迟前进走步三种。在跳以上三种走步时,移动的脚先抵定位,重心不必随时移动。在重心移动时,同时完成。在跳延迟前进走步时,前移脚的膝部可以弯曲,也可以伸直,就和一般的前进走步一样。此步能屈能伸,并没有放置重量。不过,在整个重心移到该脚时,膝部通常随之伸直。

五、挤压步

向前的步伐:开始时先将重心放在右脚,第一步 2 时左脚向前,重心随之前移,在双脚间靠近前方的位置,右腿膝盖弯曲,紧贴左腿膝盖,右脚半脚掌着地,此时就已经开始做 8 字胯的前 1/4 了。3 时重心后撤,置于右腿,此时继续做接下来 8 字胯的 1/2。4 时左脚通过地面滑行并向右脚,两脚脚踝靠近而左腿膝盖弯曲,随后 1 时原地换重心,右腿膝盖弯曲,左腿直立,完成剩下的 1/4 胯部幅度。

向右的步伐:2 时右脚向侧,与肩同宽,重心随之到达右脚,左脚原地。3 时胯部通过立体 8 字的摆动,重心到左脚,并稍微靠前的位置。4 时右脚收回,1 时并向左脚换重心。

向左的步伐:2 时左脚向侧,3 时重心到右腿,4 时左脚回收,1 时并脚换重心。

向后的步伐:2 时右脚后撤,重心到右脚,此时双腿膝盖都没有弯曲。3 时重心上到前方左腿。4 时右脚收回,1 时换重心。

整个过程中胯部的动作是关键,幅度要大而且要做成立体的 8 字。要借助脚和地面的反作用通过腿部的力量传递到胯上,而不是由胯部发力。每个步伐的 2 节奏时,原地不动的脚要对地面有很强的下踩力量,另外一条腿依靠该力量向外迈出,迈出的步伐不能太大。迈出过程中,原地的脚要继续对地面下踩,而使得胯骨向外打开并移动,也就是说,脚下踩的力量通过脚踝的绷伸和腿部传递,到达胯部,才形成立体 8 字胯。为了保持更好的控制,胯部得到更大的幅度,重心要稍微降低一些,高度可以通过单腿站立,另外一腿向后抬起小腿来找到感觉。

六、前进转步

前进转步是在前进时转体来改变前进或后退的方向。当使用前进走步旋转来改变方向后,使前进变为后退,此时上身的最大转量不超过 3/8 圈。转体时重心落在双脚。

七、纽约步

预备姿势:分对舞姿,男左手拉女伴右手,距离稍拉开。

(1) 第一小节。

1　男士重心在右脚,左脚向侧打开,脚尖外侧点地,膝绷直。女士重心在左脚,右脚向侧打开,脚尖外侧点地,膝绷直。

2　男士左脚沿地面经右脚内侧向右侧部,重心落于左脚,膝绷直,右转 1/4 成并肩位。女士右脚沿地面经右脚内侧向右侧部,重心落于左脚,膝绷直,左转 1/4 成并肩位。

3　男士重心由左脚换到右脚,膝绷直。女士重心由右脚换到左脚,膝绷直。

4　男士左脚沿地面向左侧步,重心落于左脚,膝绷直,左转 1/4 成面对。女士右脚沿地面向左侧步,重心落于右脚,膝绷直,左转 1/4 成面对。

(2) 第二小节动作与第一小节相同,但方向相反。

八、手接手

预备姿势:面对双手环握。

1　男士左转 1/4,左脚向后,女士右转 1/4,右脚向后。

2　男士重心回到右脚,开始右转,女士重心回到左脚,开始左转。

3　男士左脚向侧,4&1 拍完成右转 1/4,女士右脚向侧,4&1 拍完成左转 1/4。

4　男士右转 1/4,右脚向后,女士左转 1/4,左脚向后。

5　男士重心回到左脚,开始左转,女士重心回到右脚,开始右转。

6　男士右脚向侧,4&1 拍完成左转 1/4,女士左脚向侧,4&1 拍完成右转 1/4。

7～9　男士、女士重复 1～3。

手接手男步如图 12-27 所示,女步如图 12-28 所示。

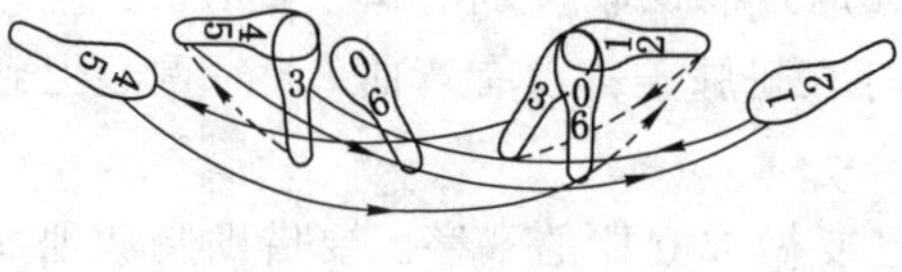

图 12-27　手接手男步

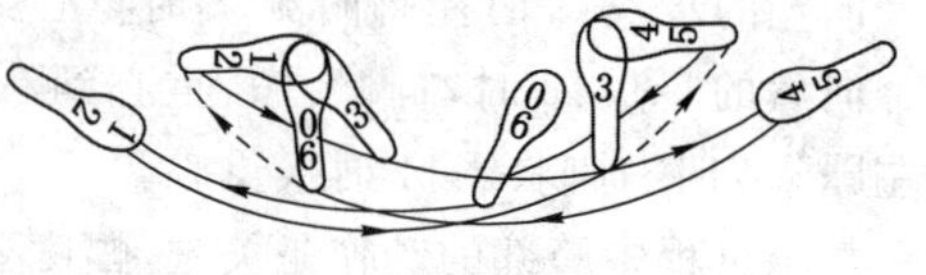

图 12-28　手接手女步

九、定点转

预备姿势:开式舞姿。

1　男士两脚开立,重心在左脚上。女士两脚开立,重心在右脚上。

2　男士右脚沿地面经左脚内侧向左侧步,重心落于右脚,左转 3/4。女士左脚沿地面经右脚内侧向右侧步,重心落于左脚,右转 3/4。

3　男士重心由右脚换到左脚,膝绷直。女士重心由左脚换到右脚,膝绷直。

4　男士右脚沿地面向右侧步,重心落于右脚,膝绷直,左转 1/4 成面对。女士左脚沿地面向左侧步,重心落于左脚,膝绷直,右转 1/4 成面对。

十、扇形步

1　男士右脚向后,女士左脚向前。

2　男士重心移到左脚,女士右脚向后稍向侧的位置,左转 1/8。

3　男士右脚向侧一步,重心在右脚,左转 1/8,女士左脚向后一步,重心在左脚,左转 1/4。

十一、曲棍球步

1　男士左脚向前做切克步,女士右脚并向左脚。

2　男士重心回到右脚,女士左脚向前。

3　男士左脚并向右脚,重心回到左脚,女士右脚向前,眼睛看男士。

4　男士右脚向后,女士左脚向前,开始左转,完成转体 5/8。

5　男士重心在左脚,女士右脚向前走步转,开始左转,完成转体 5/8。

6　男士右脚向侧,女士左脚向侧,开始左转,完成转体 5/8。

第三节　体育舞蹈高级学练

一、恰恰恰基本音乐节奏

恰恰恰的音乐节拍是 4/4 拍,速度为 30～32 小节/分钟,它是 4 拍走 5 步,舞步节奏是第一步占 1 拍,第二步占 1 拍,第三步和第四步各占半拍,第五步占 1 拍。其运步方法与伦巴相似。节奏为“2、3、4&1”。重拍在第 1 拍,舞步的力度要在重拍上展现。

二、时间步

预备动作:左脚重心,右脚打开。也可以将右脚放后,脚掌着地,脚背绷直。

第 1 步,将右脚收回到左脚,脚掌着地换重心到全脚掌。

第 2 步,左脚原地,脚掌落地换重心到全脚掌。

第 3 步,右脚向右移动,全脚掌。

第 4 步,左脚并向右脚,全脚掌。

第 5 步,右脚继续向右移动,左脚原地打开,脚掌着地,脚背绷直。

换一只脚,做同样的动作。

节奏与数拍:1 拍,1 拍,半拍,半拍,1 拍。

上身动作:动右脚时,左手收缩,右手延伸;反之相同。

提示:胯部动作由斜前到旁边。

第 1 步右脚收回时,膝盖应斜对着左脚的脚尖。

第 2 步左脚原地换重心时,膝盖也应对着右脚的脚尖。

三、基本追步

准备动作:重心在左脚,胯在左后方,右脚脚尖向外点地。准备拍时将胯移到右后方。第2拍左腿曲膝脚跟离地,但是要与右脚脚跟挨在一起。右脚发力,左脚大趾同侧发力将身体推向左边,左脚落地,右脚向外呈虚步。两脚呈八字。胯在左前。然后左脚发力将胯移至左后,同时迅速收回右脚,右脚脚跟离地要紧挨左脚脚跟。重心转至右脚。然后再将右脚推出去,此时右脚要绷直脚尖并且脚尖向外。再移回,最后两脚脚跟都要落地,做一个律动。再向相反方向做追步。胯的移动是前后摆动。收脚要迅速。在做追步时中间的恰恰恰又叫并合步,每一步靠拢时脚跟都要相碰。中间三个恰恰恰都要脚跟相碰。收脚要迅速,步子不能跨大了。全部用大脚趾、两脚内侧以及大腿内侧发力。最后一个恰时脚要呈八字。

组合练习:

(1) 基本追步 1。

预备姿势:闭式位。

1　男士左脚前进,并准备左转,女士右脚后退,并准备右转。

2　男士重心回到右脚,女士重心回到左脚。

3～5　男士做向左的左追步,女士做向右的右追步。

6　男士右脚后退,并继续左转,女士左脚后退。

7　男士重心回到左脚,女士重心回到右脚。

8～10　男士做向右的右追步,女士做向左的左追步。

(2) 基本追步 2。

预备姿势:闭式位。

1　男士左脚前进,女士右脚后退。

2　男士重心回到右脚,女士重心回到左脚。

3～5　男士做向后的右追步,女士做向前的右追步。

6　男士右脚后退,并继续左转,女士左脚后退。

7　男士重心回到左脚,女士重心回到右脚。

8～10　男士做向前的右追步,女士做向后的左追步。

四、前进后退锁步

(1) 前进锁步。

2　出左脚经过右脚前迈,这里的经过右脚指左脚前迈过程中和右脚平行时,左脚脚踝贴着右脚脚踝前移。出脚过程要快,到位后身体重心一定要在前脚,并且稍有前倾。

3　右脚经过左脚前迈。

4　左脚经过右脚前迈。

&　右脚从后方向左脚贴近,此时右腿膝盖贴在左腿膝盖后方,双腿均弯曲,右脚半脚掌着地,左脚全脚掌着地,这时髋关节面向正前方,并不因为双腿的移动而左右摆动。

1　右脚向下踩,并推动重心前移,左腿顺势向前迈一小步,右腿伸直,重心到达左腿,此时髋关节也朝向正前方。

2　迈右腿。

3　迈左腿。

4　迈右腿。

&　左腿贴在右腿后。

1　推出右腿。

(2) 后退锁步。

右脚在前,脚尖着地,左脚在后,全脚掌着地,重心在左脚的前脚掌位置,不可前倾或后仰。

2　右脚经过左脚后退,并迅速将重心跟随右脚到达右脚掌,左脚脚尖着地。

3　左脚经过右脚后退,并转移重心。

4　右脚继续经过左脚后退一步,但是重心却不跟随右脚转移,右脚半脚掌着地,重心仍然在前面的左腿上。

&　左腿稍微后撤,至右腿膝盖贴上左腿膝盖后窝,重心跟随左腿在两腿之间,此时两腿自然,左腿直立,右腿略弯曲。

1　左脚踩地得到一个向后的力量,右腿向后,重心到达后方的右脚。

2　后退左脚。

3　后退右脚。

4　后退左脚,重心不后退。

&　右腿后撤贴在左腿前方。

1　后退左脚。

上身动作:退左脚,右手收缩,左手延伸,上右脚,左手收缩,右手延伸,也可以一手按腹,一手延伸。

提示:锁步动作幅度大,流动性强,是恰恰恰的一大特点,是在舞步之间起到连接和左右交换脚步的作用。跳的时候膝盖外露,形成拉丁交叉的姿势。

五、交叉步

预备姿势:闭式位,闭握式。

1　男士左脚前进,交叉在右脚前面,女士右脚后退,交叉在左脚后面。

2　男士右脚前进，女士左脚后退。

3～5　男士左脚向左稍前，做左追步，女士右脚向右稍前，做右追步。

6　男士右脚后退，交叉在左脚后面，女士左脚前进，交叉在右脚前面。

7　男士左脚后退，女士右脚前进。

8～10　男士右脚向右稍后，做右追步，女士做向左稍后，做左追步。

六、古巴断步

预备姿势：闭式位，男左女右、男右女左掌心相对合掌。

1　男士左脚小步向前，同时右转 1/8，女士右脚小步向前，同时左转 1/8。

2　男士重心回到右脚，女士重心回到左脚。

3　男士左脚向左横步，同时左转 1/8，重心回到右脚，女士右脚向右横步，同时右转 1/8，重心回到左脚。

4～6　男士重复 1～3 动作，女士重复 1～3 动作。

七、破碎步

预备姿势：分式位，男女双手相握。

第一小节（图 12-29）：

第 2& 拍，男士第 2 拍右脚斜进左前方，身体左转 45°，随即左脚踏步，重心移至右脚，身体稍右转 &。女士第 2 拍左脚呈 15°角向左抬起，随即踏至右脚右后 &。

第 3& 拍，男士第 3 拍右转 45°，右脚并左脚，随即左脚踏步，重心移至左脚 &。女士右脚踏步，重心移至右脚 &。

第 4 拍，男士同第 2 拍，女士左脚旁点左侧地面。

第 & 拍，男士同第 2 拍后的 &。女士右脚踏步。

第 1 拍，男士右转 45°，右脚并左脚，重心移至右脚。女士左脚并右脚，重心移至左脚。

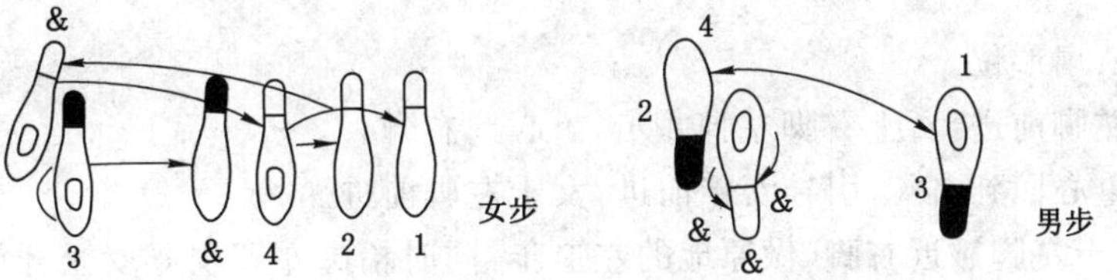

图 12-29　破碎步第一小节

第二小节：男步同第一小节女步，女步同第一小节男步。

八、纽约步

预备姿势：分式位，男左女右相握。

1　男士左脚前进，同时右转 1/4，女士右脚前进，同时左转 1/4。

2　男士重心回到右脚，同时左转 1/4，女士重心回到左脚，同时右转 1/4。

3～5　男士做向左的左追步，女士做向右的右追步。

九、手接手

1　男士左脚后退，同时左转 1/4，女士右脚后退，同时右转 1/4。

2　男士重心回到右脚，同时右转 1/4，女士重心回到右脚，同时左转 1/4。

3～5　男士做向左的左追步，女士做向右的右追步。

十、定点转

(1) 右转步。

预备姿势：分式位，男左女右相握。

1　男士左脚越过右脚前进，重心移到左脚，同时右转 1/2，女士右脚越过左脚前进，重心移到右脚，同时左转 1/2。

2　男士重心回到右脚，左脚并向右脚内侧，继续右转 1/2，女士重心回到左脚，右脚并向左脚内侧，继续左转 1/2。

3～5　男士做向左的左追步，女士做向右的右追步。

(2) 定点左转。

预备姿势与右转相同，动作与右转步相同，方向相反。

十一、扇形位打开

预备姿势：闭式位，闭握式。

1～5　男士基本追步 2，女士基本追步 2。

6　男士右脚后退，女士左脚前进，同时右转 1/8。

7　男士重心回到左脚，女士左转 3/8，同时右脚落于左脚后方。

8～10　男士做向右的右追步，同时左转 1/8，女士做向后的左追步，同时左转 1/8。

十二、曲棍球棍步

预备姿势：扇形位。

1　男士左脚前进，女士右脚左脚并步，重心到右脚。

2　男士重心回到右脚，引导女伴前进，女士左脚前进。

3～5　男士左脚靠近右脚，做原地的左追步，同时抬高左臂引导女士开始左转，女士做向前的右追步。

6　男士右脚后退(小步)，同时右转 1/8，女士左脚前进，并开始左转。

7　男士重心回到左脚，引导女伴完成左转，女士右脚前进，继续左转，6～7 完成左转 5/8。

8～10　男士做向前的右追步，女士做向后的左追步。

十三、阿列曼娜

预备姿势：分式位，男右握女右。

1　男士左脚前进，女士右脚向左脚并步，重心到右脚，同时右转 1/8。

2　男士重心到右脚，女士左脚前进。

3～5　男士做向左的左追步，结束于两脚并步，女士做向前的右追步，同时右转 1/8。

6　男士右脚后退，女士左脚向右越过右脚前进，继续右转 5/8。

7　男士重心回到左脚，女士继续右转 5/8。

8～10　男士做向右的右追步，女士根据后续舞步的需要做向前或向左的左追步。

十四、土耳其毛巾步

预备姿势：分式位，男右握女右。

1　男士左脚前进，女士右脚后退。

2　男士重心回到右脚，女士重心回到左脚。

3～5　男士做向左的左追步，结束于两脚并步，女士做向右的右追步。

6　男士右脚后退，女士左脚前进。

7　男士重心回到左脚，女士重心回到右脚。

8～10　男士做向右的右追步，女士做向前的左追步，结束时左脚向左横步稍前。第6～10 拍完成右转 3/8。

11　男士左脚后退，身体稍向左转，女士右脚向左前方前进，脚尖外旋，身体稍向右转。

12　男士重心回到右脚，女士重心回到左脚。

13～15　男士做向左的左追步，身体回到原位，女士做向右的右追步，身体回到原位。

16　男士右脚后腿，身体稍向右转，女士左脚向右前方前进。

17　男士重心回到左脚，女士重心回到右脚。

18～20　男士做向右的右追步，女士做向左的左追步。

十五、三个恰恰恰

三个恰恰恰可以向前做、向后做或向前的两边做，数拍 4&1、2&3、4&1。

以向后做为例：

1　男士左脚前进，女士右脚后退。

2　男士后移重心至右脚，女士上移重心至左脚。

3～11　男士三个后退锁步，女士三个前进锁步。

（扫一扫，观看视频课程）

游泳运动篇

第十三章　游泳运动进阶

第一节　游泳初级学练

一、认识游泳

游泳运动是男女老幼都喜欢的体育项目之一。根据现有史料的考证，国内外较一致的看法是游泳产生于居住在江、河、湖、海一带的古代人。他们为了生存，必然要在水中捕捉水鸟和鱼类作食物，通过观察和模仿鱼类、青蛙等动物在水中游动的动作，逐渐学会了游泳。在国内也有一种类似于心理学神秘的说法“小孩见水就欢”，从小孩子深层意识里表现出人类和水的亲密关系。

1828 年，英国在利物浦乔治码头修造了第一个室内游泳池，这种游泳池到 19 世纪 30 年代，在英国各大城市相继出现。1837 年，在英国伦敦成立了第一个游泳组织，同时举办了英国最早的游泳比赛。1869 年 1 月，在伦敦成立了大城市游泳俱乐部联合会(现英国业余游泳协会前身)，并把游泳作为一个专门的运动项目正式固定下来，并随之传入各英殖民地，继而传遍全世界。

现在游泳已成为奥运会上令人瞩目的大项之一。国际泳联每 4 年举行一次世界游泳锦标赛，每 2 年举行一次世界杯游泳赛。(见图 13-1)

图 13-1　游泳运动

二、游泳运动的基本常识、突发情况的自救方法

1. 游泳基本常识

(1) 切实确立“安全第一”的思想。

俗话说“水火无情”，游泳是与水打交道的运动，切记安全第一，不能麻痹大意，必须慎之又慎。

对于游泳安全必须反复地进行宣传教育，游泳教师在每次上课时都要强调安全教育和安全措施，学生必须切实遵守安全规定。游泳池(馆)必须加强安全管理，按规定配备合格的救生员、救生器材与设施，认真制定安全制度(规定)并严格执行。

游泳活动最好是有组织地进行，或三五人结伴前往，千万不要独自行动，尤其是在天然水域更不能独自游泳。在游泳时要互相关心互相照顾，同去同返，中途离开时应有所交代。有组织的游泳，如上游泳课，教师需严密组织，经常检查人数。

(2) 选择安全卫生的游泳场所。

首先尽量选择人工游泳场馆。人工游泳场馆的管理比较规范，池水经常消毒、排污和过滤，清晰度较高，深水和浅水间有明显标志。

如果到自然水域游泳或上课，一定要先了解水深，水下有无水草、淤泥及旋涡、暗流，了解水质是否清洁等情况，选择合适水域游泳。例如，在海边游泳，则要了解潮汐规律，摸清涨潮、退潮时间，尽量不要远离海边。

(3) 游泳前严格体检。

游泳前进行身体检查，主要是防止游泳时发生事故，同时也避免疾病的相互传染。凡患有心脏病、高血压、癫痫、活动性肺结核、传染性肝炎、皮肤病、红眼病、精神病、中耳炎、发烧、开放性创伤者，都不宜游泳。妇女月经期游泳要采取卫生措施，未采取措施不宜下水。

(4) 饮酒、饱食后和饥饿、过度疲劳时不能游泳。

饮酒能刺激中枢神经系统使之处于过度兴奋或抑制状态，酒后游泳容易发生溺水事故。饱食后游泳会减少消化器官的血液供应，使消化器官功能降低，影响食物的消化和吸收。另外，由于水的温度和压力会使胃肠的蠕动功能受到影响，容易引起胃痉挛，出现腹痛或呕吐。因此，饭后不要马上游泳，一般需相隔半小时到一小时后再下水。饥饿时游泳也不好，因为空腹时人体血糖含量下降，游泳时易发生头晕或四肢无力的现象，甚至有昏厥的可能。在剧烈运动或大强度体力劳动后，身体已经感觉疲劳，肌肉的收缩及反应减弱，动作不易协调，如果马上游泳就会造成疲劳的积累，容易引起抽筋，发生溺水事故。因此，在剧烈运动或强体力劳动后，应休息一会儿，待体力恢复正常后再游泳。

(5) 游泳前要做好准备活动。

准备活动可提高神经系统的兴奋性，增强心血管系统和呼吸系统的功能，加快血液循环和新陈代谢，可使肌肉的力量和弹性增加，身体各关节的活动范围相应加大，灵活性也有所提高。这些变化，有利于身体更好更快地适应游泳运动的需要，同时，对防止抽筋、拉伤也有积极的作用。

游泳前的准备活动，一般可做广播操、跑步、游泳模仿动作及各种拉伸肌肉和韧带的练习。特别要注意活动颈、肩、腰、髋、膝、踝、腕各部位的关节。

准备活动后稍事休息，然后用冷水淋浴，从头到脚冲洗全身才能下水游泳。这是保持游泳池（馆）水质清洁的重要措施，也是为了使游泳者在下水前先适应冷水刺激，以避免突然下水发生意外。

(6) 量力而行不逞能。

下水游泳时，初学者应在浅水区域活动。已会游泳者也要量力而行，不要好胜逞能。应合理安排运动量，当自我感觉身体有异常反应时，如头晕、头痛、胃痛、恶心或呕吐时应立即上岸，擦干身体，恢复后再下水。若过高估计自己的体力和技术，因远游而无力返回，则容易造成溺水事故。

在游泳时要避免一切危险动作，如在浅水区跳水、互相打闹、过长时间地憋气潜水，在湿滑的池边奔跑追逐等。

(7) 自救和呼救。

游泳时，如遇抽筋，应保持冷静，不要慌张，应立即上岸或在水中自我解救抽筋部位，与此同时应大声呼救，以便周围的人及时来帮助、救护。如发现他人抽筋或溺水时，应迅速过去救护，同时大声呼救，让周围的人参与抢救。

(8) 遵守公共卫生，文明游泳。

游泳时讲文明，不可穿内衣裤下水，不宜穿白色、浅黄色等浅色泳装游泳。应自觉遵守公共卫生，不向水中吐痰、便溺和抛弃杂物，以免污染水质，损害自身和他人的健康。

游泳是一项很好的健身运动，一般都是在公共场所进行。因此，除了要了解游泳场所的卫生状况外，更应重视游泳衣的卫生。

据有关人士对潮湿的游泳衣进行细菌检测，发现在致密的纤维里网罗了大量的细菌，其中有痢疾杆菌、流感病毒、沙眼衣原体及腺病毒等致病性微生物。有的游泳衣中还有一些能引起化脓性皮肤病的细菌。这些细菌随湿度的增高而大量繁殖，各种霉菌也相继丛生。因此，切不可轻视游泳衣的卫生。

在每次游泳后，要用淋浴洗净身体，游泳衣要用肥皂清洗干净，并在太阳下晒干。借用或租用的游泳衣都是不卫生的，还容易造成性病和传染病的传播。很多性病患者和传染病患者是无症状的带菌者，人们对其容易失去警惕性，使疾病在人群中传播。所以游泳者一定要自备游泳衣，也不要将游泳衣借给他人使用。自备的游泳衣在用完之后要认真地做好清洁卫生处理，要将其晒干而不要阴干，更不要在游泳衣还没晒干时又穿上去游泳。

2. 自我救护

自我救护一般是指自身在水中发生意外或被溺水者抱住时所采取的自救方法。在水中发生意外事故时，要沉着、冷静，按一定的方法进行自我救护，必要时可发出呼救信号，以便及时得到他人的援救与帮助。自我救护一般分为水中自救和水中解脱两个部分。

(1) 水中自救。

游泳时如遇肌肉抽筋等突发事故，首先要保持镇静，不要慌乱，要及时呼救，并按下列方法进行自救。

在水中自我解除抽筋的方法是拉长抽筋的肌肉，使收缩的肌肉松弛和伸展，具体方法如下：

① 小腿抽筋时，先使身体呈仰浮姿势，用抽筋异侧的手抓住脚趾用力向身体方向拉，同

时用同侧的手压抽筋腿的膝盖，用力拉压，使抽筋腿尽量伸直[图 13-2(a)]。待情况减轻时，游向池(岸)边上岸。上岸后，可以用拇指、食指或中指指尖用力揉捏承山穴或委中穴[图 13-2(b)]。

② 脚趾抽筋时，用力向抽筋部位的反方向拉脚趾(图 13-3)。

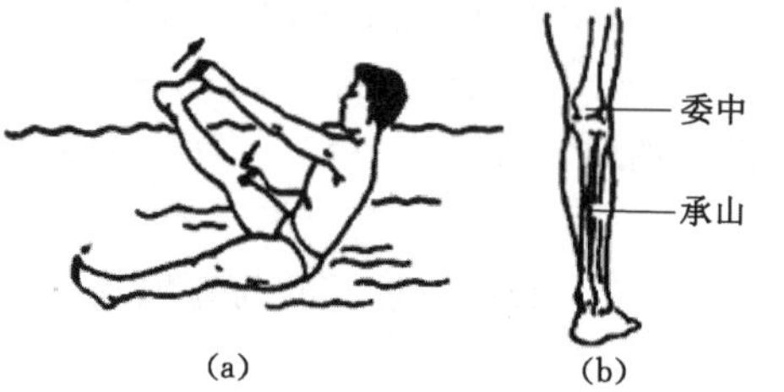

图 13-2　小腿抽筋自救

图 13-3　脚趾抽筋自救

③ 大腿抽筋时，如果是股四头肌抽筋，身体应成仰浮姿势，然后屈膝团身，两手抱住小腿或脚背处向后拉，脚跟尽量靠近臀部，使抽筋肌肉伸直。上岸后再轻揉肌肉僵硬的部位，以恢复为止(图 13-4)。如果是股二头肌抽筋，则身体仰浮，然后一手抓住踝关节，另一手压住膝关节，尽量向面部方向拉，并在抽筋部位用力揉捏，直到恢复为止。

④ 手指抽筋时，先用力握拳，再迅速用力张开(图 13-5)，并向后压，反复多次，直至复原。然后用另一手的拇指按摩合谷、内关和外关穴，以帮助恢复。

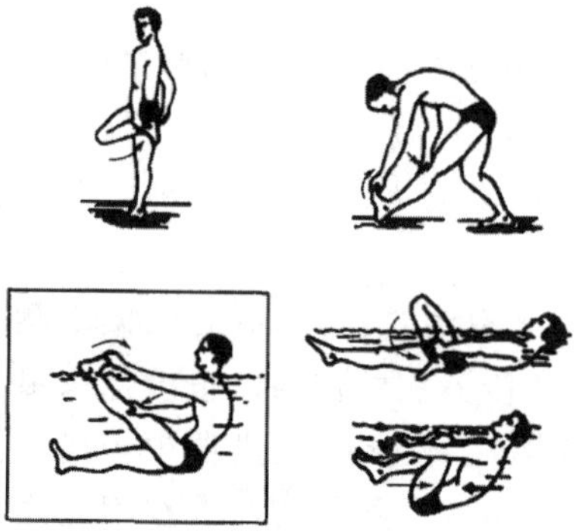

图 13-4　大腿抽筋自救

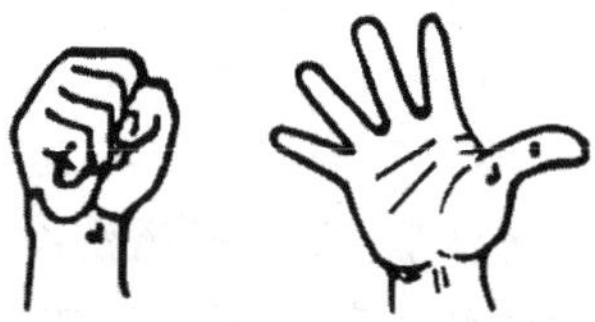

图 13-5　手指抽筋自救

(2) 水中解脱。

救护者或游泳者在水中万一被溺水者抱住或抓住，可能会造成生命危险，因此，要懂得解脱求生方法，以避免不幸事故的发生。解脱是利用反关节和杠杆原理，挣脱溺水者的抓和抱。解脱时动作要快，要突然而熟练。水中解脱时一定要注意：第一，放松下沉，被溺水者抓时切忌对抗。第二，在下沉过程中，摸清被抓情况，迅速确定解脱方法。第三，做好解脱准备，解脱手法到位。第四，除扭转头部的解脱手法要缓慢施加力量之外，其他解脱手法应迅速而突然。第五，解脱后应有利于控制溺水者，避免第二次被溺水者抓住。

下面介绍几种常见的水中解脱方法。

① 推蹬解脱。离溺水者非常近，被溺水者抓住或抱住时，可采用两种解脱方法。

躲闪法：一手或双手快速用力推离溺水者，躲闪求生(图 13-6)。

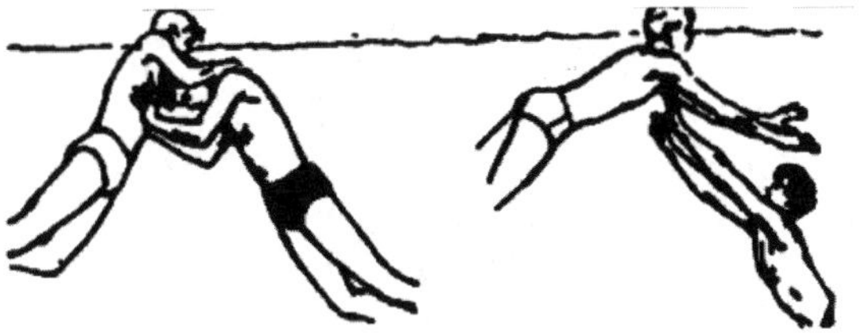

图 13-6 躲闪法

脚蹬离法：以单脚或双脚蹬踹溺水者，并迅速仰游后退(图 13-7)。

图 13-7 脚蹬离法

② 托肘解脱。被溺水者从后面抱住颈部时，可深吸一口气，收下颌，同时上体后仰，一手抓住溺水者的手腕，沿拇指方向扭转[图 13-8(a)]，另一手托住溺水者的肘关节向上推，同时低头从溺水者腋下脱身[图 13-8(b)]，然后顺势抓住溺水者手腕将其拉至身前，以便控制溺水者[图 13-8(c)]。

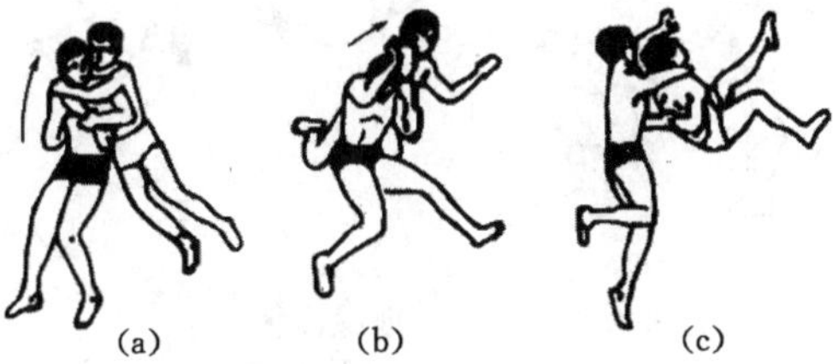

(a) (b) (c)

图 13-8 托肘解脱

③ 扳指解脱。被溺水者从后面拦腰抱住时，可用两手分别抓住溺水者的左右手指(食、中指)用力拉开，并用一手控制溺水者(图 13-9)。

④ 外撑解脱。被溺水者从后面连同两臂拦腰抱住时，两腿要用力向下蹬夹水，使身体位置升高(图 13-10)，深吸一口气，两臂用力外展，同时突然下沉，从溺水者两臂中间脱身。

⑤ 推扭解脱。被溺水者从正面拦腰抱住时，可用一手按住溺水者的头后部，另一手托住其下颌，向左(右)扭转其头部(图 13-11)，使其背向救护者。扭转头部时，动作要缓慢。

图 13-9　扳指解脱

图 13-10　外撑解脱

图 13-11　推扭解脱

三、原地漂浮和蹬边滑行

1. 原地漂浮

漂浮练习是体会水的浮力、保持身体俯卧平衡的重要练习，做动作之前一定要吸足气。俯卧水中时身体要伸展，手腿伸直，全身放松，脚跟尽量朝水面上伸，在水中漂浮时要像一根木棍，要塌腰、展髋、肩放松。

水中练习有以下几种形式：

(1) 抱膝浮体。

如图 13-12 所示，深呼吸，低头，双脚蹬池底，收腹，收大腿，双手抱膝或小腿，呈团身姿势，背部露出水面。抱膝浮体后站立，双手松开并前伸，双手向下压水并抬头，同时两腿伸直(展髋、伸膝)，在池底站立。

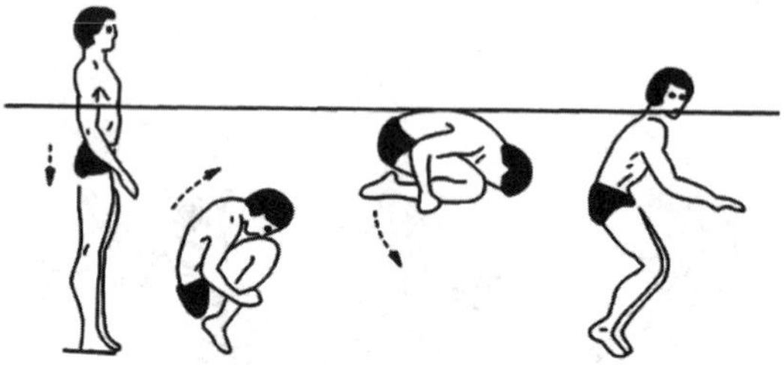

图 13-12　抱膝浮体

(2) 扶池边漂浮(双手扶池边或同伴的手、腰)。

如图 13-13 所示，吸足气，低头并把头夹在两臂之间，水面在头顶处。

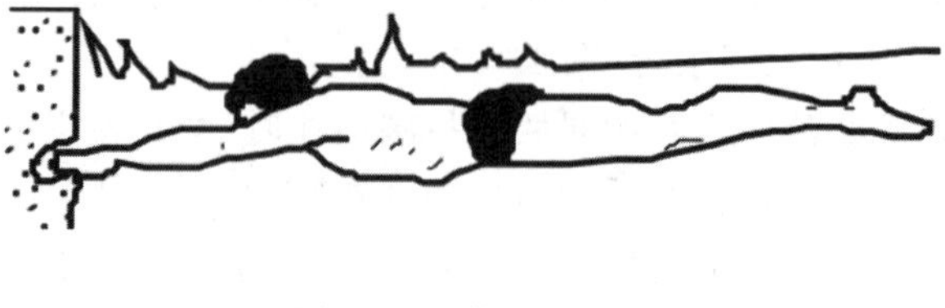

图 13-13　扶池边漂浮

(3) 展体漂浮。

如图 13-14 所示，抱膝浮体于水中，两臂向前、两腿向后均伸直并拢，身体俯卧漂浮于水面。然后，迅速收腹、收腿，手掌向下压水，抬头，两腿下踩触底站立。

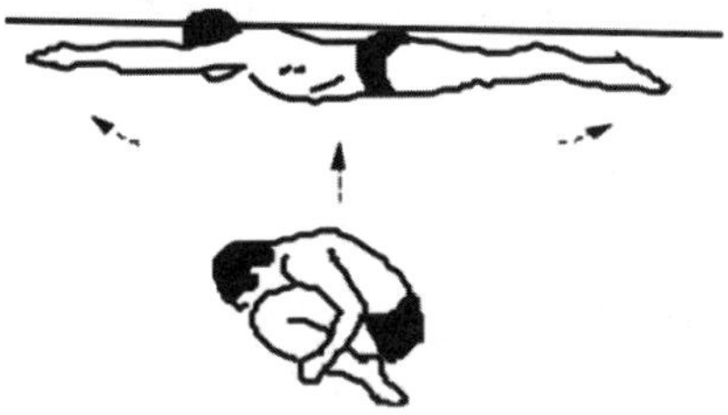

图 13-14　展体漂浮

(4) 仰卧漂浮。

如图 13-15 所示，水中站立，深吸气，上体慢慢后仰，呈仰卧漂浮状态。随后，双手从后向前用力拨水，收腹、收腿，上体前倾，两脚触底站立。

图 13-15　仰卧漂浮

2. 蹬边滑行

如图 13-16 所示，背向池壁，肩浸水中，两臂前平举，一脚蹬住池壁，一手抓住池边上沿。深吸气，低头。收另一脚成两腿屈膝，臀部靠近池壁，两脚同时用力蹬池壁向前滑行。向前滑行时身体伸直，两腿并拢，两臂前举，手心向下，脸浸入水中，头微露在外边。当滑行到接近停止时，口随即向外呼气。

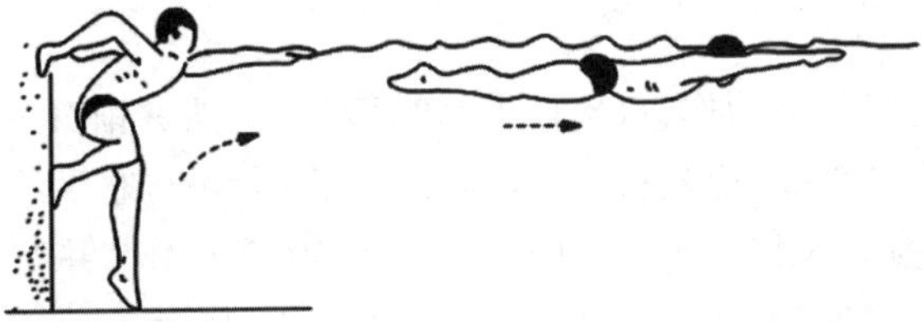

图 13-16　蹬边滑行

四、熟悉水性

1. 水中行走

做这个练习时，要在齐腰深的水中进行，主要体会水的阻力，消除怕水心理。在初练习时速度可以稍慢些，身体站稳后再迈步；身体向前走动时，腿向后蹬和向前抬都要用力；上体可稍前倾，重心落在两脚之间，注意用两手拨水，以维持身体平衡或加快走、跑的速度。具体练习如下：

① 扶池边向前、向后、向左、向右行走。可用正常的走姿与高抬腿走对比，体会哪种阻力小；

② 用两手保持平衡，向前、向后、向左、向右行走；

③ 各种方向的跑动；

④ 向上、向前、向后、向侧的跳跃。

2. 呼吸

呼吸技术是掌握游泳技术的入门技术和关键技术，也是熟悉水性阶段的重点内容。许多初学者或者自学游泳者，由于没有掌握好水中呼吸的基本方法和要领，造成始终不能进行轻松的长距离游泳。只有掌握好水中呼吸技术，才能在水中自如地玩水、戏水和长距离游泳，以及为掌握更丰富的游泳技术打下基础。

要想在水中体会自如地游动和玩耍，掌握呼吸技术是第一关，在水中呼吸动作的特点是：用口在水面上做深吸气，随后把脸浸入水中做较长时间的闭气，在抬头出水面之前，再用口、鼻在水中慢慢吐气，最后加力吐气一直吐出水面(吐尽)。

3. 漂浮

浮体与站立是游泳者必备的控制身体平衡、解决身体下沉和克服怕水心理的基本技术，其目的是让学习者体会在水中"失重"状态下，如何控制身体平衡、掌握水中平卧技能、掌握在水中身体姿势变化的技能，以达到克服怕水心理、能在意外落水时从容站立自救的目的，为进一步学习游泳技术打下基础。

要想让身体在水中高高浮起，就要设法增大在水中的浮力。因此，入水前要做深吸气动作，设法扩大胸腔，增大身体的排水量，身体漂浮时要继续保持屏息状态，使身体像一个充满气的皮球一样浮在水面上。

五、蛙泳腿(陆上、池壁动作)

蛙泳的腿部动作是推动身体前进的主要动力之一，它的主要动作环节可分为收腿、翻脚、蹬夹水和滑行四个环节，这四个环节是紧密相连的完整动作。

1. 收腿

收腿时，两腿随着吸气的动作，自然放下，同时两膝自然逐渐分开，小腿向前回收，回收时两脚放松，脚跟向臀部靠拢，边收边分。收腿结束后，大腿与躯干约呈 120°～140°角，两膝内侧大约与髋关节同宽。大腿与小腿之间的角度约为 40°～45°，并使小腿尽量呈垂直姿势，这样能为翻脚、蹬水做好准备。蛙泳收腿动作如图 13-17 所示。

图 13-17　蛙泳收腿动作

2. 翻脚

在蛙泳腿部技术中，翻脚动作很重要，它直接影响到蹬水的效果。收腿即将结束时，脚仍向臀部靠近，这时膝关节向内扣，同时两脚向外侧翻开，使脚和小腿内侧对好蹬水方向，这样能使对水作用面积加大，并为大腿发挥更大力量做好积极准备。蛙泳翻腿动作如图13-18所示。

图 13-18 蛙泳翻脚动作

3. 蹬夹水

蛙泳腿部动作效果的好坏，完全取决于蹬夹水技术的正确与否。蹬水应由大腿发力，先伸髋关节，向后做蹬夹水的动作，再伸膝关节和踝关节。蹬夹水是蹬水在先，夹水在后。蹬夹水的速度应是从慢到快，力量是从小到大。蛙泳蹬夹水动作如图13-19所示。

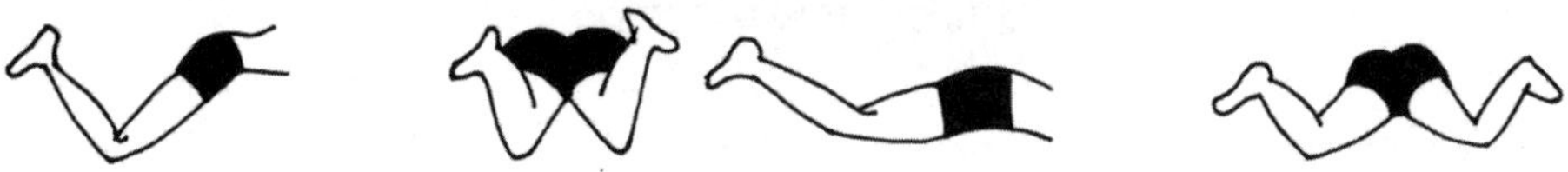

图 13-19 蛙泳蹬夹水动作

4. 滑行

蹬夹水结束后，脚处于水平面的最低点，这时身体随着蹬水的动力向前滑行，腰部下压，双脚接近水面，准备做下一个循环动作。蛙泳滑行动作如图13-20所示。

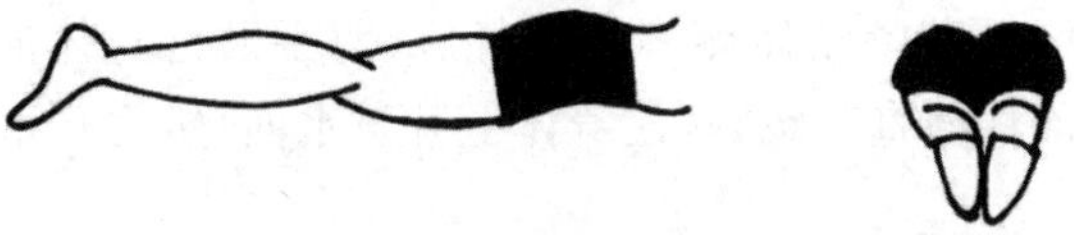

图 13-20 蛙泳滑行动作

第二节 游泳中级学练

一、蛙泳腿与呼吸的配合

蹬腿结束后，两臂前伸和两腿伸直并拢滑行，再开始手臂的抓水动作，此时抬头吸气。收手的同时收腿，伸臂中做蹬腿动作。

二、呼吸与手臂配合动作

蛙泳的呼吸是和手臂划水动作紧密配合的呼吸方法，它是用口吸气，用口或鼻和口呼气。当前在蛙泳呼吸技术中,有早吸气和晚吸气两种类型。

早吸气是两臂划水开始时,头和口露出水面,这时运动员将气最后吐完,并迅速做深吸气动作。继而随伸臂低头闭气,当两臂开始滑下时逐渐呼气。晚吸气是随着臂的有力划水动作,头和肩上升时吸气。呼吸与手臂配合如图 13-21 所示。

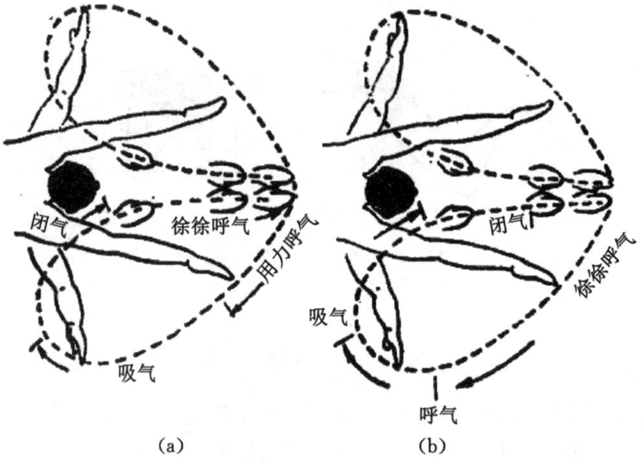

图 13-21　呼吸与手臂配合

第三节　游泳高级学练

一、蛙泳长划臂技术

两臂直臂外划,然后屈臂高肘做向内后方划水,当手划至胸、腹之间下方时,再向后外方"推水"至大腿两侧,两手臂紧贴体侧。稍滑行后,两手贴近身体向前收手,收至胸、腹之间时开始收腿,手臂向前将伸直时蹬腿,使身体上升至水面,然后开始做蛙泳动作。

二、踩水技术、潜泳技术

1. 踩水技术

踩水的方法有很多,比较常见的是采用立式蛙泳的动作技术,身体与水面构成的角度很大,接近于直立。

(1) 身体姿势。

整个身体几乎垂直于水面,稍前倾,头部始终露在水面,下颌接近水面。

(2) 腿部动作。

踩水的腿部动作几乎和蛙泳腿一样,需要注意的是它的收蹬腿的幅度要小。收腿时,膝关节可外翻,蹬腿时膝关节向内扣压,同时小腿和脚内侧蹬夹,两腿尚未蹬直并拢即开始做第二次的收腿动作。动作熟练之后,也可进行两腿交替蹬夹水的动作技术。

(3) 臂部动作。

两臂稍弯曲,在体侧前做向外、向内的摸压水动作,动作幅度不能太大。向外时,手掌心向外侧下，有分开水的感觉；向内时，手掌心向内侧下，有挤水的感觉。向内摸压至肩宽距离即分开。两手掌摸压水的路线呈双弧形。

（4）臂、腿、呼吸配合。

臂腿的动作配合要连贯、协调，一般是两腿做蹬夹水时，两臂向外做摸压水的动作，收腿时，则向内摸压，呼吸要跟随臂腿自然进行。蹬夹水（臂向外）时吸气；收腿（臂向内）时呼气。可以一个动作做一次呼吸，也可以几个动作做一次呼吸。

用踩水游进时，可以采用身体的不同侧向以及蹬夹和摸压的方向来改变游进的方向。向前，即身体稍前倾，脚稍向侧后蹬夹水，两臂稍向后拨水；反之亦然。

踩水动作熟练后，仅用双腿的蹬踩动作也可使身体浮起，那么单手或双手就可以在水面上自由持物。

2. 潜泳技术

潜泳，又称大划臂蛙泳，它是在水下游进的一种游泳技术。由于这种游泳技术不受装备的限制，简单易行，又具有较好的隐蔽性，因而在水下作业、科学考察、抢救溺水者等方面及在军事上都有较多的应用。在民间广为流传的潜泳包括潜深和潜远。另外，还有一类潜泳需要使用专门的器材，如氧气瓶、脚蹼等，这种潜泳在国际上已被列为竞技体育项目，称为潜水运动。

（1）潜深技术。

在进行水下作业、科学考察或抢救溺水者时，都需要在开始时迅速下潜到一定深度以进行搜索、接近目标，这就要用到潜深技术。如果在下潜前是站在岸上或船上，且了解水情，水较深，水底无障碍物，则可以采用类似出发台出发的动作，以手、头领先跳入水中直接下潜，或以脚领先垂直跳入水中下沉到一定深度。但在不了解水情时切勿盲目乱跳，以免发生危险。更多的情况是，在游动中根据需要下潜。下潜的方式有两种：脚朝下的潜深和头朝下的潜深。

① 脚朝下潜深（图 13-22）。

脚朝下的潜深是从踩水开始的。下潜之前，两腿用力蹬夹水，两臂在体前用力向下压水，使上体至腰部向上跃出水面，同时深吸一口气。紧接着，两腿并拢伸直，两臂伸直贴于体侧，利用自身的重力使身体下沉。身体沉入水中后，两手掌心向上做自下而上的拨水动作，加快下潜。当下沉到一定深度时，立即低头团身，使身体转成水平姿势，朝预定方向潜进。脚朝下的潜深，动作比较简单、安全，容易掌握，但下潜速度较慢。

② 头朝下潜深（图 13-23）。

头朝下的潜深也是从踩水开始的。下潜之前先深吸一口气，然后迅速低头收腹团身，屈膝提臀，使身体向前翻转成头朝下的姿势。紧接着，两臂向下伸直并拢，身体伸展，两腿挺直，在自身重力的作用下，身体迅速沉入水中。接着，两腿向上做蛙泳的蹬夹动作以增大下潜速度。当潜到一定深度时，身体逐渐转成水平姿势，朝预定方向潜进。下潜动作也可以斜向进行。头朝下的潜深，速度较快，且能与潜远动作自然衔接，但动作较复杂，难度较大。

（2）潜远技术。

潜远的方法主要有蛙式潜泳、长划臂潜泳和利用爬泳、海豚泳打腿技术的爬式潜泳、海豚式潜泳等，这里介绍蛙式潜泳与长划臂潜泳。

图 13-22　脚朝下潜深

图 13-23　头朝下潜深

① 蛙式潜泳(图 13-24)。

蛙式潜泳就是用蛙泳的动作在水下游进，其技术与正常蛙泳基本相同，只是一个在水面游，一个在水下游，从而产生身体姿势及臂、腿动作的微小变化。

在潜泳中，为了保持潜游的深度，避免过早上浮，躯干应始终正对游进方向，头部稍低，使头和躯干呈一直线。头实际上起着升降舵的作用。想往深处潜时应低头，希望浮出水面时应抬头。蛙式潜泳的腿部动作也分为收腿、翻脚、蹬腿和滑行四个紧密相连的环节。为了尽可能地保持身体的流线型以减小阻力，收腿时屈髋的幅度及两腿向侧分开的程度都比正常蛙泳小些。

蛙式潜泳的臂部动作也分为外划、下划、内划和前伸四个紧密相连的环节。两臂划水的幅度可以稍大于正常蛙泳，以产生较大的推进力，弥补因躯干姿势固定而不利于发挥蹬腿力量的不足。两臂前伸时应贴近下颌，使臂的前伸紧缩在躯干的横截面内，以达到减小阻力的目的。

蛙式潜泳臂、腿的配合技术与正常蛙泳完全一样。但由于在水下潜游有效地减小了波浪阻力，故可以适当放慢动作频率，延长滑行时间，充分利用臂、腿动作产生的推进力向前游进。

② 长划臂潜泳(图 13-25)。

长划臂潜泳的身体姿势和腿部动作与蛙式潜泳完全相同，只是在划臂方式和完整配合技术上略有差异。

长划臂潜泳动作与蛙泳摆动式转身后在水下潜游的长划臂和蹬腿动作基本相同。臂、腿配合方式是，两臂划水时，两腿自然伸直并拢；划水结束后两臂贴于体侧，掌心朝上，身体伸直成流线型向前滑行；在收手前伸的同时做收腿、翻脚的动作；两臂向前快伸直时两腿用力向后蹬夹。蹬夹结束后可立即开始划臂，也可以保持臂、腿伸直的姿势再次稍做滑行。长划臂潜泳不仅能有效地减小波浪阻力，而且能增长划水路线，充分发挥臂划水的肌肉力量，因而游进速度比正常蛙泳和蛙式潜泳都快。但由于在一个完整动作周期中有相当一段时间是以头部领先，在水情复杂、水质浑浊、能见度低的情况下采用这种技术要格外谨慎，以免头部撞伤而危及生命安全，此时最好改用蛙式潜泳。

图 13-24　蛙式潜泳

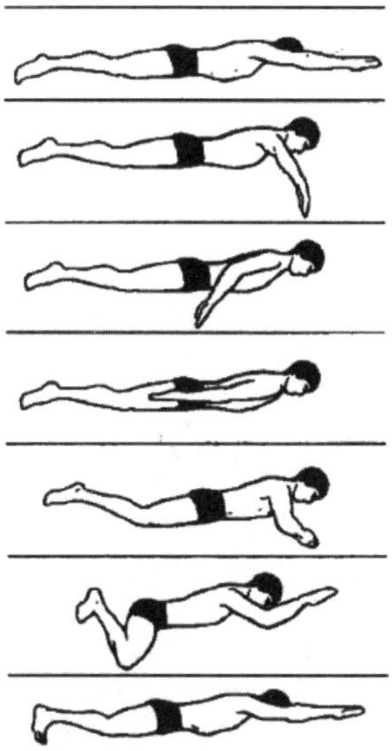

图 13-25　长划臂潜泳

（扫一扫，观看视频课程）

健康运动篇

第十四章　体育运动与健康饮食

第一节　营养与运动

一、运动与营养摄入

1. 运动前的营养

运动前应以高糖类、低脂肪的食物为主，如面包、米饭、面条和水果等，这些食物容易消化，又能提供糖类来作为运动时的能量来源。如果运动时间为 60～90 分钟，可以选择血糖指数较低的食物，如水果、脱脂牛奶、米饭、豆类，这些食物缓慢地被消化成糖类，能够长时间地供应糖类给运动中的肌肉使用。如果运动时间少于 60 分钟，可以选择高升糖指数的食物，如面包、运动饮料，这些食物很快就被消化，能够迅速地提供糖类。

高纤维的食物比较容易造成肚子不舒服，因为它们需要比较长的时间才能被消化。有些高纤维的食物也富含糖类，如全麦面包、高纤饼干、某些高纤饮料等，如果这些食物使人在运动中感觉不舒服，就应该避免在运动前吃这些食物。

2. 运动后的营养

(1) 糖类的补充。

肝糖是运动时的主要能量来源之一，存在于肌肉和肝脏中。肌肉中的肝糖只能供给肌肉细胞使用，而肝脏中的肝糖可以葡萄糖的形式释放到血液中，供给肌肉以及身体其他器官所用。体内肝糖存量不足以应付运动后所需，是造成疲劳、运动能力降低、无法持续运动的原因之一。运动后体内的肝糖存量显著降低，若是没有肝糖的补充，下次运动时的表现会受到肝糖不足的影响。建议在运动后 15～30 分钟之内进食 50～100 克的糖类(大约 1 千克体重需要补充 1 克糖类)，然后每 2 小时再吃 50～100 克糖类。正餐以及其他运动期间的饮食也应该以摄取富含糖类的食物为主。

(2) 肌肉和组织的营养恢复。

即使是没有身体接触的运动也会造成肌肉纤维和结缔组织的伤害，而身体接触性的运动，如篮球、足球等会造成更多的肌肉损伤。运动后迅速地补充蛋白质有助于修复受伤的肌肉和组织，受伤的肌肉合成和储存肝糖的效率也会提高，因此，身体接触性运动或是比赛后受伤的运动员需要补充更多的糖类，更需要把握运动后 2 小时的高效率时段有效地补充体内消耗掉的肝糖。

3. 运动与水

(1) 运动前喝水。

运动饮料主要是为训练和比赛过程中的运动员补充能量、水分、电解质及维生素等，以预防运动员在高强度运动训练下消耗能量过多而引起低血糖现象，并用以维持身体在大量出汗情况下体内水分和电解质的平衡，防止体内电解质的流失而引起的运动能力降低、心律不齐或肌肉抽筋等现象。另外，有些特殊的运动饮料还可增强体力、耐力及消除疲劳，进而有助于提高运动成绩。目前研究指出，饮用等渗透压运动饮料比较适宜，其在体内吸收十分迅速，而且能使运动员有效地保持运动机能。在较长的运动过程中，每小时流汗量可能达 2～4 升，由于缺水将使身体失去散热作用，所以在耐力性运动前的两小时最好饮用 600 毫升左右的水(可分两次喝)。

(2) 运动中喝水。

大部分研究者认为，在运动及比赛期间每隔 15～20 分钟喝 200～300 毫升的饮料为较适当的方法。

(3) 运动后喝水。

在运动后的恢复期补充饮料和运动前的准备同样重要，即使在运动员休息时正常地补充水分，体内水分依然会以汗水的形式大量流失；而肌肉肝糖浓度可能也会降低一些，身体会感到虚弱、衰竭，此时正是恢复过程开始的时候。研究表明，运动后愈早开始恢复愈好，此时正确补充水分有助于体力的恢复。可在饮料中添加葡萄糖聚合物及麦芽糖糊精(其为容易消化的复合碳水化合物)，以增加糖类补充肌肉肝糖含量，促使恢复期缩短。

二、运动体能与营养搭配

1. 糖与体能

运动中能量消耗的增加，加大了对能量的需求。体育锻炼中提供机体能量的主要物质是糖和脂肪。在运动时并不缺少脂肪，因为即使很瘦的人也有足够的脂肪提供能量。然而，在大强度和长时间的运动中，肝脏和肌肉中的糖可降低到临界水平。

糖作为能源在运动中起关键作用，所以体育科学家建议参与运动的人应该增加膳食中多糖的摄入，摄入范围为摄入总能量的 58%～70%，但需将脂肪的摄入减少到总能量的 18%。在进行大强度运动时，肝脏和肌肉中的糖原消耗过大，易导致疲劳发生。运动强度决定了糖和脂肪谁是运动中的主要能量来源。

2. 蛋白质与力量

在进行力量练习的人群中，一些人错误地认为必须补充额外的蛋白质才能促进肌肉生长和强壮。事实上，一些多力量练习时消耗的大量蛋白质可以被他们正常的膳食蛋白所补充。因此，从事力量练习者增加的能量需要，应该来自食用合理平衡膳食宝塔中的食物，而不是简单地额外补充蛋白质。总之，进行力量练习的人不仅要补充三大营养素，而且也要补充促进能量产生所需要的微量营养素。

3. 维生素与体能

一些维生素生产者声称服用大剂量的维生素可以提高运动能力。这种说法是基于以下观念，即运动增加了能量需要，而维生素具有分解食物转换为能量的作用。虽然额外补充维生素对能量的产生有作用，但是现在尚没有确切的证据支持这种说法。肌肉收缩的能量供给并没有因为维生素的补充而增加。事实上，大剂量地补充维生素可能造成维生素和其他微量营养素之间的脆弱平衡的失调，也有可能出现维生素的中毒反应。

4. 抗氧化剂与体能

抗氧化剂是一些化学物质，它可阻止氧对细胞的损害，即可阻止氧自由基对细胞的攻击。体内不断产生自由基，而过多的自由基产物与癌症、肺病、心脏病和衰老过程密切相关。若在自由基产生时，抗氧化剂能够和自由基结合，这样就大大地降低了自由基的毒性。因此，增加抗氧化剂的水平对健康不仅有益，而且可以预防肌肉损伤和疲劳。几种微量营养素被认为是强有力的抗氧化剂，这些抗氧化剂是维生素 A、E 和 C，胡萝卜素，锌和硒等。

第二节　主要营养素

一、营养素含义与来源

1. 营养素含义

凡是能维持人体健康以及提供生长、发育和劳动所需要的各种物质统称为营养素。现代医学研究表明，人体所需的营养素不下百种，其中一些可由自身合成、制造，必须由外界摄取的有 40 余种。精细分后，可概括为七大营养素：蛋白质、脂肪、糖、无机盐（矿物质）、维生素、水和纤维素。健康的基础是营养，不论男女老幼，皆为生而食，为了延续生命，必须摄取有益于身体健康的食物。

2. 营养素来源

现代科学研究发现，同类蔬菜由于颜色不同，营养价值也不同。例如，紫茄子含有丰富的维生素 P，它能增加微血管壁的抗压能力，改善血管功能，对高血压、皮肤紫斑和易发生出血倾向者有相当裨益；黄色胡萝卜比红色胡萝卜营养价值高，其中除含大量胡萝卜素外，还含有强烈抑癌作用的黄碱素，有预防癌症的作用。

科学家还发现，同一株菜的不同部位，由于颜色不同，其营养价值也不同。大葱的葱绿部分比葱白部分营养价值要高得多，每百克葱白维生素 B_1 及维生素 C 的含量也不及葱绿部分的一半。颜色较绿的芹菜叶比颜色较浅的芹菜叶和茎所含的胡萝卜素多 6 倍，维生素 D 多 4 倍。由于每种蔬菜所含营养素种类和数量各异，而人体的营养需要又是多方面的，所以，在选用蔬菜时除了要注意蔬菜的颜色深浅外，还应考虑多种蔬菜搭配及蔬菜和肉食混吃。

二、营养素的种类

1. 蛋白质

人体的大部分是由蛋白质所组成的，如皮肤、肌肉、内脏、毛发、指甲、大脑甚至骨骼等。蛋白质充足时，才能维持细胞正常的功能与新陈代谢。因为人体的肌肉组织中，蛋白质的含量最高，因此只要照照镜子，就可以看出自己所摄取的蛋白质是否足够。人体的毛发与指甲是由蛋白质所构成的，因此需要充分的营养来维持它们的健康。没有光泽、缺乏弹性、甚至断裂的毛发，只要补充适度的营养，也能在几个星期内恢复健康。

2. 脂肪

脂肪可分为油与脂两大类，凡是在室温 20 ℃呈液体状的称为油，如豆油、菜籽油、芝麻油、花生油等，也俗称植物油；呈固体状的称为脂，如羊油、猪油等，也称动物油。它们统称为油脂。无论是油或脂，均由脂肪酸和甘油组成。植物油所含的脂肪酸多是不饱和脂肪酸，这是人体不能合成的必需脂肪酸，而动物性脂肪所含的脂肪酸，多数是饱和脂肪酸。一般成人体内贮存占人体重量10%～20%的脂肪，它是维持生命活动的备用能源。当人体进食量小、摄入食物的能量不足以支付机体消耗的能量时，就要消耗自身的脂肪来满足机体的需要，此时人就会消瘦。脂肪在人体内的主要功能是经氧化提供能量，作为某些激素的合成前体，促进脂溶性营养素的吸收。类脂在人体内的主要生理功能是作为细胞膜结构的基本原料，用于激素的合成。

3. 糖

碳水化合物是由碳、氢、氧元素组成的一大类化合物，也称为糖类。碳水化合物是健康饮食中的一部分，它是人体器官功能正常活动和人体活动时能量的主要来源。全谷类食物不但提供人体必需的碳水化合物，还提供人体必需的维生素和矿物质。

4. 无机盐

无机盐也称为"矿物质"，是指人体必需的无机盐营养素，人体不能合成，必须由膳食摄入，用量少但生理作用很大，缺乏就会有相应的症状。无机盐分为常量元素和微量元素。常量元素每日需要在100毫克以上，包括钙、镁、钾、钠、氯、硫等。微量元素包括铁、铜、锌、锰、硒等。无机盐的作用：构成组织、构成酶、构成激素、激活酶；参与代谢，维持渗透压和酸碱平衡；维持神经、肌肉的兴奋性等。

5. 维生素

维生素同脂肪、蛋白质、碳水化合物不一样，它们不是热能的来源，也不像许多无机元素直接参加构成机体的组织，通常人体只需要几毫克的维生素，就可以满足身体的生理功能。然而，尽管需要量很少，却不能缺乏。因为一旦缺乏，人体就会出现各种代谢紊乱，发生疾病以致死亡。所以人们称它们为"维生素"或"维他命"。维生素有许多种类，目前已知的有20多种。按其溶解性质不同，我们将维生素分为脂溶性和水溶性两大类。维生素A、D、E等属于脂溶性，而维生素B、C等属于水溶性。

6. 水

水是人类的生命之源、健康之本，任何营养物质的吸收利用都必须以水为载体，然后经过不同的渠道输送到人体各处，加以利用。从人的体重来看，水占了绝大部分。对于成人来说，水占体重的70%左右；在婴儿时期，水占体重的80%左右。水被称为人体最基本、最重要的营养素，饮水数量和水质直接关系到人的健康长寿。对于生命来说，水几乎和氧气具有同等重要的意义，而且水的作用要远远超过食物。一个人如果没有食物，而拥有足够的水，就可以使生命维持很久，而如果没有了水，在短短的几天时间内就有可能使人失去生命。

7. 纤维素

纤维素又叫植物纤维或粗纤维，它是植物性食物中含有的一些不能为人体消化酶所分解的物质，它们虽然不能被机体吸收，却是维持人体健康不可缺少的。纤维素对身体的好处有三点：一是能增加咀嚼食物的时间、唾液的产生和胃肠道充盈感、饱足感；二是增加粪便的体积和肠道的运转速度，减少胆酸代谢产物及其他代谢产物与肠道的接触时间；三是它还具有吸附作用和离子交换作用，结合胆酸盐和阳离子。

第三节　运动与减肥

一、肥胖的形成

人类的热能来源是食物中的糖、脂肪与蛋白质。热能消耗则用于基础代谢、体力活动及食物的特殊动力作用。热能摄入大于消耗，多余的热能即转化为脂肪储存起来，体内脂肪蓄积过多，则引起肥胖。

为了研究肥胖的起因，即脂肪的形成，打一个比方，用水槽表示人的身体，水由上面的水龙头流进来，由下面的水龙头流出去。在正常情况下，流进和流出的水量是基本稳定的，即维持一定的体积。当上面流进来的水量增加时，水槽的水位升高，水的体积增大；当下面的水龙头流出的水量减少时，水槽的水位也会升高，水的体积也会增大。如果以流进的水量表示摄取热能，以流出的水量表示热能消耗，上述引起水槽水位升高的两种情况，对于人体都可导致热能蓄积。

机体为了保持体重的稳定，摄入与消耗的热能应保持动态平衡，因此，从理论上讲，如果机体摄入热能大于消耗的热能，就会引起热能蓄积，导致肥胖发生。

二、饮食与肥胖

目前仍有部分学者认为，多吃与肥胖关系不大，他们指出有些肥胖者吃得并不多，有时甚至比瘦者吃得还要少。但是他们评价进食量的方法多是依靠患者自己的汇报，缺乏客观性。水双标记法可以准确测量人体在自由活动时的热能消耗。此方法表明，肥胖者的平均热能消耗远高于正常人。因此，肥胖者的基础代谢并不低，而且此基础代谢远远比肥胖者所汇报的进食热能高，说明肥胖者中存在着谎报进食量的问题。而且，越是那些屡次减肥失败者，谎报率越高。一项专为肥胖者设计的问卷调查也表明，肥胖者常常忽视他们摄取的食物。

三、不合理的膳食与肥胖

在造成肥胖的众多影响因素中，不合理的膳食结构占很大的比例，主要表现为以下几方面。

1. 膳食过于精细

精细的膳食油多、细软、口感好，但粗粮少，纤维素明显不足。这样的膳食，虽然体积不大，但热能密度高，脂肪含量高，容易造成热能摄入过剩。

2. 三餐分配不均衡

随着社会的进步，生活节奏加快，一些人没有时间准备早餐，早餐马马虎虎凑合，午餐在单位对付，只有到了晚餐，全家人坐在一起才好好地吃一顿，这种热能分配方式极不合理，很容易造成肥胖。早晨，机体急需重新积蓄热能，以便上午精力充沛地投入工作。否则，中午时分就会感到饥饿。中午，极度的饥饿会使午餐过量。晚上再大吃一顿后，机体在充分休息的状态下，更易将热能变成体脂。晚餐吃得越多，对预防肥胖越不利。正确的分配方式应当是，早餐吃好，午餐按时（最好是荤素搭配的完整餐，而不是快餐），晚餐要清淡。

3. 吃饭速度过快

有些人吃饭狼吞虎咽，这样很容易造成食量过大，因为进餐时血液中胰岛素要经过10～15分钟才能达到一定水平，那时才会有明显的饱腹感。进食速度太快，尽管进食量已不少，但饱腹感还不强，所以很容易使人在日复一日的无意识状态下摄入过多热能。

4. 吃零食太多

肥胖者大多有吃零食的习惯，而这些零食如冷饮、软饮料、糖果、糕点、巧克力、花生米等，大多是糖多、油多的食物，国外将这种高脂、高糖食物称为咖啡馆食物。实验证明，此种咖啡馆食物比单纯的高脂、高糖食物更易导致肥胖。

四、运动减肥的处方

运动减肥处方是医生根据锻炼者健康状况、体能水平和运动经验等，确定的一套运动减肥锻炼方案，其中包括锻炼项目、运动强度、运动时间、运动次数和注意事项等。对于减肥来说，运动量比运动强度更有意义，应采用大肌肉群参加的、有节奏的运动方式，如跑步、快走、游泳、骑车等。从较低运动强度开始，随着对运动的适应逐渐增加强度。

1. 运动项目的选择

有氧运动可以使肥胖基因表达能力提高，活性瘦素增多；提高有氧代谢酶活性和胰岛素受体的敏感性，促进脂肪分解和抑制脂肪合成；此外还能提高棕色脂肪组织功能和基础代谢率，增加热能消耗。所以减肥最佳运动项目以有氧运动为主，适当结合力量型运动，如步行、长跑、长距离或长时间游泳、跳绳、登楼梯、骑自行车、健美操、球类、登山及室内跑步机、功率车等。

力量型运动指克服阻力（负重或自身体重）的肌肉力量练习。如杠铃、哑铃、实心球、俯卧撑、引体向上、仰卧起坐、立定跳远等。力量运动可以促进肌肉发达、增加瘦体重，从而提高基础代谢率，增加能量消耗。

2. 运动强度和运动时间选择

因脂肪动用和释放有延迟时间，对于高强度、短时间的运动，脂肪一般不能被分解动用，只有中小强度的长时间运动，脂肪才能动用分解。有氧运动的适宜强度是最高心率的60％～70％。最高心率可以用220减年龄推算，如13岁的最高心率是207次/分钟，其60％～70％为124～145次/分钟，运动时间一般为30分钟。力量型运动一般指最大力量的40％～50％的动力性运动。一般练习3～5组，每组重复10～15次，每组间休息1～2分钟。一般要求有氧运动每周5～6次，力量运动每周3次。

五、运动减肥的运动量

1. 判断自身的健康状况

肥胖者在进行减肥运动之前，都应做全面的医学检查，以了解自己各内脏器官功能正常与否，尤其是中老年女性的体格检查必须予以高度重视。

体检是一项早期发现疾病的有效措施，是指导肥胖者运动、增强身心健康的重要手段。它包括一般项目、主检项目和辅助检查三个方面。

第一，一般项目包括身高、体重、肥胖度、脉搏、血压等。

第二，主检项目指一般内科检查。

第三，辅助检查是针对患者的身体状况，检查心电图、肺功能、肝功能、血糖、血脂等。

医师通过体检，对肥胖者做出健康评价，明确有无肥胖并发症，如高血压、糖尿病、高脂血症及心脑血管疾病等，以及不适合运动的其他疾病。因此，应综合体检的结果，判断自身的健康状况，制定合理的减肥运动处方。

2. 运动量的控制

运动分为有氧代谢运动和无氧代谢运动。有氧代谢运动是一种最为有效的减肥对策。有氧代谢运动是一种稳定持续的，使肌肉需氧量不超过心脏和血液可供给量的运动，肌肉内热能物质的代谢供能均在有氧条件下进行，氧化彻底、供能充分。这种运动既不费力又不过分吃力，比其他运动更能调整肌肉的状态，是增强肌肉及去除皮下脂肪的最有效方法。例如，快速步行、越野滑雪、跳绳、原地跑、骑自行车旅行、骑固定式箭车运动、划船等，均属有氧代谢运动。

有氧代谢运动并不是依照运动的剧烈程度而定的，缓慢运动并不一定不是有氧代谢运动，剧烈运动也不一定是有氧代谢运动。所以，剧烈的运动不是一种单纯的减肥运动，尽管运动使体重降低，对人体而言，是一种消耗性运动，但结果使体力下降，达不到真正的减肥效果。有氧代谢运动，能够较好地保证脂肪、糖类物质在有氧条件下充分分解产热供能，脂肪燃烧充分，分解彻底，能很好地达到减肥强身的目的。

要达到较好的减肥效果，有效地消耗脂肪，还应保证足够的运动时间。国外学者提出有氧代谢运动的时间，即保持理想运动的心率的持续时间，至少要维持 12 分钟。如果达不到最低限度、不停顿地持续运动 12 分钟，那就不能称为有氧代谢运动。

第四节　体育运动与合理膳食

一、养成良好的生活习惯

1. 重视早餐

据调查，大学生中有接近 15％的同学（以男同学居多）几乎不吃早饭，还有近 10％的同学早晨第一节课后或是课间操时吃早饭。坚持吃早餐的同学中也有很多同学是“早餐马虎、午餐丰富”的饮食方式。早餐与前一天的晚餐相隔时间比较长，此时胃早已排空，应及时进餐，使血糖维持在一定的水平。人的心脏和大脑活动所需的能量是直接由血糖供给的，如果不吃早餐或吃得很少，人体会出现饥饿感，学生上课会精力不集中，严重者还会有头晕、乏力、出虚汗等低血糖反应，尤其是上午空腹上体育课，剧烈运动时容易导致运动性低血糖的产生。早餐食品应该富含水分和营养，但应吃清淡些，油炸食品会增加胃肠的负担，并使脂肪摄入过量。主食要吃些含糖类丰富的食物，如鸡蛋、牛奶，并应保证每天进食一定量的蔬菜和水果。

2. 保证充足的睡眠

睡眠是大脑休息和调整的阶段，睡眠不仅能保持大脑皮层细胞免于衰竭，使消耗的能量得到补充，还可以使大脑皮质的兴奋和抑制过程达到新的平衡。良好的睡眠有增进记忆力的作用,青少年每天应保证 8 小时的睡眠时间。

3. 饮水充足

水是人体最重要的组成成分和不可缺少的营养素,保持水摄入和排出的平衡对维持人体健康是必需的。正常情况下,成人每天摄入和排出的水量约为 2500 毫升。所以除进食外,成人每天应饮水约 1180 毫升。研究发现,饮水不足是脑衰老加快的一个重要原因。

二、科学的营养饮食

为满足大学生的营养需要,最好把效能不同的营养食物搭配成平衡膳食。实践证明,通过调整饮食可迅速改善大脑的疲劳状态。所谓健脑食物,不是指某一种食品,也不是指某一种营养成分,而是指一种平衡的营养状态。有效的健脑方法是摄入对大脑有益的含有不同营养成分的食物,并进行合理搭配,以增强大脑的功能,使脑的灵敏度和记忆力增强,并能清除影响脑功能正常发挥的不良因素。

在脑的成分中,50%～60%由脂肪组成,其中必需脂肪酸主要有亚油酸和亚麻酸。在日常饮食中,应注意脂肪量的供给,可多选用植物脂肪。另外,磷脂也是脑细胞中一个重要的组成部分,可促进脑细胞生长,是健脑的理想食物。脑成分 30%～35%由蛋白质组成。脑中蛋白质是智力活动的物质基础,在记忆、语言、思考、运动、神经传导等方面都有重要作用。糖是脑活动的主要能源物质。脑是消耗血糖最多的器官,脑所消耗的葡萄糖量是全身能量消耗总数的 20%。但是,每人每天食入的粮食中的糖已经足够了,如过多的补充精制糖,会使脑进入过度疲劳状态,反而影响脑的功能。

三、大学生膳食计划与食谱的制定

大学生应根据自身学习和能量消耗特点、经济条件、季节变化、个人的饮食习惯,在有限的大学食堂条件下,多样、平衡、适宜地选择适合自己的膳食,以充分满足机体的需要。选择食物时至少应做到每周食物的多样化,避免单一饮食,保证营养平衡。

大学生食谱制定应保证每天摄取 2500 卡路里的能量,蛋白质 70～80 克,脂肪 75 克,糖 400～500 克,维生素、无机盐适量摄取。在日常饮食中要注意维生素和无机盐的摄入应充分,食物要多样化,培养良好的饮食习惯,不挑食、不偏食、不吃零食。不过大学食堂的免费汤应该坚持喝,特别是想控制体重和有减肥意向的同学,更应该在饭前喝一碗免费汤,这样有利于控制体重。

四、大学生健康的运动和饮食处方

1. 增强免疫力的饮食处方

适当多吃一些高蛋白食物(每天 200 克左右),如鸡蛋、瘦肉、鱼、豆类等;多吃一些富含维生素 A、维生素 C、维生素 B1、维生素 B2、维生素 B6 和微量元素锌、硒等的新鲜蔬菜(番茄、香菇、辣椒、蘑菇、萝卜、胡萝卜、黄瓜、菜花、白薯、马铃薯、白菜、芥菜、油菜、芹菜、菠菜、香椿、玉米等)、水果(柑橘类、草莓、猕猴桃、大枣、梨、山楂、杏、木瓜等)和其他食品(绿茶、红茶、蜂密等),坚果类(核桃、花生、板栗等),葱、蒜、洋葱等杀菌食物,蔬菜最好三种以上,加两种以上水果;坚持一天一杯牛奶,再一周吃一次动物肝脏,每次 30～50 克,少吃辛辣、油腻食物。

2. 增高的饮食疗法

身体增高者要多食用与骨骼发育关系密切的营养素，如蛋白质，钙，磷，维生素 A、D、C 及微量元素。保证充足的能量，多食用豆制品和鱼、肉、蛋类等高蛋白食物。有信心和持之以恒的毅力，并怀着浓厚的兴趣积极运动和调理营养，这样不管是在生理上还是心理上对增高都有积极的作用。

第十五章　常见体育运动损伤与处理

第一节　体育运动中常见的运动损伤

一、造成运动损伤的原因

在体育锻炼过程中,不管是直接还是间接原因造成的身体损伤,统称为运动损伤。造成运动损伤的原因是复杂多样的,根据国内外大量的相关研究发现,运动损伤的原因主要表现在以下几个方面。

1. 思想麻痹大意

思想麻痹大意是造成运动损伤最主要的因素之一。特别是一些青少年由于缺乏运动经验,而且好胜好奇,常常盲目或冒失地进行锻炼而造成伤害,或由于急于求成造成身体某一部位的损伤。

2. 准备活动不当

体育活动前缺乏必要的准备活动或者准备活动量过小,人的机体尚未达到较好的运动状态就开始运动;或者准备活动量过大、时间过长,机体已经处在疲劳状态再去锻炼;或者由于准备活动的针对性不准确,使需要强烈运动的部位没有得到必要的活动等,都属于准备活动不当。

3. 技术上存在缺点和错误

由于锻炼者对体育项目技术掌握不准确,即动作不对而造成运动损伤。例如传接篮球、排球时不正确的手形引起手指挫、扭伤,举重时上体不直立而过于后仰、跳水时两腿过于后摆造成腰部受伤等。

4. 运动量过大或过于剧烈

运动时间过长,锻炼内容过多,特别是身体局部重复练习次数过多,超过了人体生理负荷承受能力时,非常容易发生运动损伤。

5. 身体机能状态和心理状态低下

人的身体机能状态低下时容易发生运动损伤,心理状态低下时同样容易造成伤害事故的发生,甚至是更加严重的运动损伤。如果一个人精神上受某种刺激或者受到慢性病的困扰,又缺乏自我保护能力,此时参加体育锻炼最容易造成运动损伤。

6. 教学组织不当

体育锻炼的开展必须按照一定的运动规律进行,违背了运动规律就容易造成运动损伤。运动者人数多过于拥挤，缺乏科学和严密的组织，以及运动场地设施布局不合理等情况，都有可能发生运动损伤。另外，气温过高时大强度锻炼容易发生中暑现象，而气温过低时运动者的肌肉僵硬，容易引起拉伤，造成运动损伤。

二、运动损伤的分类

1. 按受伤部位的皮肤或黏膜完整与否分类

运动损伤可分为开放性损伤（外伤）与闭合性损伤（内伤）。开放性损伤即受伤处皮肤或黏膜的完整性受到破坏，有明显外伤，容易出血或感染，如刺伤、擦伤、撕裂伤等。闭合性损伤即受伤处皮肤或黏膜无破损，无裂口与外界相通，如挫伤、肌肉筋膜拉伤、关节囊和韧带扭伤、肌腱腱鞘和滑囊损伤等。

2. 按受伤的组织结构分类

运动损伤可分为肌肉与肌腱损伤、皮肤损伤、关节损伤、骨损伤、滑囊损伤、神经损伤、内脏损伤和血管损伤等。

3. 按病情的轻重分类

(1) 受伤后仍能继续工作劳动的为轻伤。

(2) 受伤后停止运动或丧失工作劳动能力 24 小时以上，并需要治疗的为中伤。

(3) 受伤后需要住院治疗而不能参加工作劳动的为重伤。

4. 按发病的缓急分类

运动损伤可以分为急性损伤和慢性损伤。急性损伤是指瞬间遭受直接或间接暴力而造成的损伤。慢性损伤是指因急性损伤迁延成的损伤或由于局部长期负担过度积累而成的损伤。

第二节　体育运动损伤处理

一、昏迷

体育运动中，当发生严重的头部外伤、心肌梗死、中风、休克等意外事故时，都可能导致神志昏迷，甚至出现呼吸和心跳骤然停止等症状。

患者昏迷后，救助者应立即让患者平卧，先将病人抬到空气流通的地方，解开病人的衣领和裤带，以免妨碍呼吸。但是，如果天气冷，则要注意防止病人着凉。身体宜转向一侧。检查病人口里有无假牙、血块、黏液、泥土和其他妨碍呼吸的东西，如有要取出来。指压人中等穴位，同时注意观察呼吸心跳，如有呼吸心跳停止则宜立即进行人工呼吸及心脏按压。

口对口呼吸：首先清除患者口中的分泌物或呕吐物，松开衣领、裤带和胸腹部的衣服，并及时将患者仰卧，头部稍后仰，托起下颌，捏住鼻孔，轻压住喉咙部位以压闭食道防止空气进入胃部，然后急救者深吸一口气迅速吹入患者口中，吹气后将捏鼻子的手松开。如此反复进行，每次吹 800～1200 毫升，吹气频率每分钟 16～18 次，直至患者自主呼吸为止。

心脏胸外按压：将患者仰卧在木板或平地上，急救者两手上下重叠，用掌根置于患者胸骨下半部，肘关节伸直，借助于自身体重和肩臂力量，适度用力压，将胸臂下压 3～4 厘米为宜，随即放松，胸臂将自然回弹。如此反复进行。成人每分钟60～80次，直至恢复自主心脏跳动为止。按压时，速度要均匀，用力适当，不可太猛，不要性急，要有耐心，一直坚持等病人苏醒过来或医生来到。如患者呼吸心跳皆停止，又仅有一人在场，则此时既要做人工呼吸又要做心脏按压，按压7～8次，然后做人工呼吸1次，如此反复。

二、出血

损伤如有出血应立即止血。因为人体血量约5000～6000毫升，若急性血流量超过800～1000毫升，往往会引起全身无力、头晕、口渴、面色苍白、呼吸浅速、脉搏快弱、血压下降等休克症状，甚至引起心跳停止。因此，一定要重视止血。止血方法如下。

伤肢抬高法：把出血的肢体抬高超过心脏水平部位，这样可降低出血部位的血压，以减少出血。

压迫法：在出血部位用手压住近端动脉血管，以切断血流渠道。对于前额头，用手指压住耳根前约一横指处跳动的血管。对于前臂，用手压上臂内侧跳动的血管。对于手指，用手压住手指两侧。对于小腿，用拳头压膝后窝中央。对于脚背，用手指压脚背横纹中央跳动的脉搏即可。

包扎法：对于一般外伤，血流出来时，可用此法。用三角巾或绷带包扎，有压迫止血、保护伤口、固定骨折等作用。包扎时要先用消毒棉球蘸酒精，擦去伤口周围的污垢后，然后用2.5%碘酒消毒伤口周围。若伤口很脏，可用生理盐水或温开水冲洗。包扎动作要快，要轻。

三、骨折

常见的骨折有肱骨骨折、尺骨或桡骨骨折、手指骨折、小腿骨折、肋骨骨折等。骨折后患处出现肿胀，疼痛难受，肢体失去正常功能，肌肉可产生痉挛，骨折部位可见畸形，严重时还伴有出血和神经损伤，乃至发生休克等现象。

处理骨折时，切勿随意移动肢体，应先用夹板或绷带固定伤肢。注意夹板一定要固定牢固，否则在转送途中，不仅会使骨折处附近的组织和脏器、神经、血管受到创伤，还会使皮肤组织遭到破坏。骨折时，如有伤口出血，应先止血，包扎伤口，再固定伤肢，并及时护送至医院治疗。

四、关节脱位

在体育锻炼中，因受外力作用，使关节脱开，叫关节脱位，又称脱臼。脱位后常出现畸形，即刻发生剧烈疼痛和有明显的压痛，关节周围显著肿胀，关节功能丧失，有时还发生肌肉痉挛，严重时还会出现休克。脱位有半脱位和完全性脱位。半脱位是指关节面部分错位；完全性脱位是关节面完全脱离原来位置。

出现关节脱位后，先用夹板或三角巾固定伤肢，并尽快送医院治疗。如没有整复技术和经验，切不可随意做复位动作，以免加重伤情。

X线检查对明确脱位的程度、方向及并发症有重要作用。

五、肌肉痉挛

肌肉痉挛俗称抽筋，是指某一部位肌肉有时不由自主地突然性强直收缩，且变得异常坚硬，引起局部疼痛和活动障碍。运动中最容易发生痉挛的肌肉是小腿腓肠肌，其次是足底屈拇肌和屈趾肌等。

出现肌肉痉挛后，救助者立即对患者痉挛部位的肌肉进行牵引。例如腓肠肌痉挛时，可伸直膝关节，用力将踝关节背伸；屈踝和屈趾肌痉挛时可用力将足和趾背伸，同时配合局部按摩、揉捏、叩打以及点穴（承山、涌泉、委中穴等），以促使痉挛缓解和消失。

六、肌肉拉伤

肌肉拉伤是肌肉主动强烈地收缩或被动过度地拉长所造成的微细损伤、肌肉部分撕裂或完全断裂。肌肉拉伤后，患者局部疼痛、压痛、肿胀、肌肉紧张、发硬、痉挛、功能障碍。当受伤的肌肉主动收缩或被动拉长时疼痛加重。肌肉收缩抗阻力试验阳性。肌肉严重拉伤时，可感到或听到断裂声，肌肉出现收缩畸形。肌纤维部分断裂时，伤处可摸到凹陷；肌腹中间完全断裂时出现双驼峰形；一端完全断裂时，呈球状形。

肌肉拉伤后，救助者对患者拉伤部位冷敷、加压包扎并抬高伤肢，注意使受伤肌肉处于松弛的位置上。疼痛较重者可口服镇静、止痛剂。24 小时后可外敷中药、针刺、理疗或按摩等。怀疑有肌肉、肌腱完全断裂时，经过加压包扎等急救处理后，立即送医院，及早手术缝合。

七、运动中腹痛

在跑步中常发生腹痛现象。发生腹痛的原因很多，准备活动不充分，开始时运动过于剧烈，或者跑得过快，内脏器官功能尚未达到竞赛状态，致使脏腑功能失调，引起腹痛；有的因运动前吃得过饱或饮水过多，以及腹部受凉，引起胃肠痉挛；少数因运动时间过长或过于剧烈，使下腔静脉压力上升，血液回流受阻，引起腹痛；也有的因运动时呼吸紊乱，膈肌运动异常，致使两肋部胀痛。运动性腹痛部位不固定，一般因肠痉挛、肠结核引起的腹腔中部处疼痛；食后运动疼痛发生在上腹部或中部；肝脾膜张力性疼痛，常在左右两侧上腹部。

发生腹痛后，患者自身可采取降低运动强度，放慢跑速，同时按摩疼痛部位，并做深呼吸等方法，疼痛常可以减轻或消失。对于胃肠饱胀、肠痉挛和慢性疾病引起的腹痛，如采取上述措施后无效时，应停止运动并及时就医。

八、运动性中暑

在高温环境中长时间进行运动时，由于通风不良，体温异常上升，使汗液难以蒸发，则易引起运动性中暑。轻度中暑，可出现头晕、头痛、胸闷、皮肤灼热、体温升高；严重时，将出现恶心、呕吐、脉搏快而细弱、精神失常、虚脱、抽搐、心律失常、血压下降，甚至昏迷。

对于中暑患者，救助者首先将患者扶送到阴凉通风处休息，同时采取降温消暑手段，如解开衣领、额部冷敷做头部降温，喝些清凉饮料、十滴水，并补充生理盐水或葡萄糖等。严重者应迅速送医院治疗。

九、运动性贫血

血液中红细胞数与血红蛋白量低于正常值，称为贫血。我国成年健康男性每100毫克血液中含血红蛋白量为12.5～16克，女性为11.5～15克，若低于这一生理数值，则视为贫血。因运动引起的血红蛋白减少，称为运动性贫血。在通常情况下，本病的发病率女性高于男性。由于贫血，常引起多种不良的生理反应，危及健康。运动性贫血发病缓慢。平时表现头晕、恶心、气喘、体力下降，剧烈运动后出现头晕目眩、心慌气短、四肢无力、心率加快、脸色苍白等。

大学生若在运动中(后)出现头晕、无力、恶心等现象时，应适当减少运动量，必要时暂停运动。补充富含蛋白质和铁的食物，口服硫酸亚铁片剂和维生素，对缺铁性贫血的治疗有明显的效果。

附录　大学生体质健康测试标准

一、《国家学生体质健康标准》的由来

《国家学生体质健康标准》包括大学、高中、初中、小学各级学校学生体质健康标准，大学生体质健康标准是其重要的组成部分。《国家学生体质健康标准》是在继承《劳卫制》《国家体育锻炼标准》《大学生体育合格标准》《中学生体育合格标准》《小学生体育合格标准》的成功经验，认真总结了《学生体质健康标准》试行工作的基础上，根据当前学校体育工作中的有关问题，特别是调研发现学生的肺活量继续呈下降趋势，速度、爆发力、耐力等素质水平进一步下降，肥胖检出率继续上升等问题，参考国际上相关研究的成功经验和先进做法，对《学生体质健康标准》进行了修改与完善，定名为《国家学生体质健康标准》，并由教育部、国家体育总局于 2007 年 4 月 4 日正式颁布实施。

二、《国家学生体质健康标准》的特点

为建立《国家学生体质健康标准》(以下简称《标准》)的评价指标体系和评价标准，教育部和国家体育总局组织专家进行研究，在实验、座谈、论证、试行、反馈、修订等一系列缜密研究的基础上，根据我国的实际情况，构建了《标准》的指标体系、评分办法和标准，以及上报测试数据的方案。新颁布实施的《标准》具有以下几个特点。

第一，突出“健康第一”的指导思想。测试内容的选择考虑了与身体健康状况关系密切的身体健康素质要素。

第二，增强了《标准》的适应性。测试项目设置了必测类和选测类项目，既适用于城市学校，也适用于广大农村学校，测试的目的旨在促进学生的全面发展，扩大了《标准》的可行性和适用范围。

第三，体现了激励学生全面发展的作用。《标准》中规定的评价指标可进行定量和定性的评价。这些评价是对学生的个体评价与诊断，其目的是帮助学生了解自身的体质健康状况，从而选择适当的方法和形式积极参与体育锻炼，以达到“达标争优、强健体魄”的目的。因此《标准》是激励学生积极进行身体锻炼的重要教育手段。

第四，引导学生全面锻炼身体。《标准》中选择类项目每类仅测一项，由各地(市)在测试前两个月公布，减轻了测试对教师和学生造成的负担，但平时学生仍需要针对所有的项目进行锻炼，以便全面发展，最终取得好的成绩。

第五，增强学生强身健体的责任感。《标准》采用登记卡记录每一位学生的体质健康状况，归档保存，并放入学生成长记录袋，以强化对学生健康意识和社会责任感的培养，促进

学生的全面发展。它与课程改革的理念是一致的，同时也填补了学生档案中只有德育和智育材料而缺乏体质健康材料的空白。

第六，评价更加合理。评价量表采用了四等级（优秀、良好、及格、不及格）、七段制（优秀、良好、及格等级中各分为两段），充分体现了评价的公平和激励机制。

第七，加快学生体质健康状况监测工作科学化、现代化的步伐。学生体质健康标准智能服务系统软件、测试仪器的开发与应用，磁卡在测试成绩登记中的应用等都加速了学生体质健康状况监测工作科学化、现代化的步伐。

三、《国家学生体质健康标准》名称含义诠释及功能

《标准》的内涵是测量学生体质健康状况和锻炼效果的评价标准，是国家对不同年龄阶段学生体质健康方面的基本要求，是学生体质健康的个体评价标准。健康的概念包括身体健康、心理健康和社会适应。《标准》涵盖的是与学校体育密切相关的学生身体健康范畴。为了界定它的内涵，又避免与三维的健康概念混淆，故将“体质”作为“健康”的定语以示其内涵。《标准》名称的外延涉及且具备以下功能。

1. 教育和激励功能

《标准》是促进学生体质健康发展、激励学生积极锻炼的教育手段。所选用的指标可以反映与身体健康关系密切的身体成分、心血管系统功能、肌肉的力量和耐力，以及关节和肌肉的柔韧性等要素的基本状况。《标准》的实施将使学生和社会能够对影响身体健康的主要因素有一个更加明确的认识和理解，引导人们去积极追求身体的健康状态，实现学校体育工作的目标。《标准》实施办法还规定，对达到合格以上等级的学生颁发证章，以激励学生对体育锻炼的内在积极性。

2. 反馈功能

《标准》是学生体质健康的个体评价标准，并规定各校应将每年测试的数据按时上报至国家学生体质健康标准数据管理系统。该系统具有按各种要求进行统计、分析、检索的功能，并定期向社会公告。该系统为学生及其家长提供了在线查询和在线评估服务，向学生提供了个性化的身体健康诊断，使学生能够在准确了解自己体质健康状况的基础上进行锻炼。该系统还可以为各级政府机关、教育行政部门、学校提供翔实的统计和分析数据，使之了解学生的体质健康状况，及时采取科学的干预措施。

3. 引导和锻炼功能

新的《标准》增加了一些简便易行、锻炼效果较好的项目，并提高了部分锻炼项目指标的权重，对引导学生进行体育锻炼具有较强的实效性。同时通过国家学生体质健康标准数据管理系统，学生还可以查询到针对性较强的运动处方，用于自身因地制宜地进行科学的体育锻炼，提高身体健康水平。

四、实施《国家学生体质健康标准》的意义

1. 贯彻落实《体育法》

我国《体育法》明确规定：学校必须实施国家体育锻炼标准，对学生在校期间每天用于体育活动的时间给予保证。在学校具体实施《标准》正是贯彻落实《体育法》的精神，其目的在于激励广大儿童、青少年自觉从事体育锻炼，促进身体全面发展，有效增强体质、增进健

康，为培养德、智、体、美全面发展的建设人才服务。同时，也是依法办学、依法执教的重要内容。

2. 贯彻落实“健康第一”的指导思想和全国学校体育工作会议精神

学校体育工作直接肩负着“增强学生体质”和“促进学生健康”的使命。《标准》是积极贯彻落实《中共中央国务院关于深化教育改革全面推进素质教育的决定》所提出的“健康体魄是青少年为祖国和人民服务的基本前提，是中华民族旺盛生命的体现，学校教育要树立健康第一的指导思想，切实加强体育工作”这一思想的重要举措，也是继续深化学校体育教学改革、推进素质教育的重要步骤。《标准》是学生体质健康的个体评价标准，是学生积极参加体育锻炼、促进体质健康发展的一种教育手段，引导广大青少年学生努力拥有健康体魄和健全人格，将“健康第一”的指导思想落到实处，充分发挥学校体育在素质教育中的作用。

3. 满足社会发展对人体健康的需要

随着科学技术的进步和经济的快速发展，我国综合国力不断增强，人们生活水平日益提高，开始享受科学技术与现代文明给人类带来的现代化生活方式。而现代文明在带给人们物质享受的同时，也给人类健康带来了新的威胁。由于精神紧张、营养过剩、运动不足、环境污染等多种因素所引发的非传染性疾病在全球不断蔓延，处于“亚健康”状态的人群日益扩大。关爱生命、追求健康是现代人渴望的目标。的确，人只能活一次，身体是学习和工作的本钱，健康的价值可想而知。实施《标准》对于唤起学生的健康意识，改变学生不良生活习惯和生活方式，促进学生健康成长必将起到积极有益的作用。因此，《标准》的颁布和实施既是个体健康的需要，又是社会发展的需要，还是全面提高国民素质、振兴中华的需要。

4. 发展和完善我国学生体质健康体系

学生体质健康评价是学校体育工作中的重要环节，也是学校教育评价体系的重要组成部分。科学、合理地对学生进行体质健康评价，对于促进学校体育和教育工作有着重要意义。《标准》从建立和完善我国教育评价体系的目的出发，体现了学校体育的价值，回答了学校体育为什么要以“体质健康”为本和怎样以“体质健康”为本的问题，明确了“体质健康”不仅仅是学校教育和学校体育追求的目标，而且还是学校体育课程存在的根本理由。《标准》的实施对我国深化学校体育改革，完善体质健康评价体系，促进全体学生综合素质的提高，都具有深刻的影响和深远的历史意义。

五、大学部分评分表

1. 单项指标评分表

附表 1 **男生体重指数(BMI)单项评分表** 单位：千克/米^2

等级	单项得分	大学
正常	100	17.9～23.9
低体重	80	≤17.8
超重		24.0～27.9
肥胖	60	≥28.0

附表 2　**女生体重指数(BMI)单项评分表**　单位：千克/米²

等级	单项得分	大学
正常	100	17.2～23.9
低体重	80	≤17.1
超重		24.0～27.9
肥胖	60	≥28.0

附表 3　**男生肺活量单项评分表**　单位：毫升

等级	单项得分	大一、大二	大三、大四
优秀	100	5040	5140
	95	4920	5020
	90	4800	4900
良好	85	4550	4650
	80	4300	4400
及格	78	4180	4280
	76	4060	4160
	74	3940	4040
	72	3820	3920
	70	3700	3800
	68	3580	3680
	66	3460	3560
	64	3340	3440
	62	3220	3320
	60	3100	3200
不及格	50	2940	3030
	40	2780	2860
	30	2620	2690
	20	2460	2520
	10	2300	2350

附表 4　**女生肺活量单项评分表**　单位：毫升

等级	单项得分	大一、大二	大三、大四
优秀	100	3400	3450
	95	3350	3400
	90	3300	3350
良好	85	3150	3200
	80	3000	3050

续附表 4

等级	单项得分	大一、大二	大三、大四
及格	78	2900	2950
	76	2800	2850
	74	2700	2750
	72	2600	2650
	70	2500	2550
	68	2400	2450
	66	2300	2350
	64	2200	2250
	62	2100	2150
	60	2000	2050
不及格	50	1960	2010
	40	1920	1970
	30	1880	1930
	20	1840	1890
	10	1800	1850

附表 5　男生 50 米跑单项评分表　单位:秒

等级	单项得分	大一、大二	大三、大四
优秀	100	6.7	6.6
	95	6.8	6.7
	90	6.9	6.8
良好	85	7.0	6.9
	80	7.1	7.0
及格	78	7.3	7.2
	76	7.5	7.4
	74	7.7	7.6
	72	7.9	7.8
	70	8.1	8.0
	68	8.3	8.2
	66	8.5	8.4
	64	8.7	8.6
	62	8.9	8.8
	60	9.1	9.0

续附表 5

等级	单项得分	大一、大二	大三、大四
不及格	50	9.3	9.2
	40	9.5	9.4
	30	9.7	9.6
	20	9.9	9.8
	10	10.1	10.0

附表 6　女生 50 米跑单项评分表　单位:秒

等级	单项得分	大一、大二	大三、大四
优秀	100	7.5	7.4
	95	7.6	7.5
	90	7.7	7.6
良好	85	8.0	7.9
	80	8.3	8.2
及格	78	8.5	8.4
	76	8.7	8.6
	74	8.9	8.8
	72	9.1	9.0
	70	9.3	9.2
	68	9.5	9.4
	66	9.7	9.6
	64	9.9	9.8
	62	10.1	10.0
	60	10.3	10.2
不及格	50	10.5	10.4
	40	10.7	10.6
	30	10.9	10.8
	20	11.1	11.0
	10	11.3	11.2

附表 7　男生坐位体前屈单项评分表　单位:厘米

等级	单项得分	大一、大二	大三、大四
优秀	100	24.9	25.1
	95	23.1	23.3
	90	21.3	21.5

续附表 7

等级	单项得分	大一、大二	大三、大四
良好	85	19.5	19.9
	80	17.7	18.2
及格	78	16.3	16.8
	76	14.9	15.4
	74	13.5	14.0
	72	12.1	12.6
	70	10.7	11.2
	68	9.3	9.8
	66	7.9	8.4
	64	6.5	7.0
	62	5.1	5.6
	60	3.7	4.2
不及格	50	2.7	3.2
	40	1.7	2.2
	30	0.7	1.2
	20	−0.3	0.2
	10	−1.3	−0.8

附表 8　　女生坐位体前屈单项评分表　　单位:厘米

等级	单项得分	大一、大二	大三、大四
优秀	100	25.8	26.3
	95	24.0	24.4
	90	22.2	22.4
良好	85	20.6	21.0
	80	19.0	19.5
及格	78	17.7	18.2
	76	16.4	16.9
	74	15.1	15.6
	72	13.8	14.3
	70	12.5	13.0
	68	11.2	11.7
	66	9.9	10.4
	64	8.6	9.1
	62	7.3	7.8
	60	6.0	6.5

续附表 8

等级	单项得分	大一、大二	大三、大四
不及格	50	5.2	5.7
	40	4.4	4.9
	30	3.6	4.1
	20	2.8	3.3
	10	2.0	2.5

附表 9　　男生立定跳远单项评分表　　单位:厘米

等级	单项得分	大一、大二	大三、大四
优秀	100	273	275
	95	268	270
	90	263	265
良好	85	256	258
	80	248	250
及格	78	244	246
	76	240	242
	74	236	238
	72	232	234
	70	228	230
	68	224	226
	66	220	222
	64	216	218
	62	212	214
	60	208	210
不及格	50	203	205
	40	198	200
	30	193	195
	20	188	190
	10	183	185

附表 10　　女生立定跳远单项评分表　　单位:厘米

等级	单项得分	大一、大二	大三、大四
优秀	100	207	208
	95	201	202
	90	195	196

续附表 10

等级	单项得分	大一、大二	大三、大四
良好	85	188	189
	80	181	182
及格	78	178	179
	76	175	176
	74	172	173
	72	169	170
	70	166	167
	68	163	164
	66	160	161
	64	157	158
	62	154	155
	60	151	152
不及格	50	146	147
	40	141	142
	30	136	137
	20	131	132
	10	126	127

附表 11　　男生 1 分钟引体向上单项评分表　　单位:次

等级	单项得分	大一、大二	大三、大四
优秀	100	19	20
	95	18	19
	90	17	18
良好	85	16	17
	80	15	16
及格	78		
	76	14	15
	74		
	72	13	14
	70		
	68	12	13
	66		
	64	11	12
	62		
	60	10	11

续附表 11

等级	单项得分	大一、大二	大三、大四
不及格	50	9	10
	40	8	9
	30	7	8
	20	6	7
	10	5	6

附表 12　　女生 1 分钟仰卧起坐单项评分表　　单位:次

等级	单项得分	大一、大二	大三、大四
优秀	100	56	57
	95	54	55
	90	52	53
良好	85	49	50
	80	46	47
及格	78	44	45
	76	42	43
	74	40	41
	72	38	39
	70	36	37
	68	34	35
	66	32	33
	64	30	31
	62	28	29
	60	26	27
不及格	50	24	25
	40	22	23
	30	20	21
	20	18	19
	10	16	17

附表 13　　男生 1000 米跑单项评分表

等级	单项得分	大一、大二	大三、大四
优秀	100	3′17″	3′15″
	95	3′22″	3′20″
	90	3′27″	3′25″

续附表 13

等级	单项得分	大一、大二	大三、大四
良好	85	3′34″	3′32″
	80	3′42″	3′40″
及格	78	3′47″	3′45″
	76	3′52″	3′50″
	74	3′57″	3′55″
	72	4′02″	4′00″
	70	4′07″	4′05″
	68	4′12″	4′10″
	66	4′17″	4′15″
	64	4′22″	4′20″
	62	4′27″	4′25″
	60	4′32″	4′30″
不及格	50	4′52″	4′50″
	40	5′12″	5′10″
	30	5′32″	5′30″
	20	5′52″	5′50″
	10	6′12″	6′10″

附表 14　　女生 800 米跑单项评分表

等级	单项得分	大一、大二	大三、大四
优秀	100	3′18″	3′16″
	95	3′24″	3′22″
	90	3′30″	3′28″
良好	85	3′37″	3′35″
	80	3′44″	3′42″
及格	78	3′49″	3′47″
	76	3′54″	3′52″
	74	3′59″	3′57″
	72	4′04″	4′02″
	70	4′09″	4′07″
	68	4′14″	4′12″
	66	4′19″	4′17″
	64	4′24″	4′22″
	62	4′29″	4′27″
	60	4′34″	4′32″

续附表 14

等级	单项得分	大一、大二	大三、大四
不及格	50	4′44″	4′42″
	40	4′54″	4′52″
	30	5′04″	5′02″
	20	5′14″	5′12″
	10	5′24″	5′22″

2. 加分指标评分表

附表 15　　**男生引体向上评分表**　　单位:次

加分	大一、大二	大三、大四
10	10	10
9	9	9
8	8	8
7	7	7
6	6	6
5	5	5
4	4	4
3	3	3
2	2	2
1	1	1

附表 16　　**女生 1 分钟仰卧起坐评分表**　　单位:次

加分	大一、大二	大三、大四
10	13	13
9	12	12
8	11	11
7	10	10
6	9	9
5	8	8
4	7	7
3	6	6
2	4	4
1	2	2

注:引体向上、1 分钟仰卧起坐均为高优指标,学生成绩超过单项评分 100 分后,以超过的次数所对应的分数进行加分。

附表 17　　**男生 1000 米跑评分表**

加分	大一、大二	大三、大四
10	−35″	−35″
9	−32″	−32″
8	−29″	−29″
7	−26″	−26″
6	−23″	−23″
5	−20″	−20″
4	−16″	−16″
3	−12″	−12″
2	−8″	−8″
1	−4″	−4″

附表 18　　**女生 800 米跑评分表**

加分	大一、大二	大三、大四
10	−50″	−50″
9	−45″	−45″
8	−40″	−40″
7	−35″	−35″
6	−30″	−30″
5	−25″	−25″
4	−20″	−20″
3	−15″	−15″
2	−10″	−10″
1	−5″	−5″

注：1000 米跑、800 米跑均为低优指标，学生成绩低于单项评分 100 分后，以减少的秒数所对应的分数进行加分。

参考文献

[1] 陈志军,张君其. 大学体育[M]. 苏州:苏州大学出版社,2014.
[2] 郭才祥,赵志勇. 大学体育[M]. 北京:中国财政经济出版社,2008.
[3] 胡柏平. 大学体育基础教程[M]. 西安:陕西师范大学出版社,2009.
[4] 刘景华. 大学生体育基础教程[M]. 沈阳:东北大学出版社,2008.
[5] 刘旻航,孙玲. 文化血脉:民俗体育与国学教育研究[M]. 济南:山东人民出版社,2014.
[6] 苏成栋. 教学理论与实践(下册) [M]. 贵阳:贵州民族出版社,2013.
[7] 汤立许. 民族传统体育项目教材化与评价体系研究[M]. 武汉:湖北人民出版社,2015.
[8] 唐龙云. 心理学基础[M]. 杭州:浙江大学出版社,2015.
[9] 佟晓东,刘铁. 体育教学设计与实践[M]. 沈阳:东北大学出版社,2009.
[10] 汪康乐. 体育教学方法学[M]. 北京:北京体育大学出版社,2014.
[11] 袁雷,郭玉莲. 体育教学法新论[M]. 长春:吉林大学出版社,2013.
[12] 张胜利,邢振超,孙宇. 高校体育教学与科学训练[M]. 北京:九州出版社,2015.
[13] 张细谦. 体育课程与教学论[M]. 广州:广东高等教育出版社,2013.
[14] 张珍,李红,陈滨. 大学体育基础教程[M]. 天津:天津大学出版社,2011.
[15] 张志勇. 体育教学论[M]. 北京:科学出版社,2005.
[16] 周文军,方达泉,孙林峰. 大学体育教程[M]. 长沙:中南大学出版社,2016.
[17] 庄永达,许锁迪. 体育与健康理论指导手册[M]. 北京:人民体育出版社,2013.
[18] 左从现,张兆才,徐志平,等. 当代高校体育教程[M]. 武汉:武汉大学出版社,2008.